宋太宗

赵光义传

曹金洪◎编著

团结出版社
UNITY PRESS

图书在版编目（CIP）数据

宋太宗赵光义传 / 曹金洪编著. -- 北京 : 团结出
版社, 2015.8（2023.1重印）
ISBN 978-7-5126-3749-8

Ⅰ. ①宋… Ⅱ. ①曹… Ⅲ. ①宋太宗（939～997）—
传记 Ⅳ. ①K827=44

中国版本图书馆CIP数据核字(2015)第176320号

出　版：团结出版社
　　　　（北京市东城区东皇城根南街84号　邮编：100006）
电　话：（010）65228880　65244790（出版社）
　　　　（010）65238766　85113874　65133603（发行部）
　　　　（010）65133603（邮购）
网　址：http://www.tjpress.com
E-mail：zb65244790@163.com（出版社）
　　　　fx65133603@163.com（发行部邮购）
经　销：全国新华书店
印　刷：唐山楠萍印务有限公司

开　本：650毫米×920毫米　16开
印　张：22
字　数：260千字
版　次：2016年1月　第1版
印　次：2023年1月　第2次印刷

书　号：978-7-5126-3749-8
定　价：68.00元

前　言

　　悠悠几千年，纵横五万里，站在中国文明辽阔而又源远流长的历史天幕下，仰望着令无数人叹为观止的帝王将相的流光溢彩的天空，尽阅朝代更迭的波澜起伏，无处不闪耀着先人用心、用生命谱写的辉煌。

　　封建帝王将相是历史的缩影，自嬴政以来，秦皇汉武，唐宗宋祖……他们或以盖世雄才称霸天下，或以绝妙文采震烁古今，或以宏韬伟略彪炳史册，或以残暴不仁毁灭帝业，铸就了一部洋洋洒洒长达两千余年的封建帝王史……

　　恍然间，我们看到了"千古一帝"秦始皇"横扫六合"的雄伟身姿；大汉朝开国皇帝刘邦从"市井无赖"到"真龙天子"的大变身；汉武帝刘彻雄赳赳地将中华带上顶峰的威风场景；光武帝刘秀吞血碎齿战八方，于乱世中成就霸业的冲天豪情；乱世枭雄曹操耍尽"奸计"，玩转三国的高超智慧；亡国之君隋炀帝的骄纵狂妄；唐高祖李渊率众起义、揭竿而起，建立唐王朝的惊天伟业；唐太宗李世民玄武门兵变的狠辣果断；一代女皇武则天勇于创造命运的步步惊心；宋太祖赵匡胤"杯酒释兵权"的聪明睿智；元世祖忽必烈以蒙古铁骑横扫欧亚大陆的英雄豪迈；一代天骄成吉思汗开创铁血王朝的钢铁毅力；"草根帝"朱元璋从"乞丐"到"皇帝"的辛酸血泪；清太祖努尔哈赤以十三副铠甲起兵，开辟锦绣前程的创业史；大清王朝第一帝皇太极夺取江山的谋略手段；少年天子顺治为爱妃做到极致的痴心情意；清军入关的第二位皇帝康熙除权臣，平叛逆，锐意改革的天才谋略；最富争议的皇帝雍正的精彩人生；乾隆皇帝钟情于香妃的风流韵事；慈禧太后将皇帝与权臣操纵于股掌之间的惊天手段；历代名相为当朝政务呕心沥血，助帝王打造繁荣盛世……

·1·

在浩瀚无边的中国历史长河之中，帝王将相始终是核心人物，或直接或间接地掌控着历史的舰舵，影响着历史的进程。虽然他们已是昨日黄花、过眼云烟，但查看他们的传奇人生，研究他们的功过是非，仍然可以让读者借鉴与警醒！

即便如此，很多人依然会"坚定"地摇着头回答："NO!"因为在他们看来，"历史、帝王将相"等于"正统、严肃"，这些东西早被当年的历史考试浇到了冰点！尽管明知"读史可以使人明智"，也再没有耐心去研读、探索那些"枯燥"的历史了。其实，历史并不是课本上那些无聊的年份表，帝王将相也不是人物事件的简单罗列。真实的帝王将相的生活要丰富得多，有趣得多。

为了解决这个问题，让读者心甘情愿地"抢读"历史，本套图书精心挑选了在历史上影响力颇大的帝王或名相，突破了枯燥无味、干巴巴的"讲授"形式，以一种幽默诙谐的语言，用一种立体的方式将一个帝王或名相的多样性与丰富性展现在广大的读者面前。

全书妙语如珠，犀利峥嵘，细述每个帝王或名相的政治生活、历史功绩、家庭生活、情感轶事等，充满了故事性、知识性与趣味性，让读者在轻松愉悦的享受中体味人生的变化莫测；在"观看历史大片"的过程中收取成功的法门秘诀。

为了保证书稿的质量，编辑工作者查阅了大量的相关资料与文献，并且专门请教了很多长期从事历史教学与研究的专家学者。不过，由于时间与精力有限，如果本套图书存在些许错误，敬请广大的读者朋友们批评指正。

"古人不见今时月，今月曾经照古人"，与浩瀚的宇宙相比，人类的生命短暂得微不足道。因此，在这有限的时光中，我们要尽一切可能多学知识，少走弯路，让我们的人生变得更加绚丽多彩！

目　录

目录

宋太宗赵光义传

SONGTAIZONGZHAOGUANGYIZHUAN

第一章

赵氏兄弟陈桥兵变　黄袍加身宋代后周

后周显德七年二月初四的清晨，一位气宇轩昂的中年人刚刚醉酒醒来，他的弟弟和他的亲信走进帐来，请求他做天子。中年人一愣，随即反应过来。随即义愤填膺地拒绝了他们的请求。他的弟弟急忙劝说他是最合适的天子，不要让大家失望。

中年人这才假装还未完全酒醒，不知道发生了什么事，走出了大门。门外士气高涨，众人齐呼天子。中年人还没来得及多想，身旁便有人将黄袍披在了他的身上。士兵们顿时安静下来，齐刷刷地向他跪拜，高声呼喊天子万岁。中年人显示出被迫的样子感叹，将士们立他为天子，就必须听他的指挥号令。可是大家都是贪图富贵之人，如果不愿听他命令，那么这个天子也做不成。将士们立刻回应会听他号令。于是中年人当众宣布不可侵犯周王室的皇帝太后、市井仓库，若有违令者，不可赦免。随后便带着众将士，浩浩荡荡往汴京走去。这就是著名的"陈桥兵变"。

那气宇轩昂的中年人就是宋朝的开国皇帝赵匡胤，他建立北宋王朝。而那个给他谋划这场兵变，为他披上黄袍的，就是他的弟弟赵匡义。赵匡胤从将军到成为一代皇帝，每一步都少不了这个弟弟在身边的帮助。之后赵匡义的登基，真正结束了五代十国的分裂割据局面，进一步加强了中央集权。

　　赵匡义出生的时候，哥哥赵匡胤已经十二三岁了。他出生在军人家庭，父亲是一位将军。后晋天福四年十月七日的夜里，一个男婴即将呱呱坠地。赵匡胤从将军府外面跑来，得知母亲正在生产，心中不禁好奇，母亲会给自己添一个弟弟还是妹妹。

　　赵弘殷看着自己的二儿子，心里非常满足，也充满期盼。夫人已经为自己添了两个男孩儿，第一个虽然不幸夭折，可老二还是健健康康。现在又要有第三个了，他心里怎么能不高兴呢？看着府里上上下下都在为这个未出世孩子忙碌着，端水的端水，递毛巾的递毛巾，他的心里一阵紧张，孩子只是不知是男是女，夫人孩子是否健康。他焦急地守在杜夫人的房间门口，左右踱步，和赵匡胤一起期盼着孩子的出世。

　　婴儿的哭声预示着新生命的诞生，赵将军疾步走向房间。

　　杜夫人此时身体虚弱，躺在床上注视着这个小生命。看到丈夫走近，她心中一阵兴奋，又是一个男孩儿。赵将军将婴儿抱在怀里，如同匡胤出生的时候一般，怜爱的眼神中透着慈祥和感激，给这个男孩儿起名叫赵匡义。

　　赵匡义聪颖好学，尤其喜欢独处。在成长过程中，出身军人家庭，骑马射箭自然少不了。在府里大家都宠着他，而他从小就喜欢有自己的主意，在同龄的孩子当中并不合群，经常独立思考，还时常会想出一些不一样的东西来。由于不是怎么爱讲话，更多的时候自己思考，但是他一开口就好像下了命令，让那些同龄的孩子们心生畏惧，不敢靠近。父母对他更是偏爱有加。哥哥赵匡胤都对这个弟弟心生敬佩，有时候他都不知道这个弟弟心中究竟在想写什么。

　　成长的过程中，赵匡义还慢慢喜欢上了看书。父亲是一员猛将，哥哥也逐渐成长为一名将军，可是赵匡义却还是喜欢待在自己的世界中。他觉得书是最好的东西，好在家中藏书颇多，他对书需求也可以满足。原本聪颖好学，加上这些年看书很多，自己竟也有了过目不忘的本事，这让他对书有了更深的理解，因此投入了更多的精力去看书。

随着年龄的增长，家中的藏书已经满足不了他的阅读量。他就向旁人借书去看，看书时，他已经忘了他自己。在他看来，书里有他不知道的东西和他想要知道的东西，没有什么比读书更重要了，经常是废寝忘食。大量的时间投入，以及刻苦努力，让很多人感到佩服和赞叹。

赵将军和夫人看到匡义如此用功，也颇感欣慰。他们觉得孩子本就好学，既然喜欢看书，还能够坚持不懈，那就尽量满足孩子的要求，有机会就弄一些书来给他看。

赵匡义看书好学的事迹，全军上下都知道了。跟随赵弘殷的士兵们在攻陷了一个地方的时候，别的先不说，就把收集到的书籍全部带给将军，倒是回回都忘不了。

赵匡义有了这些人的帮忙，看的书越来越多，书里面的知识也都被他融会贯通。琴棋书画就都不在话下。他的事迹，也广为流传。

唐朝末期，各地藩镇势力的日益强大，使朝廷的地位岌岌可危。各方势力暗流涌动，都想趁此混乱之际，为自己的势力分一杯羹。唐朝灭亡后，中原地区政权更替，先后有后梁、后唐、后晋、后汉与后周五个政权建立。五代的政治体制大体与唐朝相同，先后有十四位的君主更替，维持了短短的几十年。其他地区还存在着吴、南唐、前蜀、后蜀、南汉、北汉、吴越、闽、楚、南平十个政权。这个时代被称为五代十国。

政权割据时期，少数民族聚集的地区也开始建立自己的政权。他们占领一片土地，便称王称帝，这些首领来自社会的各个阶层。有的出身军营，靠夺取别人的政权来巩固自己的地位；有的是迫于无奈，揭竿而起的穷苦阶级，他们靠笼络人心，自立为王。

各个势力相互争夺土地和政权，带来了战争。而战争只能给百姓带来更多的抢劫、杀戮。全国统一，安定团结是当时百姓最迫切的需要。经过长期的战争，一直没有一个人能够完成统一大业。

赵匡义生在战乱年代，从小又读了很多书。虽然身在富贵之家，也自知百姓之苦。书中的那些道理，他都可以在实事中看到，文史类的书籍更是让他了解到战争会给百姓带来多少灾难。他知道，自己的雄心壮志不仅仅在这书里，他需要更多的力量，来实现自己的理想，结束战争，统一全国。

于是，十八岁时，赵匡义已经开始随父亲南征北战。由于出身军营，从小受到父亲和哥哥的影响，除了看书学习以外，他并未荒废自己的武艺。在战场上，赵匡义显示出了自己一贯的桀骜不驯，卓尔不群。他身先士卒，杀敌无数，随时准备战死沙场。跟随自己的哥哥，他们一起攻克了很多城池。在这期间，赵匡胤对弟弟的勇猛十分赞赏和佩服，也看到了他少时没有表现出来的勇敢机智。从此两个人齐心合力，共同御敌，立了很多战功，周朝天子也很是满意。赵匡义的地位在军中也不断提升，这也使他有机会能够帮助赵匡胤出谋划策，共商大计。

为了谋取天下大业，赵匡义兄弟俩也用了各种各样的手段和方式。周世宗曾在生病的时候看到过一个锦囊，里面的直木条上刻着"点检做天子"。周世宗本来就身体不适，生性多疑，这根木条就更让他感到紧张，天子本来就怕自己得来的天下被别人抢去。这生病的当口，他也顾不得细细辨别是否有人从中挑拨、诬陷点检。便一个命令下去，将当时的都检点张永德的职位免除了。张永德改任其他官职之后，赵匡胤才有机会被提拔为殿前都点检。

这一免一任，都是赵氏兄弟早早策划好的，他们与周世宗常年共同征战，深知他为人多疑谨慎。身体不好的时候，更没有精力去管其他的事情，只能草草解决了事。张永德被免职，点检之位就只能由他来做，赵匡胤借此机会掌握了后周军权，让他更有能力实现统一大业。

多年的征战生活，让赵氏兄弟在军营中如鱼得水。掌握军权期间，他们屡立战功，笼络军心，培养亲信，也不断冲击着周氏王朝的权威。

看到有机可乘，赵匡胤首先显示出了篡位的野心。赵匡义饱读史书，深知篡位会带来怎样的后果，如果直接夺去皇位，则名不正言不顺，会招致军士甚至百姓的唾弃，更不要谈什么当天子，统一天下。因此，他为兄长重新谋划好了一个全面周详计划，只等时机出现，就可以顺理成章坐上天子之位。

这次商议之后，赵匡义更是竭力笼络军中将士，培养心腹，在朝中与各位大臣结交，构成了自己的权利网络，掌握了越来越多的周朝主要大权。他明白，只有这样，才能获得更多的支持，在以后统一大业的过程中少些阻碍。

周世宗自上次病倒后，就一病不起，再没有更多的精力梳理朝政。兄弟二人更加肆无忌惮，加快速度篡夺天子之位。

周恭帝即位后，因为年龄小，在朝中根本无法站稳脚跟，宰相范质并没军权。赵匡义觉得各项工作都准备的差不多了，周恭帝的即位，也给他们创造了一个很好的契机。只是需要在合适的时间，为兄长正名就可以了。

赵匡义为了能让兄长披上黄袍的那一幕早日出现，早早地就开始谋划了。

北汉勾结契丹攻打后周的时候，赵匡义已经做好了准备。他觉得趁这个机会谋取天子之位顺理成章。当时，面对敌人大举攻击，年幼的周恭帝根本没有主意。在这时候，他孤立无援，只得叫当时的宰相范质来安排这一切，范质也没有什么好的办法。赵氏兄弟掌握着军权，如果这时候不出征，必会导致灭国。权衡之下也只好让赵匡胤统帅全

军，副都检点做先锋，共同御敌。

接到圣旨以后，赵匡胤心中暗暗欣喜，知道这最好的时机果然降临。便和弟弟共同确定了一下最后的细节。他让副都检点慕容延钊先走一步，自己在后面召集将士，不久与他会和。大敌当前，慕容延钊带着众将士就出发了。随后赵匡胤离开京师，赵匡义告诉他一切准备妥当，形势都在都在掌握之中，只要没有什么闪失，此事就可以成功，让赵匡胤安心。

京城随之传出了流言，说由于周恭帝尚且年幼，无法把握朝中事物，大敌当前，也无法统辖军队，愿意让当朝点检来做后周的天子。人们相互告知，流言便传开了。京城人心惶惶，都不知道第二天会发生什么。于是人人自危，投奔亲戚的，逃离战乱的，陆续离开了京都。由于赵匡义的巧妙安排，皇宫被封锁了消息。周恭帝还和平时一样，并没有发现任何异常，他还满心期待着自己的将军可以打个胜仗，这样他就可以稳坐龙椅。

正月初三。

赵匡胤带领众将士在陈桥驿整顿休息，准备第二天再去和慕容延钊会合。这个夜晚也不安稳，赵匡义早就为兄长安排好了一切。大家在一起休息的时候，赵匡胤的亲信对士兵们进行了鼓动，他有板有眼地分析了当时后周的情况：周恭帝年幼，无法亲理朝政，也没有大臣的帮忙，恐怕很难治理好国家，在加上这次外敌大举入侵，如果没有得力的干将，恐怕周朝早就灭亡了。说罢又顺势带出这番举动的重点：他赵匡胤在后周多年，了解国家的状况，带领军队也是立下赫赫战功，正是因为他，这后周才能够稳固。如果能够听天命，遂人愿，让大将军来做这个天子，肯定要比一个小孩儿要好得多，他一定可以给大家带来一个安稳的国家。

这些话正好说中了士兵们的痛处，士兵们本来就心中没底，今天去打仗，明天还不知道回不回得来。家乡的父老乡亲都苦不堪言。这一下兵士们群情激愤，都吵嚷着。希望有个办法让赵匡胤来做这个天子。

赵匡义得知这个情景，知道情况正在朝预想的方向发展。当时一个官员还提议和他们商量，这正合他的意思。想到这，他立马着手，和掌书记赵普商量怎样来个万全之策。赵普得知后也急忙赶来，将自己知道的情况汇报给了赵匡义。赵匡义这才得知，将士们都站在了自己的阵营里，要求点检赵匡胤接受天子之位，如果不如此，他们上阵杀敌，浴血奋战就没有意义，不如回家种地。

看到人心所向，赵匡义知道自己的计划完全正确，每一步只要认真筹划，这日思夜想的大业就可以实现了。

他激动地对将士们进行鼓动，他再也忍不住了，想要今晚就让兄长登上天子之位。他煽动大家：既然人心所向，不如大家今晚就行动，如果马上行动，就算点检不想做天子也来不及了。将士们正是群情激昂，听赵匡义如此鼓动，士气更加高涨，恨不得马上就让赵匡胤当上天子，好领导他们走向安稳富贵。

赵匡义知道得民心者得天下的道理，所以又嘱咐大家不能强取豪夺，保证大家的生命财产安全，只有百姓拥护，他们才可以共享荣华富贵。如此仁厚周全，将士们更是对赵匡胤能做一个合格的天子深信不疑。

此后，赵匡义又派人告知石守信、王审琦此事的计划和进度。这两人也都是支持赵匡胤的亲信，自然对此事发展形势又惊又喜。于是当下决定助他们一臂之力，与他们共同商议策划此事。有了更多的朝中大臣们的支持，赵匡义更加自信，他把将士召集在一起，当众宣布了实施这件事的具体细节。众人觉得他计划周详，也信心倍增。大家严阵以待，按照赵匡义所说，等待第二天到来，就开始行动。

次日凌晨，将士们按照计划，涌向赵匡胤所住之处。声势浩荡，敲门的敲门，大声叫嚷的大声叫嚷，急切盼望着见到点检。众人在门外等候应答，赵匡义已经按捺不住了。还未等到赵匡胤露面，他就从人群中挤出，以进门查看为由，省去了叩门和等待应答的形式，立刻夺门而入。

此时的赵匡胤由于醉酒，还未完全清醒过来。弟弟赵匡义的突然出现就像一碗醒酒汤，他反应过来的时候，就出现了故事开始时黄袍加身的那一幕。

赵匡胤的部队进入汴京后，事先安排亲信让宰辅暂时接掌政权，又差人提前告知家人当时的状况。按照赵氏兄弟的计划和指令行事，众将士列队整齐，没有攻打后周皇宫，对城内百姓也无任何烧杀抢掠的做法。

得知赵匡胤兵变，后周皇宫乱作一团。上至太后皇帝，下至宫女太监，都惊慌失措。外患未除，又添内忧，文武百官此时正在早朝，听说此事，立刻骚动起来。他们议论纷纷，不知如何是好，皇帝年幼，只得抱希望于符太后，太后毕竟是个妇人，长居后宫，惊恐之余，她除了安慰小皇帝，只顾责怪范质养虎为患，军权都掌握在赵匡胤一人手中，发生兵变使后周皇室根本无法应付。自知铸成大错，作为宰相，范质只得亲自出面去和赵匡胤谈判。他期盼自己能说服赵匡胤退兵，保后周平安。

解散了官员，送太后和皇帝回宫后，范质悔不当初，他对着王溥宣泄和感慨，自责行事不当，没有全面考虑状况，才使得事情发展到这个地步。

赵匡胤的大军还未在汴京采取什么行动，后周官员们已经开始分成两派，甚至自相残杀。一名从皇宫里仓皇跑出的官员，扬言要抵御赵匡胤的军队，便马不停蹄地要回去调兵遣将，这名官员就是韩通。

途中遇到了赵匡胤的亲信王彦升，王彦升催促韩通去迎接新天子。韩通效忠后周，哪里肯听他的话。不但没有停止脚步，反而怒骂王彦升是叛党。王彦升参与了此次兵变的谋划和实施，他哪里容得下这样的官员。怒气冲上心头，便骑马追赶韩通去了。匆忙跑进家门，还为来得及关门，王彦升就迅速趁此机会将他杀死。甚至一不做二不休，进去将韩通的家人全部杀了。之前商议好的计划，这个王彦升不但没有遵守，还杀了韩通的全家。此事后来被赵匡胤知道之后，很是不满。

赵匡胤的军队进入明德门之后，他回到了自己原来的办公地点。随后范质带着一干官员见赵匡胤。他知道范质此行的目的，因此没等范质他们开口，他首先悲怆感慨自己并无非分之想，而是被形势所迫，并将人心所向，黄袍加身的经过，一概重复一遍给他们听。范质等人还没有回过劲来，赵匡胤的亲信罗彦环就将宝剑举到身前，威胁他们：如不从命，就别想活着回去。范质已经慌了神，正不知道该怎么办之际，王溥倒是很识相地过去，恭敬地叩拜了赵匡胤。这种形势下，范质也只能和大家一起，行君臣之礼，承认了赵匡胤的天子地位。

已经承认了天子地位，之后就是各种形式的礼仪。范质所带领的官员们先到殿内召集文武百官。安排礼仪所需的用品和顺序等。下午时候才开始宣读禅让皇位的诏书。赵匡胤进殿接受诏书行礼。进入崇元殿，穿龙袍，带冠冕，禅让礼仪即成。

随后更改年号，安置后周皇帝和太后，定下国号为宋。计划周详，寻找时机，"黄袍加身"，这样的巧妙安排，能够完成少不了赵匡义的四处奔走。在赵匡义的策划下，计划得以顺利实施。他们稳定军心，不伤害后周百姓和皇室的做法也赢得了百姓的称赞。赵氏兄弟兵不血刃地发动了陈桥兵变。在赵匡义的辅佐和谋划之下，从陈桥兵变到成为皇帝，赵匡胤只用了很短的时间。

第二章

太后病逝留下遗命　光义赵普针锋相对

宋政权建立后，赵匡胤下诏对百官按等差加官进爵，派遣使臣向郡国藩镇通告宋朝建立，定国运，以火德王，礼服、旌旗等崇尚红色。追赠韩通为中书令，依礼安葬，表彰他对后周的忠诚。欲加王彦升擅杀韩通之罪，但因为刚刚建国没有降罪，终身未授节钺之职。

几天后，赵匡胤论辅佐拥戴天子的功劳，加封石守信为侍卫亲军马步军副都指挥使，高怀德为殿前副都点检，张令铎为马步军都虞侯，王审琦为殿前都指挥使，张光翰为马军都指挥使，赵彦徽为步军都指挥使并兼领地方节度使。其余将领都得以晋升官爵。当时，慕容延钊手握重兵驻守在真定，韩令坤领兵巡守在北部边境。赵匡胤允许他们可以不待上奏，自行决断处置行事。另外，加官慕容延钊为殿前都点检，韩令坤为侍卫都指挥使。

一日，宋太祖以其弟赵匡义为殿前都虞侯，领睦州防御使，并赐名为光义。赵光义在陈桥兵变中功劳很大。这次兵变，也首次显示了他过人的政治敏觉以及政治手腕。陈桥兵变，使赵光义真正登上政治舞台，开始了他的政治生涯。

在此之后，宋太祖相继封他的四弟赵光美为嘉州防御使，封赵普为右谏议大大、枢密直学士；尊母亲南阳郡夫人杜氏为皇太后。立四代亲祖庙，定期祭祀。赵氏政权确立。

赵光义在陈桥兵变拥立兄长，为宋王朝的建立立下了汗马功劳。宋太祖赵匡胤登基后，对这位年仅22岁的胞弟十分器重。他不断地提高赵光义的地位，开国之初便任命光义为殿前都虞侯，领睦州防御使。不久，原后周昭义军节度使李筠发兵讨宋。六月，宋太祖亲自统帅大军征讨李筠，以赵光义为临时大内都点检，留守汴京。这使京城的人吃惊地议论起来："点检做天子，更为一天子地耶！"照理说，曾以都点检登基做皇帝的宋太祖，是忌讳别人来担任这个职务的，可见他对自己弟弟光义的信任程度。

建隆元年（公元960年）八月，宋太祖又封赵光义领泰宁军节度使。

这年的九月，原后周淮南节度使李重进据扬州起兵。李重进是周太祖的外甥，与赵匡胤同在后周时分掌兵权，常常惧怕赵匡胤。赵匡胤做皇帝后，命韩令坤镇扬州，而加官李重进为中书令，调为青州节度使，李重进越发心不能安，于是暗怀异志。李筠起兵时，他曾与李筠相勾结，被宋太祖得知。当时宋太祖施用缓兵之计，稳住了李重进，待平定李筠以后，宋太祖开始经略淮南，迁李重进为平卢节度使，又派遣六宅使陈思诲赐给李重进铁券。李重进心想自己是后周皇室的外戚，恐怕不能保全自己，于是拘禁了陈思诲，举兵反宋。

十月，宋太祖从东京发兵，下诏亲征。任命皇弟赵光义为大内都部署，吴廷祚为东京留守。赵光义留守京城，镇抚后方，上下如一。他作为太祖出征平乱的坚强后盾，不仅在建国初期的几次平乱之中，甚至在宋太祖发起的几次大规模的统一战争中也起到了相当关键的作用。赵光义的声誉在群臣诸将中间也逐渐地提高。

建隆二年（公元961年）五月，皇太后得了疾病。太后是定州安喜人，治家严谨而有法度。陈桥兵变发生时，太后听到这个消息说："我儿平素胸怀大志，今天果然如此。"儿子匡胤登基后，太后在殿上接受宋太祖的礼拜之时，脸上阴沉下来。旁边的人上前问她："臣听说母以子贵。现在子贵为天子，为什么不快乐呢？"太后说："我知道做国君很难，天子置身于亿万臣民之上，如果治国得法，那么君位可尊；如果失控，想当一名平民百姓也不可能，所以很忧愁。"宋太祖与兄弟们都很敬重母亲。太后患病后，他们心情很沉重。尤其是赵光义，颇受太后的偏爱。太后常要光义多与赵普亲近。每逢赵光义外出，太后就告诫他说："必须与赵书记（赵普）一块活动才行。"并刻着日影，等待着儿子归来。太后的意思，不外乎让赵光义跟赵普学习从政为官的道理，增长些治国安邦的本领。看着太后的病情一天天加重，赵光义心中郁郁不乐。他常常与太祖侍奉汤药，身不离母亲左右。但他明白，母亲在世上的时光已经不多了。

六月，皇太后已病情垂危。一天，太后召赵普进宫，与太祖同时接受遗命。赵普奉召，急忙来到太后的寝宫，与太祖一同来到太后的病榻前。只见太后面容枯黄，令人不忍再看，两人不禁流下热泪。这时，太后月微弱的声音问太祖："你知道你是怎么得的天下吗？"太祖呜咽着，说不出话来。太后提高了一丝声音说："我正要对你说大事，你怎只是一味地哭呢？"然后，太后又问了刚才那个问题。宋太祖回奏说："全是靠了祖考、太后的余福得来的。"太后庄重地微微摇摇头，说："不是的。你之所以能得到天下，正是因为柴氏使幼儿主掌天下。主少国疑，人心不服啊。如果后周有年长的国君，你怎能当上皇帝？"说到这里，太后喘息了一会儿，眼睛看着太祖，又慢慢地说："你和光义、光美都是我生的。你百年之后，应当把皇位传给光义，光义传给光美，光美再传位给你的儿子德昭。天下四海广大辽阔，能立年长的国君，是国家社稷的福音啊。"太祖哭泣着，边点头边说："儿怎敢不依遵太后的教诲！"太后又把目光转向恭立在一旁的赵普说："你把我说的话和他说的话一同记录下来，不可违背！"赵普忙跪着回话："臣当谨记太后的旨命。"于是就在太后的榻前，把太后刚才的遗嘱与太祖的誓言写下来，并在纸的末尾署名"臣普记"三个字，然后，把誓书收藏在金匮里，交给谨慎可靠的宫人掌管。

皇太后见大事已经安排妥当，像卸下了重负一样长舒了一口气。又过了两天，太后驾崩于慈德殿，享年60岁，谥为"昭宪"，葬于安陵。

杜太后驾崩，宋太祖与赵光义悲痛万分。宋太祖思念母亲，久久无法静心处理政事。母亲临终前的顾命之言，现在还萦绕在他的耳边。仔细一想，母亲的话确实很有道理，他越发觉得母亲是一个令人尊敬和爱戴的具有政治远见的不平凡的女性。沉浸在对亲人的思念之中，宋太祖被一股浓郁的亲情温暖着。他不禁又回想起自幼与弟弟光义一起，兄弟二人友爱亲密。陈桥兵变，光义立功不小，拥立他做了皇帝。几次外出征讨敌人，都是光义留守京师，镇抚后方，做他的坚实后盾。想到这里，他竟然热泪盈眶。

一个月后，即建隆二年（公元961年）七月，宋太祖任命皇弟赵光义为开封府尹、同平章事。同时封赵廷美为山南西道节度使。开封城是从唐朝五代时期的汴州城直接发展而来，在政治上，它是后梁、后晋、后汉和后周四朝的首都，也是宋太祖建宋的根据地。从经济上来说，唐朝安史之乱与五代军阀混战，对开封的侵扰不大，反而得到了更大的发展。所以北宋仍把它作为都城。因此，开封的政治经济地位益发增强了它的重要性。而开封府尹也随之成为地位显耀、权力较重的官员。自五代至宋，凡属有皇族担任这一职务者，就预示着有继承皇位的可能性。

赵光义任开封府尹，既可以通上，又可以达下；既要参谋大事，又得处理细务。日益繁重的政务，锻炼了赵光义的政治才能。他为官勤奋，机敏果断。每日除了上朝奏事之外，便是处理开封的大小事务。

自建隆二年（公元961年）直到开宝九年（公元976年），共经过约16年之久。他自己曾经说："我担任开封府尹十六七年以来，民间的稼穑艰难辛苦，君子小人的真诚假伪，没有不熟悉的了。"

深居于开封府中的赵光义，是否能够了解民情，这还是一个可以探讨的问题，存在着一定的可疑性。若说起他在这时熟谙了政事，那是一点儿也没有疑问的。而更为重要的是，赵光义利用开封府尹的地位，在开封府中广泛交结各方豪杰俊士，一大批幕僚将校聚集在他的府下。他们有的文学显著，有的武艺高强。可以考证的幕僚、将校至少有66人。如素通文学、诙谐敏捷、周知人情、精通吏术的宋琪，能言善辩、知识博丰的程羽，文武兼备的贾琰、刘篰、姚恕等人，在光义周围形成了一股强大的势力。他们为光义四处奔波，出谋划策，议论时政，褒贬朝臣。多数幕僚忠诚效命，不含贰心。

赵光义待他们也十分敬重，给予他们优厚的待遇。赵光义还让他手下的官吏仆从尽量交结有识之士、有能之才，引荐给他，以较高的礼节对待他们。当时，人们都知道开封府尹善交朋友，所以，引得一些胸有抱负之人，抑或是贪图富贵之人，趋之若鹜，纷纷投靠。其中不乏滥竽充数、浑水摸鱼的，良莠不齐在所难免。光义幕下这批豪俊，人才各异，为光义的政治道路的延伸通畅起到非常重要的作用。当时，光义府中人才济济、蔚为大观。著名文臣陶谷曾描写过这种盛况："本朝以亲王尹开封，叫作'判南衙'。羽仪散从，灿如图画，京师的人感叹说：'好一条软绣天街！'"

乾德二年（公元964年）正月，宰相范质、王溥、魏仁浦等人两次上表，请求辞去宰相职务，宋太祖恩准。七天后，以枢密使赵普为门下侍郎、平章事、集贤院大学士；宣徽北院使李崇矩为检校太尉，充枢密使。当时，赵普入朝，启奏中书无宰相署敕之事。宋太祖说："卿只管进敕，朕为你签字，可以吗？"赵普说："这件事应该是有关部门的职责，不是帝王的事啊。"于是令翰林学士讲求前朝故例。窦仪说："现在皇弟主管开封，同平章事，就是担当宰相的职任呀！"于是，太祖令赵光义签了字，赐予赵普。赵普于是拜为宰相。

从此以后，赵普被太祖看作左右手一般，一些事务，不论大小，都要和他商议后才决定。赵普的权力渐渐增大起来。四月，太祖又命薛居正、吕余庆为参知政事，稍微分担宰相权力。但赵普为相，权力独专，遭到一些朝廷大臣的不满。而此时最大的权力冲突，便是发生在原本非常亲密的两人之间：身居显要官位，握有重权的开封府尹赵光义与宰相赵普。

在宋太祖登基之前以及之后初期，赵光义与赵普的关系是比较密切的。陈桥兵变，二人配合默契，制造声势，稳定军心，保证了政权的顺利更替。建隆元年（公元960年）五月，宋太祖亲征李筠时，赵普通过赵光义请求从行，得到太祖的同意。杜太后还常告诫赵光义外出必须与赵普偕行。此时二人的利益冲突不大，交情很深。

到后来，当光义出任开封府尹、同平章事，有继位人的地位后，赵光义与赵普却日渐疏远起来。赵普独专相权后，两人权力之争逐渐升级，渐渐达到白热化。

乾德二年（公元964年）六月，赵光义又被封为中书令兼开封府尹。这样，他与赵普的关系就更加淡漠，甚至转为敌对。两人展开了一场激烈的明争暗斗。后来，斗争扩大到以二人为代表的两个政治集团的斗争。

乾德四年（公元966年），宋琪被宋太祖召拜为左补阙、开封府推官。开封府尹赵光义起初特别赏识他，认为他与自己兴趣相同，爱好文学，又精通为官之道，言辞诙谐，思维敏捷，于是尤其器重他，待他也很恭敬。宋琪受到其他人少有的礼遇。然而，宋琪与宰相赵普、枢密使李崇矩关系友善，交往十分密切，经常出入他们的门下。赵光义得知这事后，格外恼怒，渐渐厌恶憎恨宋琪。于是有一天，赵光义就对宋太祖说了宋琪的不是，宋太祖就把他贬出开封，出知龙州去了。后来又迁移到阆州。开宝九年（公元 976 年）做护国军节度使。以后，原来攀附赵光义的程羽、贾琰都很快做到显要位置，唯独宋琪久久得不到调升。一直等到他向赵光义承认错误，悔过自新后，才重新得以扬名于世。

而赵普也针锋相对，不甘退后，寻找借口免去赵光义幕僚刘磻的官职。起初，宋太祖想重用枢密直学士冯瓒，经常与赵普谈到冯瓒，说他有奇才。赵普心中很忌妒，于是派遣冯瓒到四川镇压起义。暗地里却命令自己的亲信跟从冯瓒出行，秘密地探察他的过错。然后回京师敲响"登闻鼓"，上告冯瓒和监军绫锦副使李美、通判殿中侍御史李械贿赂行奸。宋太祖立即诏冯瓒回到京城，亲自询问他是否有这样的事。冯瓒等人辩驳不清，理屈词穷，哑口无言。宋太祖于是把他们交付有关部门看押起来。然后，赵普派人到潼关，检查冯瓒的行装背囊，查出金带珍玩等财物，上面都包着封，写着：将要用来贿赂刘磻。刘磻当时在赵光义的幕府中。冯瓒无言以对，只得供认，赵普说依法应当将他们处以死刑。宋太祖想从轻发落，赵普坚决不同意，于是削去冯瓒等人的官职俸禄。后来遇到大赦，免去死罪，把冯瓒流放到登州沙门岛，李美发配到通州海门岛，李械因为孝明皇后的关系而特免配流。对于刘磻，则免去了他的官位。

后来，赵光义的另一个幕僚姚恕犯了法，被赵普杀掉了。两人的关系进一步恶化。

赵光义不但广泛交结天下豪俊，充斥幕府，致使开封府幕僚将校云集，俨然像一个候补朝廷，而且在与宰相赵普的权力之争中，着意拉拢朝中的文武大臣，或者送礼，或者为他们排解纷难，来扩大影响与权力，同时也孤立和打击了赵普。

拾遗杨徽之，曾经向周世宗进言说："赵匡胤很得将士的人心，在军中威望颇高，不适宜让他掌典禁兵。"赵匡胤即位后，因为这件事要诛杀他。赵光义阻止宋太祖说："这是周皇室的忠臣啊，不该治他重罪。"太祖听从了皇弟的意见，赦免了杨徽之的死罪，只把他贬为天兴令。

御史中丞刘温叟性情庄重温厚，为人清廉方正，尊重礼法，对他的继母非常孝敬，即使在盛暑炎热的天气里，如果衣冠不整也不敢拜见继母。当时，御史宪府有惯例，每月赏给公用茶钱。中丞受钱一万。公用如果不够，可以用收缴来的赃物充当。刘温叟憎恶赃物是不义之财，分文不取。担任台丞十二年，屡次上书请求让别人代替他。宋太祖不准。

赵光义听说了刘温叟清正廉洁，曾经派遣开封府的官吏给他送去五十万钱。刘温叟见是开封府尹送的钱，不敢推拒，只好收下，放在府厅的西边房舍里，还让前来送礼的府吏贴好封条才离去。

第二年端午节，光义又派人给刘温叟送去黍角和纨扇。这次派遣的开封府吏恰好还是上次前去送钱的那个人。这个府吏带着礼物来到刘温叟的府中，送上黍角、纨扇。还是在原来西边那间房子里，府吏很惊讶地看见去年送来的钱放在原地，连他亲手贴上的封条还保存完好，只是过了一年，颜色略微有些暗淡。

府吏回到开封府，把他看到的一切真实地报告了赵光义。赵光义感慨万分，赞叹说："我馈赠的钱他尚且不用，何况别人送的呢？以前他之所以收下了钱，是不想拒绝我啊。现在都已经整整一年了，仍然没有启封，刘温叟的品节真是高尚啊！"于是命令府吏又把那些钱和物用车子带回开封府。这年的秋天，赵光义在皇宫后苑侍宴，席上与太祖谈论到当世的有清名节操的人，就把刘温叟的事告诉了太祖。太祖听后，赞叹不已。

楚昭辅是宋太祖信任的近臣，曾经参与陈桥兵变，很有才干，颇具心计。开宝四年（公元971年），被拜为左骁卫大将军，权判三司。开宝五年（公元972年）夏天，三司突然上奏宋太祖说："粮仓里的储备每月的供给开支只能维持到明年二月份。还请圣上下诏，拨部分屯田的军队，去率领民船来援助江淮的漕运。"太祖皇帝听后，非常生气，立即召来权判三司楚昭辅，厉声责问他："楚昭辅啊，国家没有九个月的储备就叫作'不足'。你不是平时很有心计，善于调度吗？现在粮仓里的储备已经快用光了，他们来请求分出屯田的兵士，都去驾驶民船，帮助运送粮食财物。你能给我办好这事吗？这就是你的心计吗？我让你做这个官有什么用处呢？你仔细听着，这事办得顺利，暂且不予追究。倘若办事不力，有所阙漏，必定把你治罪，来给众人一个交代！快去办理吧，你好自为之！唉，越是亲近的人越给我惹麻烦！"说完，太祖不悦地拂袖而去。

楚昭辅在阶下噤若寒蝉，直吓得话也不敢说。太祖走了很久，他才战战兢兢地退下殿来。他害怕极了，浑身都是冷汗。想来想去，他最后还是到开封府去见赵光义了。

楚昭辅来到开封府，拜见了开封府尹赵光义，把事情讲给他听。然后说："这事都是我一时疏忽，出了差错，惹得皇上动怒，要给我定罪。皇上向来听从您的建议，还请您能在皇上面前替我求情，解释一番，稍微宽限一下，让我尽力去做好这事。有劳您了，您的恩德我将铭记在心。"赵光义答应了楚昭辅的请求："好吧，你先回去，我会想办法的。"楚昭辅拜谢了，沮丧的脸上稍稍安定了些，然后向府外走去。

楚昭辅离开后，赵光义问押牙陈从信有什么计策，陈从信回答说："从信曾经在楚地、泗水一带游历，见到粮食运输停滞缓阻的原因，主要是由于驾船的人缺乏食物，每天所经的州县都要检查核对，所以粮运大多凝滞不前。如果从运粮船出发时就按天计算开支，来回一样，可以责定运送往复的期限。另外，从楚地、泗水之间运米装船，到京师卸下船，再用车子把米运进粮仓，应该设置常备运粮的士卒，卜律命令他们按时出纳，装船入仓。这样一来，每运一次可以减少10天时间。

"楚泗一带到京师有千里路程，以前规定的日期是80天运一次，一年只能运三次；现在如果去掉滞留浪费的虚日，就可以额外增加一次运粮了。我还听说三司准备征用民船。倘若不许，则无法责办，假如全部征用，那么冬季京师必需的柴草木炭就不能保障，一定会消耗殆尽，难以维系了。不如这样，招募那些坚固结实的民船，让他们负责运送粮食；而那些损坏破败的船只，就让他们任意装载柴木薪草，供给取暖。这样就可以顾全公家和私人，都可以从中获利。除此之外，还有一个情况需要您注意。如今市场上米价昂贵，官方定价才一斗70钱，商贾听到这个价格，认为卖米不能得利，没有人敢用船运米到京师来。即使当地的富人有储蓄的粮食，也因官方定价太低，隐藏起来不向外出粜。因此京师缺米，使得米越来越贵，百姓买不起，就要饿死了啊。"

陈从信一番话，分析入理，切中时弊。而他提出的解决方案也非常具有针对性，对症下药，确实能奏效。赵光义连连点头，表示赞同。他用欣赏的目光望着陈从信，说："从信啊，看不出你还真有两下子，把这件事看得如此透彻、清晰，又迅速想出解决的办法，思维真是太敏捷了。说得好，这样可省了我不少事。我一定告诉皇上，给你加官进爵。"陈从信高兴地说："承蒙夸奖，多谢您的提拔。"

第二天，赵光义入朝，帮助楚昭辅作了解释，请求太祖宽恕，并将陈从信提出的见解和方案向太祖复述了一遍。太祖认为很有道理，就下诏一切按照陈从信说的办理。果然，粮运畅通，米价也降了下来

同时京师的柴草木炭也有了很大的保障。太祖心里很高兴，楚昭辅避免了一场责难，对赵光义充满了感激之情。

通过一系列的政治活动，赵光义有效地提高了自己的政治声誉，政治地位得到巩固和加强。

第三章

赵普专权罢相被贬　太祖驾崩光义即位

宋太祖开宝六年（公元 973 年）八月，宰相赵普被罢为河阳三城节度使、同平章事。赵普当宰相十年，果断刚毅，把天下的事当成自己的事。他曾经要推举某个有贤能的人做某官，太祖不用；第二天，赵普再次奏请，太祖还是不用；第三天，赵普依然把奏章呈递上。太祖非常生气，将赵普的奏章撕成两半，扔在地上。赵普面不改色，将撕成两半的奏章带回家去。在家中把奏章补缀完好，又像先前一样递了上去。太祖醒悟，终于准允了他的奏请。后来，他推举的那个人果然干得出色，深受他人称道。

还有一天，太祖要举行盛大庆宴。天突然下起雨来，太祖怒形于色，文武大臣都被吓坏了。赵普却上前说："外面的百姓正盼望着雨水呢。下雨对我们举行大宴有什么损害！最多不过沾湿供帐和乐衣罢了。然而，百姓得雨，个个都欢喜得要奏乐呢，因为这雨下得正是时节。这是百姓之福啊，还请皇上令乐官在雨中奏乐吧。"一席话说得太祖龙颜大悦，继续举行起宴会来。赵普经常能够随机应变，使太祖回心转意。太祖也非常信任他，几次到他家去，商议军机大事。

有一天傍晚，大雪纷纷。快到深夜时分，赵普突然听见很急的敲门声，出来开门一看，大吃一惊。原来是太祖站立在雪中。赵普慌忙迎上叩拜。太祖说："朕已约定我兄弟光义到你家，他还没来吗？"话

还没落，开封府尹赵光义已经快步来到，一身的雪花。赵普把太祖、光义迎进堂中。太祖说："就在地上铺置两层毯就行了。"

赵普忙按吩咐做了，又点起炭火，烧烤肉食，唤出妻子，亲自张罗酒菜。于是三人围火对饮起来。赵普一脸严肃地问："夜深天寒，陛下为什么还出门呢？"太祖说："我睡不着啊。我除一张床之外，其他都是人家的，所以雪夜来见卿。"赵普说："陛下要统一天下吗？南征北伐，现在正是时候啊。臣愿听听您的打算。"

太祖说："我想攻取太原。"赵普沉默了好久，才说："先攻太原，就不是臣能知晓的了。"太祖忙问："为什么？你的意思是——"赵普站起身来说："太原挡着西北两面，若我们先攻取太原，就直接与契丹接壤，边患就归我们自己来挡了。为什么不先留着它！等削平其他各国，像太原弹丸大小的地盘，又能逃到哪里去？"太祖拍掌笑起来："好，好，朕原来的意思就是这样，刚才所说只不过想试试爱卿罢了。既然你和我想的一样，我就先灭他国，后取太原。那么先灭谁呢？"

赵光义这时插了一句："臣以为不如先灭蜀。"太祖点点头说："很好。不过，王全斌攻蜀，杀人太多，现在想来我还觉得耿耿于怀，不能再用他了。"赵普于是向太祖推荐两个人："曹彬、潘美可用。"后来，太祖便听从赵普的建议，命曹、潘二人领兵平蜀。从这些事情可以看出，赵普是颇得太祖重视和信任的。

但是，随着赵普任宰相日久，他对权力的专断也越来越严重。后来发生的一些事情使得他在太祖心中的形象和地位受到损害，最终导致了被罢去宰相，贬出朝廷。

朝廷故例，枢密使、宰相在一乏春殿候驾奏对时，同在一个房舍里休息。后来，枢密使李崇矩与宰相赵普交结深厚，要把女儿嫁给赵普的儿子赵承宗。太祖听说后很不高兴，便下令从此枢密使与宰相分室休息。

赵普专权，遭到很多朝廷大臣的嫉恨。当时，官家禁令，不得私自贩运秦陇一带的大木。赵普曾经差遣亲近官到秦陇去买建房的木材，联结成巨大的木筏运到京师来，建筑府第。差去的官吏趁此机会，偷偷地购买了一些禁贩的大木，冒称是赵普的货物在京都处卖。权判三司赵霭知晓了这件事，报告给太祖。太祖令人追缴大木，想把赵普一同治罪，多亏王溥求情才没有深究。

赵普还曾经私自换取供给皇上御膳的菜园子，来扩大他的府第，又经营旅店，赚取钱财。卢多逊为翰林学士，屡次攻击赵普的短处，且把这些事添油加醋，不无夸张地反映给太祖。太祖征询李昉的意见，李昉说："臣掌管起草诏书，赵普的所作所为，臣不得而知。"太祖沉默了好久。这时正好有雷有邻敲起登闻鼓，状告堂后官胡赞、李可度受贿枉法，刘伟假造摄牒得到官位，王洞曾向李可度纳贿，赵孚授予西川之职却装病不去赴任，这些都得到宰相赵普的包庇。太祖听后，越发盛怒难消，气愤难平，对赵普的恩遇大大减退。随后，再次令薛居正、吕余庆分掌相权。此后不久，便罢去他的相位，贬为河阳三城节度使。

八月二十三日，赵普被罢去宰相。九月十九日，开封府尹赵光义便被封为晋王。四天后，又诏封晋王赵光义班次在宰相之上。宰相赵普刚刚被罢，赵光义就被封王，并位列宰相之上。这其中是有原因的。光义从建隆二年（公元 961 年）七月为开封府尹、同平章事，乾德二年（公元 964 年）六月兼任中书令，开宝四年（公元 971 年）七月被赐给门戟十四支。但是直到开宝六年（公元 973 年）八月赵普罢相时，光义一直未得封王，朝会排班也位在宰相之下。由此可知，光义不得封王，与赵普的压制是有很大关系的。赵普压制光义不得封王，除了为保障自己的权益外，更主要的应该是他实际上反对让光义继位。虽然杜太后临终前曾立下遗嘱，要让赵光义继位，而且是赵普在太后

床前亲笔记下的，但赵普从心中是不赞成光义继位的。这从他的一些言论和行动中可以探出些蛛丝马迹来。

赵光义出任开封府尹，这个位置在五代时期一般是由皇位继承人担任的。这表明太祖有传位于光义的意图。而赵普却与光义的关系日渐疏远，甚至敌对，明争暗斗相当激烈。相传太祖禅位给光义，唯独赵普私下里有意见。当赵普被罢相出镇时，曾经上奏章为自己辩白："外人说臣轻贬议论皇弟开封府尹，皇弟忠孝全德，岂能有什么可以让人说三道四的地方。想当年昭宪皇太后大渐之际，臣实在一旁听到顾命，知道了解臣的是君主，乞愿圣上赐给臣一个清白！"实际上，这是欲盖弥彰、此地无银的举动。

后来，赵光义公开说："赵普先前与我关系不好，这是大家共知的。"这个"众所周知"，能让赵光义耿耿于怀，至死不忘的理由，除了继位的大事之外，还能有什么呢？！而当赵光义继位后曾经就传位问题访问赵普，赵普说："太祖已经错了，陛下怎么能再错呢？"这正说明了赵普是反对赵光义继位的。也正是他反对太祖传位给赵光义，又受到卢多逊等人的攻击，最终促使太祖罢去他的相权，而封光义为晋王，位在宰相之上。王夫之著《宋论》，对这件事的推理很合逻辑。他说："到了宋太祖晚年，赵光义的威望隆重，羽翼丰满。太祖担心他的势力逼人，知道儿子德昭保不住皇位。赵普知晓太祖的心意，便向太祖献上计谋。这事进行得很诡秘，但被卢多逊窥见并揭发出来。太祖不忍心加害弟弟，又要遵从母亲的遗志，不得已而罢黜赵普到河阳。"

赵光义任开封府尹16年，勤奋不怠，处理大小事务，熟悉了政事与民情。他交结豪俊，广置党羽，亲善朝臣，培植势力，又打击挫败了反对自己的最大政敌——宰相赵普，得以加封晋王，位居宰相之上。这不仅增强了他的政治地位与势力，也锻炼了他的政治才能。现在，赵光义以亲王身份兼领京尹，俨然身处储君之位，为他不久继登皇位，扫平了道路。

自从杜太后病危时，与太祖皇帝立下金匮之盟，要太祖百年之后传位给皇弟赵光义，宋太祖一直不断地提拔光义。建隆二年（公元961年）任光义为开封府尹。这便向世人表明太祖的意图：准备要让光义来继承皇位了。因为，从五代时期渐渐形成的惯例，凡是皇族担任开封府尹的一般是要继位的。这已经成为一种不宣之制，为人们所默认和习从了之后，又在乾德二年（公元964年）升赵光义为中书令兼开封府尹，开宝六年（公元973年）终于又封为晋王，而且班次在宰相之上。光义一步步地得到提升，始终都是兼任开封府尹，达16年之久。可见，太祖要立光义的意图是明显的。

太祖对待光义一直很友爱，很信任。太祖几次出外亲自征讨敌人，建隆元年（公元960年）六月征讨李筠，十月征讨李重进，开宝二年（公元969年）二月亲征太原，都命赵光义留守东京。

太祖经常与光义商讨军机大事，并听从他的意见，赦免了曾经阻挠太祖掌管后周禁军的右拾遗杨徽之的死罪，宽宥了权判三司楚昭辅督粮失职的罪过，与光义一同雪夜到宰相赵普家中商议平蜀征太原之事。

赵光义被封为晋王后，太祖经常到晋王府去看望光义，对光义给予深厚的恩礼和友爱。有一次晋王突然患上重病，不省人事。太祖听说后，立即赶来慰问，命人取来艾草，亲自为晋王治疗。晋王感到疼痛，太祖不忍，就用艾灸灼自己。从早晨到下午，一直等到晋王汗津通畅，气息复苏，太祖才回宫去。

还有一次，太祖在宫中举行宴会，晋王多喝了几杯，醉倒在宫里，不能骑马了。太祖站起来，亲自搀扶着他，送到宫殿的阶梯上。这时，晋王帐下军士高琼左手拿着马镫出来，太祖看见后，便赐给高琼等人

控鹤官的衣带以及器物财帛，勉励他尽心尽力地侍奉晋王赵光义。

太祖非常关心晋王的生活。看到晋王的府第地势高仰，水达不到，便在开宝九年（公元976年）六月，从左掖门步行到晋王府，派遣工匠制作了一个大水轮，激扬金水河里的水流进晋王府中。太祖几次亲临施工现场，督促工匠们，使这项工程尽快地交付使用。

太祖不仅自己生活俭朴节约，经常穿洗旧了的衣服，乘舆和器用也都崇尚质朴简单。寝殿里设的是青布缘苇帘。宫闱幕布，没有文彩等装饰。太祖曾拿出麻缕布衣赏赐给大臣们，说："这是我以前穿过的衣服。"太祖还不忘告诫光义要学会节约俭朴。一次，光义在宫中侍宴，对太祖说："您的衣服用具太草率了"太祖便严肃地对光义说："你不记得我们在夹马营中的日子了吗？"那时，生活是比较艰苦的。这番话对赵光义影响很大。

太祖与光义的关系一直比较亲密。太祖关心光义，爱护他，教导他，提拔他，锻炼他，把他作为自己的继承人来培养和扶植。但并不是说在这期间太祖没有产生过丝毫的动摇。在兄弟二人、君臣之间，也曾有过一些摩擦。

在太祖任光义为开封府尹后，同时让光美担任了兴元府尹；光义为中书令时，光美同中书门下平章事，儿子德昭因没有行冠礼，授予贵州防御使。光义封晋王后，光美为永兴节度使兼侍中，皇子德昭为兴元府尹、山南西道节度使、检校太傅、同中书门下平章事。总之，太祖并没有明确宣布光义为皇位继承人。

赵光义任开封府尹时，有青州人到京城来料理产业。他们带着一名小姑娘，十几岁，生得眉清目秀。赵光义见到那姑娘后，非常喜欢她，派人去买，青州人不愿意。当时安习攀附光义，对光义说一定想方设法为光义办妥此事。于是光义给了安习两锭银子，命他速去办理。没几天，安习偷偷地把那小姑娘带到开封府。不久被太祖得知，下令搜捕安习。赵光义只好把安习夫妇藏在府中。

还有一次，开宝九年（公元976年），太祖巡幸西京洛阳，这次没有让光义留守东京，而是要他随行，并且到达洛阳后，打算迁都。李怀忠进谏说："东京有汴渠的漕运，每年运来江淮一带粮米数百万斛，京都的几十万兵士都仰靠了这些。陛下要迁居西京，供给怎么办？而且府库重兵，都在大梁，根本已经安定巩固很久了，不可以轻易动摇啊。"太祖不听。晋王赵光义这时说："迁都不是一件好事。"太祖说："都城在河南不是长久之计，若要长治久安，还得迁都长安。"

晋王叩头，进一步进谏反对。太祖说："我打算西迁，没有别的意思，只是想占据山河的险要来避开辽兵的锋芒，遵循周、汉的旧例，安定天下啊。"晋王说："天下安定，在于国君的仁德而不是地势的险要。"太祖于是不再说什么了。

等晋王出去后，太祖环顾左右，说："晋王的话虽然有道理，然而不出百年，天下的民力就要殚竭殆尽了。"宋太祖要迁都的目的，除了避开辽的锋芒外，脱离光义根深蒂固的东京开封府，恐怕也是一种因素呢。光义激烈反对迁都，也透露了一丝信息。两人并非没有纤芥之隙。

尽管如此，太祖却并没有去动摇光义的继承人的位置。光美的升迁，不过是在光义晋升的前提下进行的，始终位于光义之下。皇子德昭，按照朝廷故例，一旦成人便应封王，但德昭一直到太祖驾崩也没有封王。太祖还常对近臣说："晋王龙行虎步，一定会成为太平天子，他的福德不是我能赶上的。"

开宝九年（公元976年）十月，太祖突然得病。他一向身强体壮，冲锋陷阵，英勇过人。这次得病，起初并没当回事，过了几天，病情却越发地加重了。晋王赵光义临时处理朝政，也不时地探望太祖的病情，命令御医仔细诊治。然而，太祖的病总不见起色，明显地消

瘦下去，昔日的神采也变得暗淡无光。赵光义心情十分沉重，整天是闷闷不乐的样子；又时常紧锁眉头，若有所思。

十月十九日这天，下起了大雪，天气格外的寒冷。北风呼啸，像刀子一样，刮得人脸生疼生疼。天空阴翳，雪花飘飘，整个世界一片迷茫。太祖用微弱的气息命令内侍王继恩召晋王入宫，商议大事。晋王连忙穿好衣服，进宫见太祖。只见太祖躺在床上，面容憔悴，不堪目睹，真是病来如山倒啊。

太祖看到光义来到，凝视着他很久，眼睛竟闪烁着泪光。他招手示意赵光义坐下，喘息了一会儿，说："今夜这么冷，天还下着雪，把你召来，是有大事要告诉你。"赵光义走上前去，握住垂危的太祖的手。一股强大的手足亲情像波涛一样涌上心头，他哽咽着说："有什么话，您就说好了。我一定按照您的意思去做。"太祖听后，点了点头。然后，他慢慢地向站在一旁侍奉的宦官、宫女们说："我有非常重大的事情要与晋王商议，你们暂且退下，没有命令不许进来打扰。"

侍从们退下之后，站在门外等候。殿内的烛光摇曳，把晋王的影子投射在窗子上。太祖与晋王的话音很细微，外面的人根本听不清他们说的什么。只见晋王的身影一会儿站起来，像逊让退避的样子。再过了许久，忽然听见太祖用斧头戳地的声音，而且高声对晋王说："好自为之。"

二十日，太祖驾崩于万岁殿，享年五十岁。当时已是深夜四鼓，宋皇后派内侍王继恩出宫去召贵州防御使赵德芳。王继恩以为太祖传国位给晋王赵光义的意志早就确定了，于是不到赵德芳的住处，而直接到开封府召晋王。刚到开封府门前，见左押衙程德玄坐在府门前。程德玄是荥泽人，医术很高，与晋王关系友善。王继恩见到程德玄，吃了一惊，不解地问他："你怎么会坐在这儿？"程德玄回答说："我住在信陵坊，深夜听见有人大声呼叫说晋王召，出来看时却没有一个人。这样连续三次。我恐怕晋王有病，所以赶来了。恰好在府门休息时，您也赶来了。不知您又为什么深夜从宫中来这儿呢？"王继恩听了程德玄的话，更加惊异，便把来意告诉他。于是，两人叩开封府门，一起进去面见晋王。当时晋王并没有上床休息，而是在灯下读书。忽然见内侍王继恩和左押衙程德玄并肩走进来，十分困惑不解，却又立即意识到必定发生了什么大事。他心中一惊，不祥的预感笼罩着他。王继恩很快地把宫中的情况报告给晋王赵光义，请他即刻进宫去。晋王脸上呈现出震惊的神色，在殿内快步踱了几下，似乎有所犹豫。然后，他肃穆地说："这件事非同小可，我应当和家人商议商议。"说完，让王继恩、程德玄在殿内等着，自己进内室去了。等了很久，晋王还没有出来。王继恩焦急地催促晋王说："耽搁时间太长了，江山就被别人得去了，还请晋王动作快些。"

当时，雪还在下着。地上一片银白，布满很厚很厚的积雪。晋王终于出来，与王继恩、程德玄冒雪向宫中走去。一路上留下六行弯曲的脚印，不久便又被飞雪淹没，看不出痕迹了。

三人很快来到宫中。王继恩让晋王在直庐前停下来，说："晋王暂且在这里等待，继恩先进去报告。"程德玄一挥袍袖说："事情已经到这步田地，就应该直接向前，还有什么可等的！"拥着晋王便向太祖寝殿内走去。

宋皇后听到王继恩回来了，忙问："德芳来了吗？"王继恩说："是晋王到了！"正说着，晋王与程德玄已经跨进门来。宋皇后见到晋王，愕然失色，身子晃了晃，摇摇欲坠。但她立即称呼晋王"官家"，说："我们母子的性命，都托付给官家了！""官家"是对皇帝的一种称呼。晋王流着泪说："我和你们共保富贵，请不必忧虑。"

十月二十一日，晋王即皇帝位，是为太宗。群臣在万岁殿的东楹

谒见，听到太祖驾崩的消息，号哭惨恸。众人的脸上大多带有狐疑的神色，觉得太祖死得太突然，太神秘。有的人竟然窃窃私语，不知说些什么。但太宗已经宣布即位，是秉承杜太后与太祖的顾命。大家谁也不敢说别的，只好拜倒，高声呼叫"万岁"，庆贺新帝即位。这就是在世上广为流传的"烛影斧声，千古之谜"的说法。

太宗究竟是篡夺皇位，还是顺理成章地继位，成了历史上一大疑案，引起后人的争执、猜测。从宋皇后要王继恩召赵德芳，可以看出她是不同意晋王继承皇位的，希望提前一步，抢先让儿子继位。没想到王继恩没有去召赵德芳，反而召来了赵光义。宋皇后害怕羽翼丰满、势力雄厚稳固，又有政治声誉和地位的晋王，只好为保存性命，承以了晋王的继位。以这一点上看，赵光义是抢先行动了一步夺了赵德芳的位。

但是，不仅从杜太后遗嘱、宋太祖对待赵光义的态度，相对于他对待其他人如光美、德昭、德芳的态度，赵光义即位并不能算是篡夺。或者说，他只是又一次在紧要关头，太祖猝然死亡的情况下当机立断，棋高一招，继承了皇位，打消了其他具有继承皇位资格的人的企图罢了。导致太宗继位疑窦丛生的原因是，太祖始终没有明确地立下继位人，没有作为铁证的语言或文字的证据。或者是宋太祖以为太宗即位在所难免，顺天应命，他本人也是这个意思；如果不是这样，就应该是太祖的失误了。

历来皇权的更替往往潜伏着政治危机，如果要保证皇位顺利交接，应该提前设立明确的不容他人有觊觎借口的合法合理的继位人选，并注意突出继位人在政治上的地位，培植一定的保证继位人顺利接纳并迅速巩固皇权的政治势力。作为历史上一个有政治远见，又有军事头脑的皇帝来说，宋太祖应该不会想不到这些问题。然而，他既没有给他的儿子德昭、德芳留下任何可资证明继位的诏书，也没有在政治地位上给予充分的提高，两个儿子一直没有得以封王。

恰恰相反，宋太祖不断地提升皇弟赵光义，将他委以开封府尹的重任，而开封府尹的地位，一直是暗含继位人意义的特别的位置。直到赵光义封晋王，甚至他即位前，始终没有离开过这一位置。更让人记忆深刻的是，独专相权十年，曾经反对赵光义继位的赵普被太祖罢黜方镇，不能不让人认为，宋太祖是决定了要让赵光义来继位的。另外，想一下宋初当时所处的环境，疑团便可以迎刃而解，涣然冰释了。

宋太祖是在后周"主少国疑"情况下发动兵变，夺取了政权的。宋初，承接了五代的动荡，并没有完成统一，卧榻旁边仍然有他人酣睡。四方割据，强大的中央集权还没有最后形成。而且，北方的异族契丹占据燕云十六州，威胁中原。政权还处于一种极不稳固的复杂的形势下。这时，如果没有一位具有丰富政治阅历及政治威望的君主，将难以承担君临天下、统一四方的重大责任，甚至难以保证不重蹈五代的覆辙。而具备这一条件的，当时只有皇弟赵光义。

太祖的儿子德昭、德芳年幼，根本不能和赵光义相提并论。更何况，赵光义对宋朝的建立有着巨大的功劳。不管怎么样，宋太祖没有处理好皇位继承的问题，可以看出，宋太祖也有难言的苦衷。但是他应该尽早将继承人确立下来，名分不定，就成为后来发生动乱的导火索，引起了很多的动乱，把很多无辜的人牵连进去，皇位继承问题的阴影一直笼罩着宋朝历史，对整个宋朝的政治都产生了深远的影响。

第四章

太宗治国恩威并施　长江以南纳入宋朝

太宗即位后的第二天，下诏大赦天下。赦文说："先皇帝勤劳治国，不分早晚，临朝听政。亲自处理繁重的政务，日理万机，不知疲倦，威镇四海。体念农民稼穑耕种的艰辛和劳苦，知晓战士的英勇和辛勤。气氛平和吉祥，生灵万物安逸繁盛。忽然染上风寒，病情深重，卧床弥留。正处于这关键时刻，留下事业未竟的慨叹。太祖将国家重任交付给我。我应该感戴先皇帝信任之恩，努力开创新的未来。故大赦天下，平常赦免不到的这次全部赦免。命令在边境上的兵卒，不得侵扰他国的疆境。众位大臣有事论奏，并允许直接将表疏封好呈上，必须当面奏事的，可以到阁门及时密奏。

"教化的根本，以孝悌为首。有不顺父兄的，分居另立门户的，御史台及所在地的部门要及时纠察法办。

"先皇帝创业达二十年，防患于未然，制定了法度，纲纪具在，事物也有遵守的常规。我们应谨慎遵守，不敢逾越。希望你们大家都能体会我的心意。"

十月二十三日，群臣上表请太宗听政，太宗因为太祖刚刚驾崩，心情沉痛，不能上朝。二十四日，宰相薛居正等人坚持请求，太宗才准许。当天便移驾长春殿，处理朝政。

二十八日，太宗以皇弟廷美为开封府尹兼中书令，封齐王。以先帝皇子赵德昭为永兴军节度使兼侍中，封武功郡王。后诏封廷美、德昭位在宰相之上。德芳为山南西道节度使、兴元府尹、同平章事。宰相薛居正加左仆射，沈伦加右仆射，卢多逊为中书侍郎、平章事，楚昭辅为枢密使，曹彬仍任枢密使加同平章事，潘美为宣徽南院使。其他内外官员一律按等级有所晋升。

十一月议立皇后。太宗原配尹夫人是滁州刺史尹廷勋的女儿，结婚不久便病死了。然后继配魏王符彦卿的女儿，封为越国夫人，在开宝八年（公元975年）患病离世。这时，追册尹氏为淑德皇后，符氏为懿德皇后。

同月，封刘鋹为卫国公，李煜为陇西郡公。

十二月，宋太宗在乾元殿接受文武大臣的朝拜，宣布改元为太平兴国元年。下令太祖的儿子以及齐王廷美的儿子并称皇子，女儿并称皇女。

太平兴国二年（公元977年）正月，给太祖加谥号为"英武圣文神德皇帝"，庙号"太祖"。二月，太宗改名为炅，并诏令："除已经改的州、县、职官以及人名外，旧名二字不必回避。"到此为止，太宗即位封赏告一段落，正式开始了他的帝王生活。

因为太祖没有明确指定继位人，太宗即位过程又充满了神秘的色彩，使当时朝廷内外疑心重重，潜伏着动荡的危险，气氛十分压抑紧张。太宗为了迅速安定局面，巩固统治地位，施展了他素有的政治手段。首先是安抚人心。即位后大赦天下，宣布一切依照太祖时的章程办理，谨慎遵守，不敢逾越，表示自己是太祖事业的继承者。

太宗同时安抚皇室和朝廷重臣。以皇弟廷美为开封府尹兼中书令，并封齐王，意图是向世人说明这与太祖时皇弟封王、任开封府尹是相同的，进一步向人们暗示他本人是秉承了太后与太祖的旨意继位的，合理合法，没有什么异常事情发生。现在，他依旧继承太

后与太祖的顾命，封皇弟廷美为王，任开封府尹，与太宗即位前一样，俨然是太宗的继位人。德昭在太祖时一直没有封王，太宗即位后，马上封为武功郡王，并授予重任，与开封府尹、齐王赵廷美都位在宰相之上。

这似乎呼应了杜太后临终前的遗愿，又是对太祖不传儿子而传位给皇弟的一种报答和补偿。封赵德芳为山南西道节度使、同平章事，进封太祖三个女儿分别为郑国、许国、虢国公主，算是实现太宗即位时对宋皇后说的"共保富贵"的诺言。朝廷重臣都有所提升，加官晋爵，稳定了他们波动不平的心，并且使他们尽快顺从自己，为己所用，维持国家政局的安定，保证国家机器的正常运作。

笼络皇室与重臣的同时，太宗特别注意培植和提拔亲信，以求尽早控制中央和地方的权力。以前在开封府的幕僚，如程羽、贾琰、郭贽、商凤等人，有的知开封府，有的为枢密直学士，也有做东上阁门使的。柴禹锡在太平兴国元年，授予供奉官，三年（公元978年）就改为翰林副使，迁升如京使，仍职掌翰林司。每当轮到他值夜班，太宗常让他出访外事。不久，又升为宣徽北院使，还赐给府第"宝积坊"。

开封府的军校也都委派重任，使他们掌握兵权。杨守一，后来太宗下诏改为杨守素，太宗即位时为右班殿值，后来出护登州兵马；赵镕补任东头供奉官；周莹补殿值，领武骑兵巡警泉州、福州一带，后升为供奉官，又派遣巡按绥州、银州边境，提拔为鞍辔库副使；王显起初补殿值，不久迁任供奉官，太平兴国三年（公元978年）被授予军器库副使；一年后为东上阁门使。这些曾经在开封府侍奉过太宗赵炅的军校，现在职掌兵权，提拔很快，先后都进入朝廷最高军事机构枢密院。太宗时期的枢密院，后来几乎成了开封府幕府旧人的天下。

太平兴国二年（公元977年）正月，即太宗即位后三个月，太宗开始网罗天下人才。他说："现在我朝疆域辽阔，需用官吏增多，我想从科场中广求俊杰贤才，来补充现在的阙漏不足。我不敢希望从十人中得到五个贤德的人，只要能得到一两个，也可以使政治清明了。"于是，礼部奏上合格的贡士名单，太宗亲自驾临讲武殿，出诗赋题复试进士，命令翰林学士李昉、扈蒙按照考生答卷的优劣确定为三个等级，录取以吕蒙正为首的进士一百零九人。

两天后，考试其他各科，录取二百零四人，赐进士及第。又诏令礼部阅览贡士籍册录取十五举以上进士及其他科一百八十四人，一并赐为进士出身。九经科有七人不合格，太宗怜惜他们年纪已老，特地赐予同三传出身。总共录用了五百人，一律都提前赐给绿袍靴笏，并在开宝寺赐宴。在宴会上，太宗皇帝亲自作了两首诗，赐给新录用的学子。这次科举考试，比起太祖时一次最多录取进士三十一人来，人数大大增加，而且授予官职也比以前重要，进士第一、二等与九经都授职为将，做监丞、大理评事、通判诸州，同出身进士以及其他各科一并送到吏部，而且一律免选，优先注册，准备任用。所受到的宠信殊荣，是历朝历代所没有过的，真是盛况空前。

宰相薛居正等人上书说："这次科举取士，录取的人太多，大大超过太祖时的人数。而且用人太快，刚刚录取便任要职。恐怕不太合适。"太宗正要大兴文教。压抑武事，没有听纳建议。等到吕蒙正等刚录取的进士及各科人员赴任前来向太宗辞行时，太宗召令升殿，告谕他们说："你们到了治所，有什么于民不便的事，要尽快报告给朕知道。"接着赏赐衣服钱物，每人二十万。太宗这样做，自有他的目的。一方面可以拉拢士大夫，为自己利用；另一方面是急于用这些"天子门生"去掌握地方大权，从而使自己牢牢地把握地方。

为了收买人心以为己用，太宗还赦免了太祖治罪的申文纬和韩可霭两人。太祖时，西川路、峡路分置转运使，峡路的盐都流失到荆南，

西川的人民却缺乏食盐。太祖派使者查清事实，要把二人治罪。太宗即位后，把两人都释放了。还命西川转运使申文纬遥兼峡路，转运副使韩可霭兼西川路，使盐运流通。孔承恭在太祖时曾经进献宫词，词中含有希求进用的意思。但他在词句中引论不当，触怒了太祖，结果连官也丢了，被罢免回归故里。太宗即位后，特地赦免了孔承恭，官复原职。

太祖巡幸西京洛阳时，身为布衣平民的张齐贤在太祖马前献治国良策。太祖将其召到行宫，张齐贤用手在地上写字，列述了十件大事：一是攻取并州、汾州；二是使人民富足；三是封赏有功之臣和同姓诸王；四是敦笃仁孝；五是举用贤明；六是建立太学；七是实行籍田；八是选用良吏；九是慎重刑狱；十是惩治奸恶。太祖选用了四条，而张齐贤坚持己见，认为这十条都很好，要求太祖采纳。太祖大怒，命令卫士把张齐贤拉出去。太祖从西京回来后，对太宗说："我到西京，只得了一个张齐贤。可我不准备立即给他官爵，以后你可以让他做宰相，辅佐你治理天下。"

太宗即位后，想把张齐贤举为进士，而且要列入高等，然而负责此项工作的官吏却把他排在几十人的后面。太宗很不高兴，于是召进士尽第二等以及九经科共一百三十人，都授京官，这都是为了张齐贤的缘故。张齐贤被任为大理评事，通判衡州，后来迁升秘书丞，著作佐郎，左拾遗，终于被拜为相。

自从即位以来，太宗总是提心吊胆，一刻也不得轻松。虽然自己是太后预先立下遗嘱，太祖也一直默认的继承人，但是毕竟自己又打破了皇位继承制的常规，以弟及兄，而且没有充分的可以掩塞众人之口的理由，所以总显得他的皇位得来的不是那么光明正大、坦坦荡荡。太宗的心很不踏实，晚上睡觉，几次在噩梦中惊醒。他渐渐养成了猜疑的性情。太祖开宝纪元还差一个月就满十年了，本来应该在第二年正月时开始新的纪元，但太宗无论如何也等不下去了，便于十二月改元为太平兴国，把年号说得冠冕堂皇，而且回应了太祖生前说过的那句话："光义龙行虎步，必为太平天子，福德非我能及啊！"

他好像迫不及待地想在自己和人们的记忆中把太祖时代抹去，不仅急于改元，第二年（公元977年）正月，还把禁军的称号也改换了，"铁骑"改称"日骑"，"控鹤"改作"天武"，"龙骑"改为"龙卫"，"虎捷"变成"神卫"。几天后，把自己的名字也改为"炅"。其他许多称号也有不少改动。这大概也称得上一次"正名"运动吧。

太宗还派亲信侦探下面的情况，探察各道官员的善良与凶恶，秘密地向自己报告。诏令诸道转运使考察各州官吏的能力业绩，按照优劣分为三等，年终时上报。太宗即位不久，立即命令各州县查找通晓天文术数的人，送到京城。胆敢藏匿的斩首弃市，前来报告揭发的赏钱30万。太宗把这些人聚拢到京师，为他服务，主要还是为了避免这些人在下边兴风作浪，妖言惑众。

太宗深谙政治之道，驾轻就熟。他软硬兼施，恩威并用。一方面极尽拉拢收买之能事，另一方面急于树立个人威望，来震慑臣下和民众，使他们驯服。

一天，京城的一家饭馆前有一个乞丐，向店主人讨吃的。店主人不给，还呵斥他走开。乞丐穿着衣不蔽体的破烂衣裳，倚在店门上，破口大骂："真是吝啬鬼，一点慈善心肠也没有。"店主人见乞丐在他店前要起无赖来了，怕耽误了生意，急忙赔着笑脸，向乞丐道歉。但乞丐并不买账，依旧在店前纠缠不休，就是不肯走。店主人给他拿来吃的东西，他还不要了，一个劲儿地大声吵嚷，引来大约几百人，挤着围观。忽然，从人群中跳出一个人，不容分说，拔出一把明晃晃的刀，以迅雷不及掩耳的速度，一刀把乞丐刺倒在地上，乞丐当场立即死亡，鲜血殷红，流淌一地。人群立即被突如其来的变故吓呆了，他

们本来不过想看个热闹，起起哄而已。等他们醒悟过来，寻找凶手时，那凶手已经趁着慌乱逃得无影无踪，地上只留下一把带血的钢刀。有关部门派人四处追索搜捕，始终没有抓获。

第二天，这件杀人事件报奏上朝廷。太宗听后不禁勃然大怒，说："这就像五代时期一样乱了，竟敢在京都大白天杀人。简直目无王法。这还了得！"当即命令严加搜捕，限期抓获归案。掌管追捕的部门害怕皇上降罪，努力搜寻查访。过了很长时间，才查访清楚这事的来龙去脉。原来是店主人忍受不了乞丐的纠缠辱骂，盛怒之下把他给杀了。

案子就要结束了，太宗高兴地说："众卿能如此用心，实应褒奖，但即使抓获了人犯，还要再复查一遍，不要冤枉了人家。这次一并把刀也带来。"没几天，官员第二次上殿面君，连同狱词和凶器一起呈上。太宗问道："审问了吗？"官员回答："已经审问过了。"于是，太宗转头看了看一旁的小内侍，说："把朕的刀鞘拿来！"小内侍听命，取刀鞘来，把那把刀插进刀鞘里。太宗把袍袖一甩，站起身来，说："这样一来，看谁还敢随便杀人！"人们不禁对太宗很敬服。

起初，右监门卫帅府的副帅王继勋分管西京洛阳，横行霸道，飞扬跋扈。经常强行买进平民百姓家的儿女，供自己享乐驱使。被买来的人稍微不如王继勋的意，就立即被杀死，并被王继勋残忍地吃掉。然后用一种小棺材装剩下的残骸枯骨，扔到荒郊野外。因此，人贩子和卖棺材的，经常出入王继勋的门庭。当地人民深受其害，苦不堪言，但惧怕王继勋的势力，没有人敢告发他。太宗还在开封府时，便听说了这件惨无人道的事。等到太宗即位，正好有人上诉，状告王继勋草菅人命的残暴兽行。太宗立即命令户部员外郎兼侍御史知杂事提点开封府雷德骧前往洛阳，拘捕王继勋。王继勋认罪招供杀害了婢女超过一百多人。太平兴国二年（公元 977 年）二月，把王继勋以及八个人贩子，在洛阳市斩首示众。长寿寺的广惠和尚常和王继勋一块吃人肉，太宗命令严加惩处，先折断他的小腿骨，然后才杀掉。禽兽被诛，为民除害，人民都拍手称快，颂扬太宗英明。

太宗稳定了朝廷内外的人心，为了进一步使内外震服，他决定像太祖那样，建功立业，镇抚人心，提高威望，守金玉之尊。因此，宋太宗在国家生活刚刚步入正轨不久，就着手进行战争准备，要完成宋太祖未实现的统一事业。这是一张继承太祖遗志最好不过的牌了。

唐朝灭亡后，历史上出现了五代十国。它是安史之乱以后藩镇割据局面的延续和扩大。中国处于一种分裂割据状态，制度不一，关卡林立、禁令繁多，战乱纷扰。人民深受其苦，渴望新的统一。

赵匡胤建立宋朝以后的第四年（公元963年），便开始进行统一全国的军事行动。当时，北方的辽朝版图广大，国力强盛。刚刚建立的宋朝，军事力量还比较薄弱，对辽朝没有必胜的把握，只能在边境上采取守势，而南方割据政权较多，每个政权控制的土地有限，实力相对更弱；而且这些政权占领的地区大都物产丰饶，既容易攻取，又可以获得大量的战利品，补充战争所需物资，壮大经济实力。因此，宋太祖确定的战略部署是，先出兵消灭南方的割据政权，然后再北上削平北汉以及收复幽云十六州地区。

乾德元年（公元963年），宋太祖首先出兵，灭掉了荆南（南平）和湖南，接着，乾德三年（公元965年）灭掉了后蜀，开宝四年（公元971年）灭亡南汉，开宝九年（公元976年）受降南唐。到太宗即位时，在南方就只剩下原南唐属地泉州、漳州地区和吴越国了。

太宗即位后，继承太祖的统一大业，沿袭原定的战略部署，准备继续统一战争。那么，南方的漳泉地区与吴越是他毫无疑问的首要目标。然而，没想到这两个政权惧怕宋朝，自动归降了。

　　漳州、泉州地区属于清源军节度使统辖，原来是南唐的属地。节度使留从校死后，他的儿子留绍磁继位，主管留守事务。恰巧吴越的使臣前来泉州，留绍磁在夜晚宴请吴越来使。当时参加宴会的还有清源军节度使的牙将陈洪进。陈洪进趁着这次机会，诬陷留绍磁阴谋附属吴越，把留绍磁拘禁起来，押送到南唐的都城建康，献给南唐主。另外推举副节度使张汉思留守，自己又自任副节度使。

　　不久，张汉思心想：陈洪进阴险狡诈，专权独断，将来绝对不利于自己，是心头大患。一定得除掉他，才能高枕无忧。因此，张汉思摆下宴席，并暗中埋伏下兵士，拿着武器，只等陈洪进酒喝多了，就把他抓起来。没想到，和张汉思同谋的人害怕一旦失手，会连累到身家性命，偷偷地把阴谋告诉了陈洪进。陈洪进及时从宴会上寻机摆脱了。从此，张汉思与陈洪进两人相互防备。

　　有一天，陈洪进袖子中藏了一把大锁，稳步来到军府，叱退了值班的卫兵，说："我有要事与张大人商议，你们暂时退下去。"张汉思当时正坐在内宅，陈洪进当即关上房门，用大锁锁死。然后派人叩门，说："郡中的军官将校，一致敦请副节度使掌管留守事务。众人的请求不可违背，请立即交出节度使的大印。"张汉思被突如其来的变故惊呆了，他惶恐畏惧，吓得浑身战栗，不知所措。万般无奈之下，只好从门缝里将节度使印交出来。陈洪进拿到大印后，立即召集各位军吏，说："留守把节度使印交给我，委托我履行军务。"

　　众位将吏早就被陈洪进拉拢收买或震服，纷纷向陈洪进表示庆贺，并誓言效命于他。当天，陈洪进就将张汉思从节度使府中迁出去，在别处居住，并派兵严加看守，限制他的自由。然后，陈洪进派使臣请命于南唐，只说张汉思年老不能治事，自己被众人所推举，暂且做了留守。南唐主信以为真，便命令陈洪进为清源军节度使。这时，宋太祖东战西征，北讨南伐，威震中原，旁达南海，陈洪进惧怕宋廷会借口攻打。于是又派牙将魏仁济从小道带着表章来到汴京，说明情况。自称是清源军节度副使，权知泉南州军事，因张汉思昏聩无知，暂时摄节度使事宜，请求朝廷下诏承认。太祖因此派使臣优诏抚问，命他安心治事。从此，他不断地向宋朝进贡，往来不绝。

乾德二年（公元964年）二月，太祖下诏改清源军为平海军，仍授陈洪进为节度使，赐号作推诚顺化功臣。开宝八年（公元975年），陈洪进听得太祖平定江南，恐怕会罪及自己，寝食不安，坐卧不宁。于是派儿子陈文灏到宋朝进贡，并且探听朝廷的动向。太祖诏令陈洪进入朝。陈洪进奉诏，心里虽然更加惶惧，却又怕重蹈南唐主李煜覆辙，不敢装病推辞，只得勉强动身上路。走到南剑州，听到太祖驾崩的消息，便转回镇地发丧，停止汴京之行。

太宗即位，赐诏加陈洪进为检校太师。陈洪进又是感恩，又是害怕。太平兴国三年（公元978年）夏四月，陈洪进来汴京朝见太宗。当时，正巧赶上吴越王钱俶也在京城。陈洪进知道他与吴越这两个割据政权到了尽头，原来的局面再也不能继续维持下去。这时，幕僚刘昌言说："宋已经平定了南唐，现在南方只剩下吴越与我们了，宋朝是不会就此止步的。我们的力量根本无法与宋朝对抗。与其等他们来兴兵讨伐，落个国破家亡，倒不如主动献出土地，还能图个官职，保住自己与人民的生命。愿您三思！"陈洪进不得不正视面前残酷的现实，再次朝见宋太宗，上表献出所辖管的漳、泉二州。太宗高兴地接受了，授陈洪进为武宁节度使、同平章事。不久，又任陈洪进的儿子陈文显为通州团练使，仍然知泉州；陈文咳为滁州刺史，仍知漳州。漳、泉二州正式纳入了宋朝的版图。同其他降王一样，陈洪进被留在汴京任职，再也不能回到福建故地去了。

吴越是十国之一。唐代末年，钱镠被任命为镇海节度使。后梁时封吴越王，自称吴越国王，统辖现在的浙江及江苏西南部、福建东北

部。宋太祖登基时，吴越王钱俶便派使臣前来祝贺，年年向宋朝进贡，实际上是宋朝的属国之一。

开宝七年（公元 974 年）十月，太祖讨伐江南，诏令加吴越王钱俶为升州东南行营招抚制置使，并约他帮助太祖征伐江南。江南国主寄信给钱俶说："今日我被灭之后，明日难道就能有您吗？一旦宋天子与大王变易所辖领土，将吴越并入宋的版图并答谢勋劳，大王也不过是汴梁城中的一名布衣百姓而已！"钱俶并不理会，反而接受宋太祖的任命，并且把来信上报给太祖。

开宝八年（公元 975 年）四月，吴越王钱俶率兵五万攻常州。丞相沈虎子进谏说："江南是我们的藩篱蔽障，现在大王帮助宋进攻南唐，等于是自己撤除屏障，那将用什么来护卫社稷呢？"钱俶不听，接着罢免了沈虎子的丞相，命令通儒学士崔仁冀代替沈虎子为丞相。钱俶继续进攻常州城关，又在吴越北部边界打败南唐的军队。五月，钱俶攻下江阴、宜兴，最后攻克常州。太祖接到消息后，召见吴越进奏使任知果，让他传谕旨给吴越王："大元帅攻克毗陵，立下大功。等到平定江南，可暂时来汴京与朕相见一面，以宽慰朕长久的想念，来后可当即回还，我不会久留你。朕三执圭币以见上帝，怎么会食言！"崔仁冀也对钱俶说："皇上英武过人，所向无敌，天下的形势可想而知。大王您现在要保全家族和百姓，才是上策啊。"钱俶不得不承认眼下的形势的确是这样。

开宝九年（公元 976 年）二月，钱俶和妻子孙氏、儿子钱惟浚到汴京朝见。太祖赐令他们住在礼贤宅，并亲自来参加欢迎宴会，赏赐给他们很多贵重的财物器具。而钱俶进贡的东西也比以前增加了两倍。十二天后，太祖命令钱俶可以携带佩剑上金殿，写诏书时不题名字。第二天封钱俶的妻子贤德顺穆夫人孙氏为吴越国王妃。宰相说："异姓诸侯王没有封王妃的典礼。"太祖说："那就从我们朝开始吧，来表示我对吴越王特殊的恩遇。"太祖几次召请钱俶和他的儿子钱惟演在御花园射箭。当时，诸王已经早先来到。钱俶忙上前参拜，太祖立即命令内侍把钱俶扶起来。太祖又曾经命令钱俶与晋王等人以兄弟之礼相见，钱俶伏地叩头，坚决辞谢，才没有这样行礼。

钱俶在汴京停留了两个月。太祖准备到西京洛阳，钱俶请求随从前往，太祖没有准许，于是留下钱惟溶侍从左右，而送钱俶回吴越。太祖在讲武殿设宴饯行，对钱俶说："南北的风土不同，快要到盛夏了，应该早些出发。"钱俶感激地请求三年来朝见一次，太祖说："路途遥远，就等有诏令到时再来吧。"临上路时，太祖赐给钱俶一个黄绸包袱，封闭得十分严密结实，还贴着封条题签。太祖告诫钱俶说："最好半路上自己打开观看。"上路后，钱俶打开包袱，里面都是宋朝群臣请求扣留钱俶的奏章表疏。钱俶心中恐惧极了。从此，向宋朝贡奉更多的乘舆衣服珍玩，这些东西制作得非常精致奇巧。每次进贡，一定把贡品摆设在庭院里，焚上一炷香后才命令出发。

太宗即位后，太平兴国二年（公元977年）正月，吴越国王钱俶派遣儿子温州刺史钱惟演来进贡修好，并祝贺太宗登基。不久，吴越国王妃孙氏去世，诏令给事中程羽前去吊祭。临行前，太宗对程羽说："这次去吴越，顺便看一下吴越的动静。"九月，钱俶准备入朝见太宗，先派儿子钱惟溶来进贡。三年二月，太宗因为吴越王要来京城，命四方馆使梁迥前往淮西迎接犒劳他，不久又派他的儿子钱海、镇东节度使钱惟溶到宋州迎候。三月，吴越王钱俶在崇德殿朝见太宗，当天，太宗在长春殿赐宴。钱俶的佐僚崔仁冀等人也都参加了宴会。太宗一脸笑容，好像和钱俶很亲近的样子，聊叙了分别后的情形。而实际上，他们二人却是各有所想，各怀心事。

钱俶刚到汴京一个多月，平海节度使陈洪进听从幕僚刘昌言的计策，为了保全性命，亲自来京城朝见，并且上表太宗，贡献出他所掌

辖的漳、泉二州。

钱俶听说后，感到十分恐惧。在来开封之前，吴越王钱俶把他府库里的所有财物都装载上车，超过好几万件的价值，想通过这些贡品来取悦朝廷，请求返回吴越国。宰相卢多逊劝太宗扣留钱俶，不放他回吴越，太宗没有批准。这时，钱俶见陈洪进献出土地，心神慌乱不安。他连忙把来时所带的兵甲武器献上。接着又上表，请求太宗罢免他吴越国王的封号，解除他天下兵马大元帅的职务，并且收回诏书不题名字的诏令，情愿解甲归田，钱俶以为这样太宗就放心了。可是这个请求却没有得到太宗的准许。

钱俶不知所措了，他焦急得像热锅上的蚂蚁，没有任何主意。他有些后悔，当初真不该不听丞相沈虎子的话，果然是"唇亡齿寒"，自己不遗余力地帮助宋朝消灭南唐，到头来，自己也要走同样的道路了。他有些不甘心，但又身不由己，无可奈何。

丞相崔仁冀说："朝廷不准许您的请求，意思已经再明显不过了，称号、职务以及赏赐都是虚的东西，朝廷并不稀罕这个，他们有的是，可以任意赐人。朝廷想要的是土地和统治权，我们吴越早就成了人家的口中食物，只不过暂时没取就是了。现在，大王您如果再不迅速献出国土，恐怕杀身之祸就要到了！"

钱俶左右的大臣争相反对，说："这事万万不可！"

崔仁冀厉声说道："现在，我们都在人家的掌握之中，而且又离我们吴越国几千里，若不纳土，除非长出翅膀才能飞回去！"

钱俶也毫无办法，只得听从崔仁冀的建议，作出决策。第二天，钱俶上表说："臣钱俶庆幸遇到皇上的恩待，不胜感激。现在，皇帝陛下继承太祖遗志，削平诸夏，凡是在率滨之内，都归纳舆地版图。唯独吴越还偏僻在江浙，没有回归朝廷。还让山越一带百姓，远隔陶唐的风化，这都是臣的过失，罪不可赦！现在，臣愿意把所管辖的十三州和一军献出来。地里名数，我已经派人列制了清单。还请陛下怜念臣几世以来忠诚勤恳，一心倾慕归顺，务必准许臣的请求。"

钱俶上表退朝后，他的将领官吏等僚属才知晓这件事，于是一齐大声恸哭说："我们大王回不去了！"

宋太宗在乾元殿接受了钱俶的上表，得到吴越境内十三州、一军，总计八十六县。太宗以强大的军事、经济力量为后盾，不动干戈，便收复了吴越，心中格外喜悦，改封钱俶为淮南王，授他的儿子钱惟溶为淮南节度使，钱惟治为镇围节度使，孙子钱承祐为泰宁节度使，钱惟演等及族属都依次授职，崔仁冀为淮南节度副使。八月十五中秋节，诏命在淮南王钱俶的府第前设花灯，太宗特赐乐舞，表示宠信。之后，又令两浙遣发淮海王缌麻以上的亲属（五服以内）以及管区的大小官吏，用船载运到京都。一次共动用了一千四百艘船只，首尾相连，煞是壮观。

吴越纳土后，太宗便派遣考功郎中范曼（范质的儿子）权知两浙各州事务。钱氏政权占据两浙八十多年，每年向外进贡丰厚，自己的生活又奢侈腐糜。土地狭小，人口众多，赋税苛刻，鸡鱼蛋菜，没有不收税钱的。差欠一点，就会受到鞭笞脊背的惩罚。少则几十人受罚，多的可能达到五百多人。现在，吴越纳入宋朝，范曼把详情上报朝廷，请求蠲免冗重的税赋，太宗下诏，批准了范曼的奏请。当地人民欢呼雀跃。

到此为止，在宋朝强大的军事、政治压力之下，南方仅存的两个割据政权，被迫向宋朝纳土归地，宋王朝的版图收录了中国长江以南以及四川地区。宋朝统一中国的大业取得很大的进步，在南方的战略部署获得成功。这时，宋王朝的政治清明，权力集中。经济上长足发展。南方的统一，促进了经济的交流。同时，宋朝人口迅速增加，生产发展很快，不仅补充了兵源，物资储备也十分充足，

军事实力增强。而且，对南方的有效控制减轻了后顾之忧，避免了腹背受敌。现在，宋太宗要开始实施北方战略，继续扩大版图，加快统一进程，建功立业，提高自己的统治威望。向北图谋，首当其冲的便是北汉。

第五章

宋与北汉屡发战事　太宗亲征士气倍增

　　北汉是十国之一。公元 951 年，后汉枢密使郭威杀隐帝刘爽，建立后周。后汉河东节度使刘崇在晋阳（今山西太原）称帝，建立北汉，统辖山西省太原周围的部分地区。北汉接受了辽朝的册命，变成辽朝的附属国。

　　对后周，北汉有灭国之仇。赵匡胤称帝建立宋朝以后，在边境上，宋朝和北汉一直都发生了小的争端。北汉主从刘钧开始，治国无方，对郭无为专权独断国事不管不顾，刘继恩即位后六十多天被杀。当时，刘继恩一个人独自住在守丧室中。供奉官侯霸荣拔刀进入阁门，从外面关闭房门。刘继恩慌忙起身，绕着屏风躲避。侯霸荣用刀刺中刘继恩的前胸，把他杀死。郭无为又派人登上梯子，进入守丧室内，杀死了侯霸荣。北汉人都怀疑是郭无为指使侯霸荣杀害君主，所以急切地杀掉侯霸荣灭口。刘继元即位，仍然受郭无为控制。刘继元生性残忍，凡是臣下有违背他意愿的，必定要遭灭族之灾。他信任奸佞小人，杀害张昭敏、高仲曦、张崇训、郑进、卫俦等忠良之臣。北汉的统治集团腐败无力，但他却能在宋朝建立以后存在了二十年，主要有两个原因：一是北汉在遭受宋军讨伐时，能得到辽朝的援助；二是和宋朝统一中国的整个战略部署有关。

　　宋太祖在世时，虽然曾经多次对北汉用兵，但是主要精力集中在

陆续平定南方各国上。出兵讨伐北汉，实际上是执行"以攻为守"的策略。

乾德二年（公元964年）二月，昭义节度使李继勋入侵北汉辽州（今山西左权），太祖派曹彬与李继勋合兵攻进北汉境内，辽朝派6万骑兵来援助北汉，被宋兵击退。后来攻陷北汉的边邑及辽、石二州。

开宝元年（公元968年）八月，太祖派李继勋率兵攻打北汉。北汉主刘继恩刚刚继位，宋兵已进入北汉境内。北汉主派刘继业、马峰等人扼守团柏谷。马峰军到铜锅河，被李继勋的前锋将领何继筠击败，斩杀了三千多人。李继勋夺取了汾河大桥，逼近太原城下，焚烧延夏门。这时，郭无为指使侯霸荣杀害了刘继恩，立刘继元为北汉主。太祖派使臣送诏书，劝谕北汉投降，同时赐诏郭无为，许诺他出任邢州节度使。郭无为也劝北汉主投降，北汉主不听，并向辽朝乞求援兵。李继勋等人听说辽朝援兵来了，便带兵归宋。

开宝二年（公元969年）二月，太祖因李继勋兵退，没有取得多少战果，谋划再度发兵北征，并向魏仁浦征询意见："朕想亲征太原，你看怎么样？"仁浦说："欲速则不达，这事必须慎重对待。"太祖不听，命令李继勋等人先率兵开赴太原，以开封府尹赵光义为东京留守，自己亲自带兵出征。一个月后，宋军到达太原，在太原城的四面立下营寨。李继勋在城南，赵赞在城西，曹彬在城北，党进在城东。北汉主乘夜间突出城门，攻击东、西二寨，战败后逃回。太祖又命令军士堵塞汾水、晋水，来灌太原城，北汉人深感恐惧。郭无为再次劝北汉主出门投降，北汉主不听从。四月，辽朝又派兵救援北汉。太祖派韩重赟日夜兼程，奔赴前线。辽朝分兵而进，太祖召何继筠在阳曲迎敌。两军遭遇，辽军被打得大败，死了一千多人。韩重赟也首先在嘉山布阵。辽军从定州西进入北汉，见宋军旗帜到处都是，非常惊骇，想要逃遁，韩重赟急速指挥军队进击，大破敌军，活捉辽军将领三十多人。

太祖命令将辽军俘虏在城下示众，城中敌人惊心丧胆。宪州判官史昭文、岚州刺史赵文度投降宋朝。一个月后，太祖班师回京。分兵驻守镇州和潞州，迁徙北汉居民一万多户到山东、河南。

开宝九年（公元976年）八月，太祖命令党进、潘美、杨光美、牛思进、米文义分五路率兵进攻太原，又派遣郭进等人分路进攻忻州、代州、汾州、沁州、辽州、石州。各路将领所向披靡，克敌制胜，捷报频传。郭进大败北汉兵于太原城下。北汉主急忙向辽朝求救，辽景宗派宰相耶律沙救援，宋军撤退回国。赵普制定了"连年攻打北汉，打到太原城下，便退兵还师"的战略方针，所以一直没有攻打太原。

宋太宗赵炅（光义）即位后，着手进行统一战争。太平兴国三年（公元978年），漳泉陈洪进和吴越钱俶在宋朝的威慑下，相继纳土归宋。南方各国最终被削平，纳入宋王朝的版图。宋朝的南方军事战略取得成功后，军事重点便转向北方。此时，北汉政权统治者腐败无能，人心难附，经过宋朝连年的攻击和向辽朝纳贡，实力大大减弱。而宋朝不仅实力倍增，连年进攻太原，积累了作战经验，熟悉了周围地形，又培养出一批有勇有谋的军事人才，如曹彬、潘美、牛思进、郭进等人。郭进屡次与北汉兵作战，战功赫赫，在敌人军中就很出名。而他治理部下也是相当严厉的。太祖派遣戍卒时，总是要告诫他们："你们这些人一定要谨慎守法。不然的话，即使是我要赦免你们，郭进也会杀掉你们的。"曾经有一个军校从西山到京城，诬告郭进有违法的事。太祖责问得知实情，把军校送还郭进，令郭进杀他。恰巧北汉前来侵犯，郭进对诬告他的军校说："你敢告我有罪，确实有胆气。现在赦免你的罪过，你如能乘其不备而杀退敌兵，我立即推荐你；如果你战败了，你就自己投奔北汉去吧！"这个军校奋勇杀敌，大获全胜。郭进把此事上报，请求恢复军校原来的职务，太祖同意。眼下，进攻北汉的条件已经具备，时机也渐趋成熟。太宗便与大臣们商议讨伐太原。

太平兴国四年（公元979年）正月，宋太宗召见枢密使曹彬，问他说："周世宗和我朝太祖皇帝都亲自征讨太原，却不能最终取得胜利。难道是太原城墙坚固结实，不可接近吗？"曹彬回答说："世宗时，史超在石岭关大败，人皆震惊恐惧，不敢再战，所以退兵。太祖屯兵在甘草地，正赶上暑天大雨，军士大多患上疾病，因此才中途停止进兵。并不是说北汉的城池堡垒不可接近。"

太宗忙问："我现在起兵攻打太原，爱卿以为如何呢？"曹彬自信地说："现在国家军队充足，武器精良锐利。陛下英明宽厚，天下欢欣拥戴。如果举兵讨伐北汉，必定摧枯拉朽，势如破竹啊。"太宗一听，喜上眉梢，龙颜大悦，决定尽快准备，出兵北征。这时，宰相薛居正等人说："先前周世宗举兵时，北汉倚仗着辽朝的援助，坚壁守城，不出来交战，导致师劳兵退。等到太祖在雁门关南击破了契丹，把北汉人全部驱赶到河、洛之间居住。虽然巢穴还存在，然而已经很危困。我们得到它，不足以开辟疆土，舍弃它也成不了祸患。还希望陛下深思熟虑之后再下决定！"

太宗意味深长地笑了笑，对薛居正说："卿说得不是没有道理，但是现在，同是攻打太原，时势却迥异了。况且，先帝打败契丹，迁徙当地人民，虚空土地，不正是为了今天最后占领吗？朕的决心已定，攻取太原，为世宗、太祖洗刷耻辱。"

首先，太宗赵炅命令太子中允张洎、著作郎句中正出使高丽，告诉他们准备北伐太原，要高丽发兵夹击北汉。派遣常参官分别督促各州诸备军马开赴太原。

三日后，太宗部署兵马，任命宣徽南院使潘美为北路都招讨制置使，统帅各路兵马。命令崔彦进与郓州防御使尹勋进攻太原东面，彰德军节度使李汉琼、冀州刺史牛思进从南面攻城，桂州观察使曹翰、翰林使杜彦圭从西面进兵，彰信军节度使刘遇、光州刺史史珪从北面攻城。

刘遇按照职位班次，应该攻太原的西面。而西面是北汉主的宫城，地势非常险恶，守卫也格外严密。刘遇想与曹翰换地攻城，让曹翰进攻西面，他去进攻东北。曹翰说："观察使班次在您节度使之下，应当攻东北。"刘遇坚持要换，曹翰不答应，两个人争执了好几天，还不肯罢休。太宗考虑到将帅不和，无法协同作战，就派人告谕曹翰说："爱卿机智勇敢，举世无双，西北面除了你没有人能攻下来。"曹翰于是换攻西北面，命军士筑起高高的土山，几天时间堆成，从土山上可以俯瞰太原城。刘继元颇为恐惧。

第二天，太宗又命云州观察使郭进为太原石岭关都部署，西上阁门使田仁朗、阁门祗侯供奉官刘绪巡行太原城四面的壕沟营寨，检阅攻城用的梯子器具。这一部署是为了切断来自燕蓟的辽朝援军，使太原几乎成为一座孤城。既无外援，也无退路。

四天后，太宗在长春殿设宴，宴后亲自授予潘美等人作战方案。当时，南汉降王刘鋹以及淮南王钱俶、武宁节度使陈洪进等人都在宴会上。刘鋹说："朝廷的威名波及很远，四方僭窃之主，今天全坐在这里。几天后平定太原，刘继元又来了。臣是率先来归朝廷的，我愿能做各国降王之长。"太宗听后，哈哈大笑，给予刘鋹非常丰厚的赏赐。

二月，太宗命令宰相沈伦为东京留守兼判开封府事，宣徽北院使王仁赡为大内都部署，枢密承旨陈从信为副官。太宗曾对齐王赵廷美说："太原我一定要攻取的。朕想让你在京城留守。把东京交给你，朕出征就放心了。"开封府判官吕端对赵廷美说："主上栉风沐雨，不畏艰苦，亲征太原，大王您是主上的亲贤，应当作出表率，跟从主上出征才是，如果您留下来守东京，恐怕不太合适啊。"赵廷美于是向

太宗请求随行出征。而太宗在廷美几次奏请后，欣然同意了。

二月甲子日，宋太宗从京师出发，御驾亲征太原。北汉得知宋朝发兵来进攻，慌忙派人飞马向辽朝乞求救援。其实，辽朝早就知道了这个消息。太平兴国三年冬天，陈洪进和钱俶献出土地，归顺宋朝。当时，辽景宗驻留在金川。他的御媲郎君耶律呼图到宋朝聘，回来后对辽景宗说："宋一定会攻取河东，我们应当先行准备，以便防止突发的变故。韩匡嗣说："你怎么知道？"耶律呼图说："这并不难知道啊。四方僭越帝号的国家，宋朝都已经攻取吞并，只剩下河东还没有攻下。现在，宋朝正在讲武习战，训练准备。他们的矛头就是对着北汉的！"韩匡嗣讥笑他，不以为然地说："竟然会有这事，我才不信。他们讲武习战，又能说明什么？大惊小怪。"辽景宗也没把耶律呼图的话放在心上，没有注意设置防备。后来宋军果然兴兵伐汉了，辽景宗感叹说："呼图料事如神，我和匡嗣都没有考虑到这些！"于是，派遣玳玛长寿到宋朝来质问："你们为什么出兵伐汉？"太宗威严地说："河东刘继元逆反天命，应当兴师问罪。如果北朝不来援助，咱们的和约像以前一样；否则的话，只有一条路：交战！"现在，北汉来求援兵，辽景宗便派南府宰相耶律沙为都统，冀王塔尔为监军，向太原进军，救援北汉。同时命南院大王色珍率领部下军队，跟从前往，枢密副使穆济督军。

宋太宗赵炅从汴京出发，一路上浩浩荡荡，旌旗飞舞，刀光闪闪，威武壮观。因为是皇帝亲征，士气格外高昂。队伍行军很快，四天后到达澶州临江主簿宋捷在路边迎接。太宗阅览他呈上的奏章，看见宋捷的姓名，高兴地说："宋捷，好名字。这是吉祥的兆头啊，我军一定胜利大捷了！"太宗心情特别好，派人召宋捷前来，当即封他做了监丞。宋捷做梦也想不到，爹娘取了个好名字，今日竟然意外给他带来官运。他心中暗暗思忖："世事真是奥妙无穷，天赐洪福挡也挡不住啊!"

一天后,太宗到达德清军,命令刘保勋为行在转运使兼句当北面转运使。又十天后,抵达邢州,任命唐州团练使曹光实都知威胜军。曹光实向太宗请求:"臣愿率领一支兵马,奋勇先行攻打太原城。"太宗说:"凡有战争,粮草是保证。这项差使事关重大,不要忽视,也足够你尽力了。"后又以潞州都监陈钦祚知威胜军。

三月初一日,太宗驻停镇州,命令郓州刺史尹勋攻打隆州。隆州是北汉人依靠险要地势建筑的用来抗拒宋军的城池,所以先派部分兵马围攻下来。随即命齐廷琛、侯美分兵进攻盂县。三月九日,命令侯继隆攻打沁州,王馔进攻汾州。

而这时,郭进已经在西龙门砦打败了北汉兵。辽军由左千牛卫大将军韩悖、大同军节度使耶律善布率领前来救援。

三月十六日,前来援助北汉的耶律沙、冀王塔尔等人星夜赶路,到达白马岭。这时,前面一阵骚动,有兵士来报告说:"前面有一条涧水挡住了路,涧水对面驻扎着宋将郭进的军马,请都统定夺。"耶律沙仔细观察情况,见前面有宋军扼守,知道郭进准备严密,又见涧水凌空而下,水势急促,不能轻易进军。他思考了一会儿,决定先在涧水这边扎下营寨,火速派人报告皇帝,等到援军到来,再过涧作战。冀王塔尔和穆济愤然说:"丞相未免太怯懦了!你我奉命援助太原,自然遇到敌人就该上前战斗。战不能胜,请求主上派兵增援,这是正常的。可如今我们一仗还没打,就请主上再派兵来,这话哪能说出口呢?纵然是主上不责备我们无用,在朝的大臣和将士肯定会在后头窃笑。我们遇敌胜负还没分出,倒先惹得自己人笑话,这算是什么事啊!说句不怕丞相生气的话,倘若遇一次敌兵,丞相便请增兵一次,如果屡进屡遭遇敌兵阻拦,那么主上要派多少兵马,难道要主上倾尽全国吗?再者说,太原面临危机,北汉主急切等待援救,火烧眉毛了,还等得

及增兵来到吗？如果丞相害怕宋军，就请您在后面坐镇等待，看我们一举把敌人杀败！"说完，带领人马冲下涧去。耶律沙制止不住，无可奈何，一面派人回去请求增兵，一面跟着塔尔等人进兵。

郭进在涧水另一边，占据高处。见辽兵停了一会儿，有一支队伍率先冲过来，随后大队人马也冲上来，脸上不禁露出了笑容。他大声对众位将士说："大家听我号令，等辽兵渡涧时一齐冲下，痛杀敌军。"冀王塔尔的先头部队争相渡涧，还没过一半，只听郭进一声令下，宋军一涌而下，冲向辽兵。顿时，白马岭杀声震天。血雨腥风，刀光剑影，场面壮烈悲惨。辽兵来不及列阵，被杀得措手不及，乱了方寸。辽兵抱头四窜，前后互相冲撞践踏，死伤不计其数，惨败已定。冀王塔尔和他的儿子华格、耶律沙的儿子德琳、令衮图敏、详衮唐古都战死在乱军之中。耶律沙等人也几乎无路可逃，幸亏此时前来增援的耶律色珍率兵及时赶到，万箭齐发，宋兵后退，才救下耶律沙，慌忙带着残兵败将撤退了。

北汉主再次派人，乔装打扮成宋军模样，前往辽朝，被宋军识破，抓起来带到郭进面前。郭进命人搜身，从内衣里发现一个新鲜的补丁。撕开补丁，得到一个蜡封的药丸。郭进打破药丸，里面是一团纸，上面竟然是北汉主写给辽朝的求援信。郭进大怒，将使者斩首，从此太原城再也送不出什么消息来了。

辽兵撤退之后，郭进也没有死赶穷追，转而进驻石岭关，派使者前往镇州，向太宗报奏白马岭大捷的消息。太宗接到郭进的捷报，大喜说："辽兵已破，石岭关外不必忧虑了。刘继元外援既绝，这一回太原一定稳得了！"于是起驾镇州，向太原进发。

第六章

攻打太原太宗督战　北汉投降宋兵伐辽

这时，夏州的李继筠向太宗请求让他率领人马帮助宋军征讨北汉。太宗准许，宋军势力增强了不少。

四月一日，岚州的宋军和北汉军交锋，取得胜利。二日，孟县投降。三日，北汉驸马都尉卢俊，从代州骑马飞驰到辽朝告急。辽朝人因为刚在白马岭被郭进打得落花流水，无地自容，没答应再发兵来救。

四月四日，行营都监折御卿分兵进攻岢岚军，大获全胜，攻取岚州，抓获岢岚军使折令图。四月六日，解晖、折彦赞等人攻打隆州，西头供奉官袁继忠、武骑军校许均奋勇抢登上隆州城，攻陷城池。自发兵以来，宋军步步为营，节节胜利，北汉太原城外的势力基本被消灭殆尽。

太原城战场更是战火纷飞。潘美坐镇指挥，崔彦进、李汉琼、刘遇、曹翰、米信、田重进各军，已经多次打败了北汉军队。按照先前太宗布置的攻城计划，筑长城围攻太原，昼夜攻打。城上箭矢和礌石如雨俱下。北汉等待外援，却总不见踪影，粮道又被宋军切断。太原城孤城作战，快要粮尽援绝了。

四月十二日，太宗御驾到达太原，驻扎在汾水的东岸。众位将领见皇上亲临，督战更紧，直把太原城围得水泄不通。城上用来防护的矮墙全部被宋军破坏，军队也被打得毫无士气。城中的百姓，一个个

惊慌骇惧，刘继元更是坐卧不安，焦急如焚。这时，忽然听到城外宋军大声呼喊："辽朝派来的援兵已经在白马岭被杀得片甲不留，你们派出去的信使也被抓住杀掉了。聪明一点，快快投降吧！"城内听到这个消息，愈发恐慌，其中有不少人都几乎绝望了，只有投降才是出路。

四月十三日，太宗到太原城西面巡视，慰问攻城将士，摆上酒肉，犒劳大家，顺便检查了营垒安排和攻城器械。太宗忧虑攻陷城池后将会杀伤很重，便亲自写了诏书，督促刘继元投降，以免生灵涂炭。使者带着诏书来到城下，守城的汉兵不敢接受，把使者赶了回来。太宗大怒，亲自督促军士进逼城下。

在征讨太原前，太宗从军队中精心挑选了几百勇士，教他们舞剑。这些勇士练习刻苦，剑法精熟，都能把剑高高地抛到空中，然后身躯跳跃，左右扭转，稳稳地把剑接住，观看的人无不恐惧惊心。当时正巧有辽朝派使臣进贡通好，太宗在便殿赐宴，让这些勇士在宴席前舞剑助兴。几百名勇士袒露着雄健的胸膛，大喊着举着剑冲进殿来，抛剑跳跃扭转承接，一气呵成，美妙无比。只见剑光闪烁，人影晃动在危险重重当中，却人人安然无恙，辽朝使者吓得不敢正视，浑身颤抖不已。现在，太宗把这批勇士带到了太原。巡城时，便命令他们舞弄着刀剑，在前面开路，勇士们也非常兴奋，使出浑身本领，拿出平生的绝技，表演更加惊险离奇，直把太原城上观看的汉兵吓得胆战心寒。

太宗亲自督促士兵攻城。他穿上盔甲，手拿利剑，冒着如雨一样密集的箭矢和石块，指挥着军队冲锋。左右大臣赶紧阻止，说："陛下不可亲自冲入险境，刀枪箭石不长眼睛！您只在后面观看就行了。"太宗毫不畏惧，凛然说："将士们争先恐后，奋不顾身地在刀丛中效命杀敌，我怎么忍心坐着观看，而无动于衷！"说完，又挺身向前冲去。

各军将士看到或者听说了皇上的不避危险，身先士卒，士气高昂，个个冒死抢先攀登太原城。几十万弓箭手，在太宗的乘舆前摆成一字长蛇阵，一排又一排，轮番射箭。箭矢一根根插进城墙，密集得像刺猬身上的刺。后来抓住了一个活口，说："北汉主在城中买射上来的箭，一支箭换十个钱，一共得到一百多万支，聚集在一起贮藏起来。"太宗笑着说："这些箭乃是替我贮存的了！"

四月二十五日，郭进突然死去，实际是与驻屯在石岭关的行进使、汾州防御使田钦祚有关。田钦祚与郭进不和，敌兵来了，只顾关闭城门坚守，敌人退后也不派兵追杀。把军用物资蓄积起来，牟取暴利，被部下告到太宗处。太宗诏令押回田钦祚审问，田钦祚认罪。太宗因为战争用人，只责备了一通，改授为睦州防御使，仍然督护军队。田钦祚恼羞成怒，却把怨恨都记在了郭进的头上，以为自己的被责全是郭进派人揭发的。郭进是一名武将，性情刚烈，战功很高。田钦祚经常对郭进加以凌辱，郭进暴跳如雷，难以忍受，却不能杀他。四月二十五日，郭进气急攻心，在帐内上吊自杀了。田钦祚对太宗说："郭进突然死于中风。"他们的部下都知道真情，然而却没有人敢站出来说明真相。太宗非常痛惜，哀悼了很久，特地下诏追封郭进为安国节度使。接着命令冀州刺史牛思进接替郭进为石岭关部署。牛思进膂力过人，曾经将一把强劲的弓挂在耳朵上，用手拉得如满月一样。牛思进还曾经背靠着墙站定，由两个力气很大的士兵揪住他的乳头向外拉拽，他却靠着墙纹丝不动。军士们都很惊异他的力气，被他震服得五体投地。

四月二十七日，太宗巡视连城，督促士兵们攻打城洞。李汉琼率领众将士奋勇登城，城上箭射如雨，射中李汉琼的头部，接着又射中了中指，鲜血渗透了战袍。李汉琼重伤之后，仍然支持着战斗，场面令人心惊。太宗急忙命人召回李汉琼，把他抬进太宗锦帐里。太宗仔

细检查了李汉琼的伤势，小心翼翼地给他敷好药，命他好好休养。然后，太宗站起身说："爱卿安心躺着，我去洞屋里看一看，慰劳一下苦战的兵士。"李汉琼连忙阻止，感动地流着泪说："洞屋现在交战太急，箭石纷纷，陛下怎么能以万乘之尊亲自到那么危险的地方去呢！陛下如果不听臣的劝阻，执意要去冒险，臣请求先去赴死！"太宗这才停下来。

五月，战斗继续激烈地进行着。五月一日，宋军在太宗的督促下，昼夜攻打太原西南角。天快亮的时候，羊马城陷落。北汉宣徽使范超前来投降。宋军正在奋勇攻城，突然看见有一队汉兵打开城门，以为是汉兵出城交战，立即围住，抓住了主将范超，斩在大旗下。一会儿，北汉也把范超的妻子儿女全家老小，枭首示众，扔在太原城外。北汉朝内外开始人心惶惶，感到守城无望，许多人都在寻求退路。代州刺史刘继文和驸马卢俊乘乱投奔辽朝去了。五月三日，北汉马步军都指挥使郭万超率兵来投降。

五月四日，太宗巡幸城南。宋兵连连取得胜利，北汉守兵起初还志气犹存，现在已经垂头丧气了。他们知道败局已定，眼下将士离心，城中岌岌不可终日，者心情沮丧，无心再战。太宗看到这些，对各位将领说："北汉败局已定，明天是端午节，我们可以在太原城内吃饭了！"众将传出太宗的这句话，士兵们群情激奋，热血沸腾，高举武器，齐声欢呼。城上的汉兵听到四周震耳欲聋的呼声，更加提心吊胆，气不敢出了。

当天，太宗亲自起草受降北汉主的赐诏。不再像上次那样派人去送了。这次命一个箭法高超的士兵用箭连同上面绑着的诏书射进太原城去。北汉主刘继元看到箭头诏谕，脸上一片灰白。他用颤抖的手展开诏书，心中如同寒冬一样肃杀悲凉。城池看来是保不住了，汉家江山也就此要拱手送人了吗？我刘继元曾经多么威风，操生杀大权，难道要我向敌人俯首称臣吗？刘继元情绪起伏，犹疑不决。

五月五日，太宗坐镇城南，为将士们助威。宋军发起了最大规模的攻击。成千上万的宋兵个个如猛虎一般，竖起云梯，争相攀登，不可遏止。太宗见到这副阵势，也不禁有些担心。他担心一旦攻破城池，军士们会血洗太原城，死伤必定不可胜计，那并不是他所希望的。于是，太宗命令暂停攻城，稍稍后退，再次督促北汉，及早投降，以免性命之忧和黎民的不幸。

太原城内的人还在坚守，北汉大将刘继业，骁勇善战，他的儿子刘延郎也是一员勇将。父子二人指挥若定。虽然也知道孤城难守，兵力几近衰竭，但一腔忠诚热血，支撑着毫无希望的战斗。他们准备与太原城共存亡，誓死效忠于北汉。但是，北汉多数将领以及广大士兵不想再打下去了。这时，已经退休的左仆射马峰强撑着病体，让人抬着去见北汉主刘继元。马峰见到刘继元，禁不住泪如雨下。他对刘继元说："主上，如今宋天子亲征太原，宋军节节胜利。契丹援军被灭，我们孤城作战，节节败退，眼看城池不保了。如果继续打下去，只能是增大伤亡。万一被宋军攻破太原，四处烧杀掠夺，黎民百姓大难临头。我们世代经营的繁华的太原城也将会毁于一旦。事到如今，企望主上从长计议，以百姓为重。"

刘继元听着马峰的话，目光暗淡，有些穷途末路的悲哀。他慢慢地望了望自己统治了多年的大殿，终于无可奈何地点了点头，决定放弃抵抗，献出城池，投降宋朝。等他再抬起头来时，众位大臣见他已泪流满面。突然不知谁实在忍不住爆发出一阵哭声，于是引得整个大殿上痛哭一片，那情景让谁看了也会掬一把同情之泪的。谁甘心把自己的家园送给他人？谁又晓得被逼无奈、别无选择的滋味？

五月五日夜，北汉主刘继元派客省使李勋带着投降的表书出城来朝见宋太宗赵炅，乞请降服。太宗大喜，立即诏令，允许刘继元投降，并派通事舍人薛文宝带着诏书到太原城去安抚，宣读诏谕，说一定确保降宋之人的富贵和安全。天还没亮，太宗又来到城北台处宴会款待从臣，准备接受北汉的投降。

五月六日早晨，天刚放亮，刘继元率领百官出城投降。他们一律穿着缟素白衣，戴着纱帽，来到城台下，等待被治罪。太宗此刻心情格外地激动。他端坐在城台设置的龙椅上，感到一种胜利的喜悦和豪迈。五代十国的最后一个割据政权的王，现在终于向他俯首称臣了。这个周世宗、宋太祖曾经几次发兵征讨而没有结果的北汉，已经被他打败了。北汉主刘继元和他的官员僚属就在台下，不，是在他的脚下呢。这是一个国家，一个统治了 29 年的政权，一个曾经令周世宗、宋太祖受辱的集团，连同他的土地，以及土地上的人民和城镇，还有其他的一切，都要归属于他了。放眼中原，除了北方，到处都是大宋的旗帜，到处都是大宋的土地，到处都是大宋的子民。太宗的思想在广袤的国土上任意驰骋，他已经忘记了自身的所在。仿佛他高坐在龙庭之上，接受天下万民的朝拜欢呼。他陶醉了，脸上洋溢着胜利者的得意，这是一种真实的内心世界的流露。他的眼睛熠熠发光，视野里却是一片虚旷，他并没有看清台下的刘继元，他的心神在体外，在虚无中畅游。他只知道，敌人已经降服了，他是至尊无上的天下君王！

"陛下，该举行受降仪式了！"一声呼唤，太宗陡然醒悟。他凝神一看，内侍正站在他面前，等候他的旨意。太宗向台下看去，刘继元等人捧着玺印、文书，战战兢兢地等待着他发落呢。太宗宽厚地笑了笑，说："爱卿能以百姓万民为重，归顾我朝，应承天命，使天下一统，我赦免你的罪过，一起共享荣华富贵！"然后召刘继元升到城台上，赐给他衣服、玉带。刘继元登台，叩头谢罪，说："臣自从听说陛下车驾亲临太原，立即想绑起自己来归顺陛下，听从您的旨意。无奈有亡命之徒怕死，劫持臣，威胁臣不得投降啊。"太宗微笑着说：

"朕知道你的心意，我会把那些亡命之徒斩首示众，惩罚他们违逆你的本意，致使你我到现在才得以相见共欢。"说完，太宗又转头对随从的淮南王钱俶说："卿能保一方来主动归顺我朝，避免了流血的战争，是百姓的幸福，卿的举动值得嘉奖啊！"钱俶脸上一红，赶忙低下头去谢恩。刘继元在一旁尴尬窘迫，不知所措。

太宗随即诏授刘继元为检校太师，右卫上将军，封彭城郡公，并给予非常丰厚的赏赐。刘继元再次叩头谢恩。太宗当即命令军队开入太原城。刘继元领旨下台，先行引导潘美等军进城。刚到太原城门，忽然听到城头一声断喝："停下，不要再前进了！我主虽然归顺了，我却不愿活着投降！愿开城和你们决一死战！"潘美见刘继业站在城头上，怒发冲冠的样子，便止住各军，暂停前进，回报太宗知道。太宗亲自来到太原城下，命令刘继元单身入城，好言抚慰刘继业归降。并嘱咐刘继元说："刘继业是一个既忠诚又勇猛的虎将，朕会加以重用。你一定要说服他来见我。"

刘继元情不得已，只好一个人去劝服刘继业。刘继业见主上亲自来劝服，放声痛哭。他向北面叩拜了两次，脱下战甲，放下武器，跟从刘继元出城，来到太宗驾前投顺。太宗非常高兴，亲自下车，把刘继业扶起，称赞他誓死卫主，忠诚为国，当面授他右领军卫大将军，并解下腰间玉带赠给他。刘继业是太原人，原来姓杨，名业，在刘崇时，因为赏识他的忠勇，赐姓刘，改名为刘继业。现在，太宗命他恢复原姓，单名业。杨业后来成为宋朝著名的将领，他的事迹以及他的后代的故事被编成各种演义，其中最著名的是广为流传的《杨家将》，至今令人赞不绝口。

杨业归顺后，引导太宗同潘美等军兵，接管太原城。北汉从始祖刘崇到了刘继元，共经历了四主、二十九年。到现在为止，纳入宋朝的版图，共得到十州、一军、四十一县的土地。太宗旨令刘保勋太原

知府。赦免河东境内的臣民，各州县原北汉的机构部署及官职保持原样，不必改动。人户两税，特地免征两年。宋军没有到达过的地方，减免租税一年。分别任命常参官8人知忻州、代州等州县，巩固新得的战果。

五月七日，太宗命令堕毁太原旧城，改为平晋县，把榆次县改为并州，迁徙僧人道士以及有资历威望的百姓富绅到西京洛阳居住。

八日，封赏北汉降臣，李恽为殿中丞，马峰为少府监，郭万超为磁州团练使，李勋为右卫将军，其余的人也都授予高低不等的官职。

九日，宴请刘继元以及他的官僚部属。刘继元献上他的宫伎一百多人，太宗把她们分别赐给立功的将校。十三日，派人监送刘继元五服以内的亲属到汴京居住。

十四日，太宗巡幸太原城北，登上沙河门楼。派使臣分批迁徙太原的百姓到并州居住，纵火焚烧太原城中的庐舍。太原城中的百姓年老的和孩子来不及从城门逃出的，有很多人被活活烧死在城中，令人参不忍睹。这种战争的最终受害者，也是最大最深的受害者，只能是手无寸铁的普通民众！不论胜负，人民得到的多是国破家亡，亲人生死别离。战争造成的创伤和苦难，最终要由底层的大众来承担。这是多么的残忍，多么的不公正啊！

五月十五日，太宗把行宫改为平晋寺，并即兴作《平晋诗》，命令群臣唱和，一同刻石，立在寺中。此时，太宗终于平定了北汉，长江、黄河流域统一在他的脚下。放眼望去，只有契丹和西夏党项等旅还占据北方和西北。征服北汉，完成了世宗、太祖所没有达到的辉煌，太宗心中充满了豪情，他不禁为自己而骄傲。他有些飘飘然了，他觉得自己深谙用兵之道，他是战无不胜、攻无不克的。连太祖征讨几次都没有攻下的北汉，被他只用了不到半年时间就平定了。他把北汉从地图上抹去，让它成为了陈迹，取而代之的是他统治下的崭新的和平的世界。他创立了伟大的功绩，他不会就此停止，他要继续前进，扩大领土，降服辽朝，统一全国！想到这里，太宗仿佛已经看到他的军队万马奔腾，杀得辽朝人四处逃散。他仿佛看到辽朝皇帝也跪倒在他的脚下，就像刚才的刘继元一样。他似乎更清晰地听到响彻全国的欢呼，那是他的臣民，其中包括被他降服了的敌人。太宗心中波澜起伏，久久不能平静。北汉的投降对他冲击太猛烈了，他决定趁热打铁，继续北伐，再建自己的盖世武功，攻打辽朝，收复幽云十六州。

太平兴国四年（公元 979 年）五月，宋太宗征服北汉，把"十国"中的最后一国灭掉，结束了五代十国分裂割据的局面，使黄河、长江两大流域重归一统。然而，此时还有西南的大理、吐蕃，西北的高昌、党项羌等政权，均在宋朝版图之外；北方有辽朝控制着东临黄海、西抵阿尔泰山、北到西伯利亚、南至今河北中部及山西北部的广大地区。因此，与秦汉隋唐相比，当时的宋朝只能称为"中原政权"，统一事业还远远没有完成。尤其是北方的辽朝正在严重地威胁着宋太宗的统治地位。

公元 936 年，后晋石敬瑭将幽云十六州大片土地割让给辽朝。从后周开始就与辽朝围绕这片领土展开了战争，周世宗与王朴谋划夺取天下，想要先平定南方，其次是幽云十六州，最后攻取太原。宋太祖与赵普所定的策略，也基本上是这样。为了集中兵力财力平定南方，宋朝初年与辽朝基本保持了和平友好关系。宋太祖开宝八年（公元 975 年）三月，辽景宗耶律贤命令涿州刺史耶律琮致书属于宋朝的雄州孙全兴，通使和好。孙全兴上报朝廷，宋太祖命令在答书中允许通使和好。辽朝派克妙骨慎思来汴京订立和约，又派人告和北汉，与宋朝通好，不要妄自相互侵伐。这年七月，宋太祖派阁门使郝崇信、太常丞吕端出使辽朝。

但是，太祖时刻没有忘记收复幽云十六州的土地，建立与辽朝的

友好关系只是一种等待时机的权宜之计。

而辽朝也时刻关注着宋朝的发展动向。他们也清楚太祖修好的真正意图。而他们之所以维持这种和平关系，也是为了自己发展的需要，并非对广阔富饶的中原地区没有觊觎之心，恰恰相反，辽朝更是野心勃勃。一旦时机成熟，他们必定会破坏表面上的和平。

宋太宗太平兴国二年（公元 977 年）四月，辽朝派使臣耶律敌参加太祖山陵的葬礼，顺便探听太祖驾崩后宋朝的政局。宋太宗接着派遣起居舍人辛仲甫到辽朝答谢。快到达辽朝国境时，听说朝中商议起兵讨伐北汉的消息。辛仲甫知道北汉倚靠了辽朝的援助，万一辽朝也知道了宋要伐北汉的消息，将会采取什么态度呢？辛仲甫不敢继续前进了，派人连夜飞马，回汴京请示是否还去辽朝。太宗下诏，命令辛仲甫仍然继续前进。估计这是为了稳住辽朝，不让辽朝起疑心，过早地有所准备，支援北汉。

辛仲甫来到辽朝，辽景宗问他说："我听说中原有个名叫党进的人，真是一员勇将。像党进这样的，中原共有几人？"辛仲甫说："中原名将多得很，像党进这样只供驱使奔走的人，怎么数得清！"辛仲甫回答得很大方自然，辽景宗试探不出什么。他进而想要扣留辛仲甫，辛仲甫说："信使的任务在于完成使命，按道理不可留住在异国他邦；如果您要强行扣留，我只有一死而已。"辽景宗知道不能迫使辛仲甫改变本志，便用厚礼送他回国。

太宗高兴地对众臣说："辛仲甫远道出使极远的地域，练达机智，巧妙应答，不卑不亢，维护大局，可称得上是没有辱没国君交付的使命。再有几个人能做到这样，朕还会有什么忧患！"辛仲甫这趟出使，确实相当成功。既没有显示软弱，没有暴露宋朝的军事动向，还多少知道了辽朝是在关注着宋朝的。

宋太宗也常在辽朝使者面前炫耀自己的国威，使辽朝不敢轻易有南下攻宋的野心。太平兴国三年（公元978年）冬，辽朝耶律呼图来宋朝修贡通好。宋太宗在便殿赐宴。宴会上命令几百剑法精熟的勇士舞剑，这些勇士袒露胸膛，举剑冲入殿内，将剑高高抛起，身体跳跃，左右扭转，再稳稳地接剑在手。气势逼人，身法奥妙，直把辽朝使者吓得不敢正眼观看。

随着南方的统一，宋朝实力大大增强，对辽朝的态度也渐渐地强硬起来。宋太宗并没有遵从周世宗及宋太祖的计划，南方平定后，去收复燕云十六州，而是征讨北汉。北汉当时是附属于辽朝的。辽景宗派人去质问太宗："以什么名义征讨北汉？"太宗不客气地回答："河东违命，理当问罪。如果北朝不援助北汉，我们彼此订立的和约依然有效，否则，两国只有进入战争状态！"

太宗首先打破了与辽朝的友好关系，在于一个附属国的争夺。而辽朝也不示弱，在和平与战争之间选择了后者，先派耶律沙支援北汉，继而又派耶律色珍支援耶律沙。宋朝与辽朝表面的和平终于结束，转而形成对抗。等到宋朝最后降服了北汉后，两国的冲突又变得直接化、明朗化。宋朝和辽朝之间爆发一次激烈的战争是在所难免了。

但是，宋朝刚刚降服北汉，统一了中原，近半年的战争，虽然取得了胜利，却并不像震服陈洪进和钱俶那样，兵不血刃，干戈未扬，而是遇到了北汉兵的顽强抵抗和辽朝援军的牵制，战争消耗很大。粮草银饷所剩无几，军士疲乏不堪，急需休整，补充给养，恢复体力。大家都希望暂时卸下兵甲，缓和一下，喘口气。于是人人盼望太宗立即下诏，班师回朝，赏赐在太原立功的将士，然后再来与辽朝作战。

然而，太宗以为平定了北汉，自己亲征，士气高涨，战斗力强，所向无敌。而辽朝在白马岭被宋军打得大败，再也不敢派军队来援助北汉，看来辽朝也是不堪一击，没有什么了不起。如果趁着胜利，攻取幽云十六州，不更是大功一件！这可是要彪炳史册、流芳千古的

第六章 攻打太原太宗督战 北汉投降宋兵伐辽

壮举啊！如果收复了幽云十六州，实现了几代国君的梦想，他的脸上该是多么的荣耀，他的形象该是多么的伟大，他的威望又该是多么的崇高啊！他将被全国人民奉为神明，受到万民的拥戴和赞颂，人民将永远为他的丰功伟绩而骄傲！他即位所带来的动荡不安也将永远消弭，人们对他的猜疑将被他神圣耀目的光环所淹没，在人们的心目中，他将是一位几世难有的英明君主！此刻，宋太宗赵炅心中只有这一个念头，乘胜前进，扩大战果，收复幽云，再创伟业！在他的头脑中，已经排除了一切干扰。

众位将领都不愿立即攻打幽蓟，潘美谏阻说："我军苦攻太原，经过4个多月。虽然取得最后胜利，平复了北汉，实际上已经是军兵疲乏，粮饷匮缺，不能再接着战斗了。愿陛下暂且回师，蓄养兵力，备齐粮草，然后举兵伐辽，这才是万全的计策。"其余众将见有人说话，纷纷附和，赞同潘美的意见。太宗见这么多人都反对伐辽，心中非常不满意。

这时，崔翰站出来，力排众议，慷慨陈词："臣以为，兵家最难得到的，正是时机和形势。所以说得势当乘，机不可失，时不再来。我们刚刚取得胜利，势如破竹，现在转兵伐辽，正是乘势因时，可以很容易地夺回幽蓟地区。愿陛下明断，不要丧失时势！"太宗听后非常高兴，因此下定决心，不再回师，继续用兵，进攻辽朝，夺取幽蓟地区。

太宗当即命令枢密使曹彬商议调发屯兵。当时，装载屯兵名籍簿册的车辆被阳挡，滞留在半路上。兵房吏张质暗地里查点了部分兵马，等名册运到之后，校对了数字与姓名，发现毫无差错。

太平兴围四年（公元979年）五月二十二日，宋军从太原出发，悲伤征伐辽朝，但士兵们的确太疲累了，从打太原开始，他们就没有好好睡过觉，行军饭也是匆匆吃完。有时仗打得激烈，别说吃饭，连水也来不及喝上一口。他们眼窝深陷，身体清瘦，四肢麻木，浑身无力。衣服滚满了汗土，生了虱虫跳蚤，奇痒难耐。在战斗中，很多战士负厂伤，伤口包扎不严，发炎化脓，疼痛难忍，他们机械地拖着双腿，艰难地迈着步子，身上背负着沉重的行装，手中的武器也越来越重。路途遥远，又十分难走，有的兵士竟边走边睡着了，天渐渐热起来，太阳炙烤着大地，像蒸笼一样，士兵们盼望着下场雨，可以凉爽一些。可是一旦雨下来，路又变得泥泞不堪，更懒得拔腿迈步了。其实，将官又何尝愿意行军打仗呢？

在太原，冒着生命危险，立了战功，却得不到休息，竟连封赏也没有，还要继续北上，每个人心中都憋着一股气，没有一点精神，更不必提什么积极性了。他们心有怨言，但惧怕皇上降罪，不敢违背命令，只好勉强上路，督促军队行进。有时，怨气聚集在胸中不得解脱，脾气变得十分暴躁，很容易发怒，便冲着士兵发火，有人竟然抽打士兵，以泄心中之气。五月二十九日军队才抵达镇州。

六月十二日，太宗下令御驾亲征，从镇州发兵。当时扈从六军就有按时不到的，太宗见刚刚出征，就有将领不听从他的号令，决定将他们按照军法处置，杀一儆百，严肃军令。迟到的将领看到皇上动怒，吓得面无血色，四肢发软，急忙向皇上赔罪。紧要关头，马步军都军头赵延溥及时进谏说："陛下巡幸边陲，本来把辽朝看作心头大患。如果敌人还没有消灭，就先诛杀将士，谁还肯为陛下戮力杀敌呢？请陛下法外开恩，让他们戴罪立功。"

太宗一听，脸上露出赞赏的笑容。他高兴地说："幸亏爱卿提醒。其实，我又何尝愿意把他们治罪呢？实在是刚出征便不遵号令，让我非常生气。"太宗又转向那些吓得不知所措的将领们，厉声说："若不是有人替你们求情，你们今天难逃制裁。朕就看在作战用人之际，暂且饶恕你们一回，你们要奋勇杀敌，戴罪立功。如果胆敢再犯军条，

二罪归一，定斩不饶！"

　　宋军继续前进，七天后，大军到达金台镇。这里已经是辽朝边界了。前面能远远看到辽军的旗帜。残酷的战斗马上就要开始了，众位将士感到有些紧张。

第七章

围幽州兵败高梁河　德昭刚烈自刎而死

　　第二天，太宗亲自披上甲胄，手拿武器，跨上战马，率领宋兵向岐沟关冲去。太宗想身先士卒，以激励士气，争取旗开得胜，提高军队战斗的积极性，增强士兵们的信心和勇气。宋兵见太宗率先冲锋，也不甘落后，抖擞精神，向潮水一样冲向岐沟关。岐沟关又称作东易州。辽朝东易州刺史刘禹远远望见宋军大兵压境，不敢再作抵抗，连忙带着队伍出城投降。太宗见初次遇敌，便兵不血刃，心中大悦，北上歼敌的心情更加急切。他不作停留，只留下一千士兵把守东易州，继续率军进攻涿州。

　　辽朝北院大王耶律希达、统军使萧讬古、伊实王萨哈带领辽兵，在沙河迎战宋军。宋军西班指挥使傅潜。孔守正率领的先头部队赶到沙河，也不停顿，立即渡河与辽兵大战在一起。正在这时，太宗率领的大军相继赶到，众寡悬殊，辽兵被打得七零八落，不成阵形。耶律希达慌忙命令撤退，自己先骑马逃跑，宋军乘胜追击，活捉辽兵五百多人。

　　六月二十一日，太宗抵达涿州（今河北涿州），涿州判官刘厚德见宋军乘胜而来，锐不可当，只得献出城池，投降宋朝。太宗继续行军，二十三日，进驻幽州城南，以宝光寺作为临时行宫。部署兵力，准备攻打幽州城。当时，辽朝南院大王耶律色珍认为，宋军发兵不久，

势如破竹，取得几次胜利，锐气正盛，不便正面冲突。因为耶律希达新败回来，正是宋军得意忘形、容易轻敌的时候，派人打着耶律希达的旗帜，驻扎在得胜口，引诱宋军前往进攻，自己从后面堵截宋军的退路，前后夹攻，必定打败宋军。

太宗果然乘胜而来，突然见得胜口还飘荡着刚被打败的耶律希达的军旗，不假思索，把手一挥，命令军队向前冲去。士兵们看到是手下败兵，擂起战鼓，奋勇杀敌，消灭敌兵一千多人，耶律希达的军旗被践踏在地。大家正在欢呼胜利的时候，突然后面传来一阵喊杀声。耶律色珍带兵从后面袭击，迅速掩杀过来。宋军一时来不及应战，开始败退。耶律色珍也不敢紧追，驻军在清沙河，声援幽州城。这天，渤海帅达兰罕率领部族投降了宋朝。太宗任命达兰罕为渤海都指挥使。

六月二十五日，太宗命令发起对幽州城的攻击，将大军分为四部分，定国节度使宋渥攻打城南，河阳节度使崔彦进攻打城北，彰信节度使刘遇攻打东面，定武节度使孟玄哲攻打西面，将幽州城四面包围，设了三层包围圈。任命潘美兼任幽州行府事，另外派兵遣将，攻打幽州城外其他的地方。

辽朝幽州权留守韩德让非常害怕，与刘弘登上城头，日夜守御，不敢懈怠。城外，宋军大声呼喊："赶快投降吧，你们已经被包围了，插翅也难飞出去，要保性命，马上放下武器，打开城门，出来投降，加官晋爵，先到的有重赏！"幽州城的将士大多本来是汉人，听到宋军的声音，四面楚歌，不禁生出异心。就在这时，迪里都指挥使李扎勒烂出城投降，幽州城内，越发恐慌。

辽朝御盏郎君耶律学古听说幽州被宋军围困，情况危急，立即引兵来援助。快到幽州，只见宋军三层包围，把幽州城严严实实地困在里面，像铁桶一样，密不透风，刀枪林立，恐怕连苍蝇也飞不出来，鸟也飞不过去。耶律学古机敏过人。他看了看周围，灵机一动，命令士兵，挖地道，直通幽州城下。辽朝士卒争分夺秒，地道很快通进城内。耶律学古的军队便从地下进到幽州城里，这是太宗和各位将士所没有料到的。

韩德让大喜过望，愁眉顿展。他与耶律学古整修器械，安定军心，杀了要投降的将士，按照地形，安排适当的防备措施。幽州城内的辽军又士气高昂起来，坚守着城池。

宋军三百多人，趁着浓浓的黑夜，悄悄地攀登幽州城。耶律学古命令举起灯火，把登城的宋兵打下城去。辽兵推倒云梯，切断绳索，登城的宋兵摔死摔伤的很多。幽州城守备更加严密，拖延时间，等待援军的到来。太宗心中愤怒，亲自督战，不分昼夜，勇猛攻打。幽州守兵渐渐不能支持，眼看着城就要攻破了。

在这千钧一发的时刻，突然情况发生了变化。太宗正在紧锣密鼓、一次又一次地组织冲锋。只见一匹探马飞驰而来，顷刻间来到太宗面前，报告说："城北方向来了大批辽朝援军，马上就逼近跟前了。"原来辽景宗听到幽州被围的消息，命令幽州宰相耶律沙前去援救，并派使者去责问萧讨古等人："你们侦察敌情不详，用兵无法，遇到敌人，一战就败，怎么还能做带兵的大将呢！"使者走后，特里衮耶律休格向辽景宗说："幽州军情紧急，宋太宗亲自率兵，宋军如狼似虎，又取得了几次胜利，个个不顾生死，把幽州困得水泄不通，恐怕人少了救不得，臣愿率领人马前往幽州救援，请主上准奏。"辽景宗见耶律休格自愿请缨，心中高兴，立即命令耶律休格代替耶律希达，统帅五院军马，约十万之众，出发开赴幽州。

与此同时，辽朝的许多将领向宋军投降。建雄节度使刘延素、蓟州知州刘守恩等人，本来是汉将，率先放弃抵抗，阵前倒戈，投归宋朝，均受到宋太宗的接见和赏赐。

宋军这边虽然连续取得胜利，而且太宗亲临战场指挥督战，战士们毕竟太疲倦了，精神日益委顿，战斗力减弱，冲锋一次慢于一次。太宗非常担心。

七月一日，辽朝派来的救兵耶律沙部逼近幽州城，到达高梁河边，遇到宋军的阻挡。太宗对各路将领说："辽朝既然发救兵到来，我们暂且先迎战他的救兵。只要他的救兵一败，幽州城便可不攻自破了。"于是传令暂时减少攻城次数，调集精锐兵力，在高梁河阻击耶律沙。

耶律沙来到高梁河，勒住战马，见幽州城就要到了，想急切地渡过河去。高梁河水流湍急，河床深浅不一，中间还有漩涡。辽军士有些畏怯，不敢下河。耶律沙马鞭一挥说："我们必须赶在宋朝主力到达之前渡过高梁河，否则将会对我们不利。"说完，命令士兵立即渡河。就在辽军渡河时，太宗的兵马赶到，见数万敌军正迎着河水，向这边渡来。太宗立即发令："不要等敌人渡过河，大家赶快一同努力进攻，打他个措手不及。"宋军听到命令，奋勇直前，刀枪并举，剑戟齐扬，一齐向敌兵杀过去。耶律沙因为在援助太原时，在白马岭被郭进打得大败而归，若不是耶律色珍及时来救，连命也没有了，至今仍心有余悸，胆气不足。现在见宋军还是这样威猛，心里便有些害怕。但是，两军既然已经遭遇，不能不战就撤退。如果这次侥幸打个胜仗，还可掩饰昔日的羞辱，在别的将帅面前抬起头来。于是硬着头皮，指挥众兵接战。高梁河两岸，数万兵马混战在一起。金鼓齐鸣，杀声震天动地，血肉横飞，高梁河水都被染红了。经过大约四个时辰的艰苦战斗，辽兵因为渡河不到一半，还未立住脚跟，慌乱之中，死伤无数，尸体叠枕在一起，也有随河水飘走的。宋军伤亡也很大。辽兵渐渐抵挡不住，边打边向后退却。太宗见得优势，亲自冲到阵前，驱兵冲杀。耶律沙见又要败走，不禁仰天长叹，心急如焚。他喝令士卒坚持顶住，不得后退。可哪里还阻止得住。他怒从心起，手起刀落，斩杀了几个后退的士兵。士兵们见主帅如此残忍，吓得又折回头去；但打了几下，又调头逃跑，任凭耶律沙怎么呵斥，怎么威胁，也止不住了，只好随着军队撤退。兵败如山倒，宋军尾追不舍，一直把辽军赶出很远。

天色已经渐渐暗下来，宋军正追杀耶律沙，突然从两旁小路上闯出两支军马，举着火炬，迎着宋军杀过来。耶律沙正走投无路，突然见援军到来，大喜过望，仔细一看，原来是耶律休格和耶律色珍带兵赶到。耶律休格自愿请战，与耶律色珍各率精兵两万，日夜兼程赶赴幽州。耶律休格善于用兵，智谋深远，勇武超群。他的部下也训练有素，精悍无比。途中，耶律休格对王耶律色珍说："我料想宋军必定在高梁河一带阻击耶律沙先头部队，敌众我寡，我前军肯定遭受很大挫折。我想与将军分为左右两路，从侧面进击宋军，'出其不意，击其不备'，打他们一个措手不及，一定能大败宋军，解了幽州的重围。"

耶律色珍赞许地点点头，说："将军推测的决然不错，我们就依计行事。"商议已定，耶律休格命令众位军士，悄声快速前进，与耶律色珍分道而行。到高梁河时，果然见耶律沙支持不住，向后撤退。耶律休格与耶律色珍各自命令士兵们点起火把，每人高举两把，从两侧夹击宋军。这时已经暮色苍茫，只见道路两侧火星点点，晃动不定，不知道来了多少辽兵。

宋太宗惊惧万分，没想到辽朝派了重兵在这里伏击他们。宋军开始慌乱了。黑暗中，两支火把流融会在一起，还在源源不断地涌来。耶律休格与耶律色珍汇合起来，分别从左右翼猛击宋军。耶律休格身上被乱军扎伤三处地方，血流不止，而他毫无顾忌，越战越勇。耶律沙等人也即刻回师，仇人相见，分外眼红，杀得更是凶狠。

幽州城内的耶律学古与韩德让听说援军大兵聚集，立即打开城门，率兵出城，摆开阵式，命令四面擂起战鼓，大声呼喊，惊扰宋军。此时，宋军四面受敌，反而被辽朝军队包围。再加上黑夜中不知敌人实力，只见到处都是火把，四面都有鼓声、辽兵的喊杀声以及宋兵的惨叫声。

耶律沙精神大振，雄心陡起，心想："射人先射马，擒贼先擒王。我何不直捣中坚，捉住宋朝皇帝！"于是他跃马挺枪，奔着宋太宗就冲过来。潘美等各位将领这时被耶律休格等两员勇将冲击得自顾不暇，手忙脚乱，哪里还管得了太宗。耶律沙疾驰过来，竟没人抵挡。宋太宗急得三魂出窍，连忙招架，终于支持不住，在士兵的保护下败退。耶律休格把各军聚合起来，继续追杀宋军，一直追到了涿州。

宋太宗正想勒马喘息，突然耶律休格又冲过来。宋军魂飞魄散，也顾不得太宗，纷纷四处逃命。太宗慌不择路，跑了一会儿，竟然没有一人一骑追随左右，做了一个孤王。偏偏又山路崎岖，天色昏黑，太宗心惊胆寒，一不小心，连人带马，跌进一滩沼泽中，马腿深深地陷住，动弹不得。

太宗从地上爬起来，抓住缰绳，用力向上拉战马，费尽九牛二虎之力，马也一丝不动。这时，从远处又有一支队伍，打着火把冲过来。太宗连吓带累，出了一身汗，也顾不得坐骑了，从一条小道逃走。忽然看见路边停着一辆驴车。太宗双眼放亮，也不顾皇帝的尊贵，逃命要紧，跳上驴车，挥动鞭子，向南方落荒而逃，一刻也不敢停留。幸亏已是深夜，辽兵没有发现太宗，也没有人看到太宗的狼狈可笑的模样。

高梁河一战，宋军开始小胜，最后却败得凄惨。等潘美最后找到太宗，召集起残兵败将，检点人马，发现死亡、失踪的士兵多达一万多人，丧失的物资军械，更是难以数计，连皇帝宋太宗也几乎被辽兵活捉。宋太宗看着衣装不整、伤痕累累的士兵，想着刚才自己狼狈逃命的情景，伤心地流下了眼泪。

大家更是垂头丧气，只有伤心的抽泣声和痛苦不堪的呻吟声。宋军从宋太祖开国到太宗，经过大小战斗不下几百次，高梁河一战实在是第一次惨败，几乎全军覆没。遭受了如此惨重的挫折，太宗心情沮丧，闷闷不乐，脸上低沉阴翳，心事重重。因为当初攻占太原，降服北汉后，坚持继续攻取幽蓟的是他和崔翰；而且又是他亲自率兵出征，遭此惨败，他无法责备别人，也不能责问别人。他不仅为这次败绩而伤感，更加担心自己好不容易树立起来的威信，是否因为这次受挫而大打折扣，受到损害。他知道有很多将士是怀有怨气的，太宗现在有些后悔，当初不该不等军队实力恢复，执意仓促进军，致使兵败高梁河，损失惨重。

宋太宗带着战败了的宋军，撤退到金台驿。当初积极主张乘胜攻打辽朝的殿前都虞侯崔翰前往迎接安抚。宋太宗不悦地板着面孔，说："崔翰，你可把我害苦了。若不是你说得振振有辞，我可能会即刻班师回朝。现在却落到这般田地。唉，真不该听你的话。"崔翰见皇上把罪过推在自己头上，也不敢分辩，只低头听着，吓得面无人色，不知是否还能保住性命。太宗只是找个台阶，自己好掩饰一下脸面。毕竟计划是他定下的，也不好将崔翰治罪。

到达定州后，太宗便命令崔翰与定武节度使孟玄哲等留驻在定州，命令李汉琼屯驻在镇州，崔彦进等人屯在关南，阻止辽军马继续南下，巩固太原的统治，并随时准备再次与辽朝决战。太宗对他们说："辽朝一定会来侵扰报复，你们要通力配合，设置埋伏，两面夹击，可以战胜敌军。"石守信、刘遇出征违背了军令，八月，贬石守信为崇信节度使兼中书令，刘遇为宿州观察使；杨业护驾有功，任命为郑州防御使。然后，任命潘美屯驻河东三交口，其余将士，跟随宋太宗回到

京城开封。

当初，齐王赵廷美和武功郡王赵德昭都跟随宋太宗，出征太原，然后又随从攻打幽州。当宋军溃败时，一片大乱，只顾各自奔命，后来不见了宋太宗，大家都以为太宗已经遭难。于是有人建议说："国家不可一日无君。现在皇上下落不明，很可能已经遇难了。武功郡王赵德昭是太祖的子嗣，我们应该赶快立他做皇帝，安定民心，以免让辽朝有机可乘，掠夺我们的国土。"当然，也有人站出来反对说："这事不能这样做。如今皇上虽然还没有消息，并不能说已经遇难。还是再等一等，都去四处寻找，然后再商议，也不算晚啊。"正在双方争执不下、商讨不决、气氛紧张压抑的时刻，有人进来报告说："皇上还活着，现在已经来到金台驿。"这件事暂时平息下来。

太宗回到汴京以后，亲近的大臣便把有人谋立德昭的事告诉了太宗。太宗脸色顿时变得阴暗无光。他对这事非常敏感。但很快太宗便恢复了自然，若无其事地说："当时乱成一片，罪不在他们。"其实，太宗自从即位以来，一直疑心有人在猜忌他即位的合理性。他之所以急着发动统一战争，一来为了像太祖那样建功立业，树立并提高自己的威望与号召力，以此向世人表明他是太祖的皇位与事业的继承者；二来是以战争的紧迫来转移世人的注意力，不再聚集在他的仓促即位的问题上。虽然他取得了连续的几次胜利，心中却始终没有轻松过。尤其刚刚在高梁河被辽朝打得大败逃回，名誉扫地，太宗的心就更加脆弱敏感了。

现在，竟然发生着他所担心的事情，他是无论如何也高兴不起来的、他又不便大发雷霆，只得强压着心中的恼怒，装出一种毫不在乎，仁爱宽厚的面孔。大家纷纷称颂太宗宽宏大量，气度不凡，可谁又能看透太宗此刻的心境呢？

但凡心中有事的人，不论他如何掩饰，总会暴露出些端倪来，太宗被谋立德昭一事弄得方寸紊乱，一时有些把握不住自己，连各位将士攻取北汉的功劳也不再论赏了。于是将士们的意见和不满越来越大。

赵德昭哪里知道太宗的心思，他只是以为太宗刚刚战败，所以心情不佳。德昭根本没有把发生在自己身上的那件事放在心上，现在，太宗久久不进行攻取太原的赏封，将士们都怀着怨气，大臣们也说不妥。赵德昭便借机进宫，奏请太宗，尽快论功行赏，安抚众将和士兵，平息他们的怨恨。太宗正在为德昭的事生气上火，没想到他竟然还来要求赏赐，这不正是"薄言往愬，逢彼之怒"嘛。太宗不禁火上浇油一般，"啪"地一拍龙案，厉声说："你着什么急？赏赐又跑不掉的！等你自己做了皇帝，再行赏也不晚呀！"

赵德昭见太宗这么声色俱厉，怒火冲天地呵斥他，不知道是为什么。他自己也是个性情刚烈的人，突然遭受无名的委屈，心中非常羞辱。他满脸通红，瞠目结舌，哑口无言，惊愕在当场，不知发生了什么事。

蓦地，他幡然醒悟，意识到了什么，也不再听太宗说话，也不告辞，转身跑出宫门，回到他的府第。赵德昭一边疾走，一边问左右的随从："带刀了吗？"随从们见德昭特别激动，怕闹出乱子，不敢给他刀剑，只好说："我们进宫，不准许携带武器，所以身边没有带刀。"赵德昭气愤难消，迅速走到茶酒阁，关上阁门，从桌上拿起一把锋利的水果刀，猛地往脖颈上一抹，顿时鲜血像箭一样喷射而出，溅到墙壁上，如同绽开的玫瑰。等有人惊觉，撞开门抢救时，赵德昭已经倒卧在血泊之中，气息全无。府中立即哭声震天，早有人急奔宫中，奏报太宗知道。

太宗听说赵德昭羞愤自刎而死，大吃一惊，立刻后悔说话过重。但是没有想到德昭只因为太宗的一句话就自尽而死，如此刚烈。宋太

宗连忙赶到武功郡王府，抱着赵德昭的尸体，放声痛哭。边哭边说："痴儿啊，傻孩子，叔皇只是气头上的话，你怎么也当真，这么快就要自寻短见呢？"太宗哭了一会儿，便命令用亲王的礼仪安葬，诏赠中书令，追封魏王，谥作"懿"。

第八章
镇州大捷太宗赏功　辽帝亲征助威督战

太平兴国四年（公元 979 年）九月，辽朝将领耶律沙等击败宋军，辽景宗论功行赏后，又要报宋军围困幽州的怨仇，当即派遣南京（幽州）留守燕王韩匡嗣与耶律沙、耶律休格等人，领兵十万入侵镇州，驻扎在满城西面，布列方阵。镇州都钤辖、云州观察使刘廷翰得到警报，急忙邀集崔彦进、李汉琼、崔翰、赵延进等人率部抗击。刘廷翰先派兵在徐河摆开阵势。崔彦进得到通知后，悄悄地率军队从黑芦北面出发，缘长城口，马衔枚，蹑手蹑脚地绕到敌人后面。这时，李汉琼与崔翰也领兵相继来到。

在这之前，辽朝入侵的警报传到京师时，宋太宗亲自制定了作战的计划，并画出阵图，要求他们分为八阵。等到宋军到达满城时，辽朝军队已大兵压境。右龙武将军赵延进登上高处，眺望敌情，发现敌兵不见边际。崔翰等人正在按照太宗预先传授的图形排兵布阵。每两阵之间相距各有一百多步，首尾互不相接，将士惊疑惧怕，毫无斗志。仗还没打，败形已露。

赵延进对崔翰说："皇上把边疆大事委任给我们，就是期望我们克敌制胜。现在敌人骑兵东西排开，而我们军队布阵零星分散，势力悬绝，无法互相照应。敌人如果乘机攻击我们的空隙，将如何应付！我们不如把军队聚合在一起，形成一股强大的力量，攻击敌兵，一定

可以决胜。我们虽然违背了皇上的旨令，但是能获得战斗的胜利，不比兵败辱国强得多吗？"

崔翰等人不敢擅自更改太宗的旨令，说："万一不能取胜，那该怎么办呢？这个责任可谁也负担不起呀！"赵延进胸有成竹，满怀自信地说："倘若战败，我赵延进一个人承担责任！"崔翰等人还是犹疑不决，怕擅改诏令，即使胜了，也会被太宗怪罪。赵延进非常焦急。

这时，镇州监军、六宅使李继隆说："用兵打仗贵在随机应变，灵活机动。作战方案必须按照实际情况，具体制定实施，哪能够事先预定呢！违背诏令的罪过，就请让我李继隆一个人来承担吧。为了我军能取得胜利，请因时制宜。"在赵延进和李继隆据理力争、甘愿承当责任的情况下，崔翰等人才决心改原来的八阵，合为二阵，互相接济回应。

军阵布完之后，这几位富有作战经验的大将又商议应敌方案。崔彦进建议："我们可以用诈降的计策，引诱敌兵进城，再用埋伏计，掩杀敌兵，定可以大败辽军。"李汉琼也点头同意。

刘廷翰说："我素来听说，耶律休格智略宏远，料事如神。这诈降的计策怎能骗到他呢？"李汉琼笑说："将军只知其一，不知其二。这计策确实骗不过耶律休格，却正可以骗得韩匡嗣。韩匡嗣这个人最是好大喜功，刚愎自用的。这次恰恰他是主将，全权在握。耶律休格虽有智谋，不归他决策。虽然善于料敌，韩匡嗣却不见得肯听他的"。

"而且，韩匡嗣这回领军攻击我军，又正当我军刚刚在高梁河大败不久。我军假如去诈降，他必然不会怀疑其中有诈，一定以为我军是不堪再战，慑于他的威名，所以望风而降。如果怕他不相信，还有一个使他准信不疑的法子，就是双管齐下。一面约他进城，献出城来降他；一面赍献粮饷，以表示我们实在出自诚意，他断然不会不信的。"

刘廷翰觉得还算周密，也微微颔首："既然如此，就依两位将军的计划行事。"

于是，刘廷翰派遣使者带着粮草来到辽营请降，说了一些吹捧韩匡嗣的华丽之辞，直把韩匡嗣听得眉开眼笑，晕晕乎乎，果然信以为真，接受粮草。然后询问来使："你们主帅决定在什么时候献城归降呢？"使者回答说："我家主帅曾说过，如果元帅您见许，愿意容纳，事不宜迟，尽早定期，明日归降。"韩匡嗣见宋军投降之心还特别急切，高兴地满口许诺，并重赏了使者，让他快些回营复命。

宋军使者走后，耶律休格进帐谏阻说："宋军整齐精锐，不会甘心屈从，还没有交战，便来请降，一定有名堂。万万不可轻信，免得中了敌人的诡计。"韩匡嗣不以为然地说："人家实在出自一片诚意，不会是诈降。你要知道，粮草是主要军需物资，如果他是诈降，怎么愿意把粮草先行送献呢？"耶律休格说："送献粮草，或许正是一个钓饵，要想取得更多的东西，必须先让出些，让我们上当受骗。有一句话叫作'欲取姑与'，说的就是这个道理。"

韩匡嗣微微一笑说："将军未免太过虑了。暂且不说先献出粮草来诈降不合事理；就是以我军的军威论，不久前在高梁河杀败宋军几十万雄兵，理应使他们人人气短，个个胆寒。而今我军复出，他们怎能不害怕我军的威风？所以这次来投降，极有可能。那么，为什么不给他们一个机会呢？我们也可兵不血刃，就立一件大功。"耶律休格没办法，只得提醒韩匡嗣："虽然这样，还请元帅审慎小心才是。"韩匡嗣并不放在心上，他似乎有些鄙夷不屑的样子，大咧咧地说："不必担心过度！就算他是诈降，我们锐气方盛，敌人是残兵败卒，当然也不怕他。"耶律休格劝服不了韩匡嗣，怀着一股气退回自己的队伍，命令不许妄动。韩匡嗣和耶律沙便整顿兵马，预备明日进程，接受宋军的投降。而他万万没有想到此时的宋军已经部署完毕，刘廷翰埋伏在城西，崔彦进伏兵在城东，崔翰伏兵城北，赵延进设伏城南，李汉琼在离城十五里的大路两侧潜伏，专等辽军到来。

到了第二天，韩匡嗣与耶律沙率领兵马，直向镇州城来。到了城下，只见城门大开，却不见一兵一卒，连个人影也没有。韩匡嗣还蒙在鼓里，不知中计。他疑惑不解地对耶律沙说："刘廷翰昨天派人约定，今天献城归降，怎么他倒带着兵马逃跑了，留下这一座空城给我呢？"耶律沙总算有些见解，他大惊失色，说："不妙了！宋军不是弃城逃跑，而是不知埋伏在哪里了。我们中了敌人的奸计啦！"韩匡嗣这才明白过来，惊慌地说："火速退兵！"话音还没落地，只听四面战鼓齐鸣，沙尘满天，宋军伏兵一齐杀出，呐喊着冲上来。韩匡嗣等人正想逃奔，哪里还来得及，被刘廷翰、崔彦进、崔翰、赵延进围在中间，李汉琼又领兵截断了辽兵的退路，瓮中捉鳖，数万宋兵奋勇砍杀，痛击辽军。

韩匡嗣仓促之间不知所措，直吓得六神无主。士兵更是心惊肉跳，东奔西窜，四处逃遁。溃败的辽兵冲出包围，朝西山方向退却，进入山谷之中。宋军奋起直追，把辽军赶到遂城西部，又斩杀了一万多人，俘虏了三个辽军将领，获得战马一万多匹，兵器军帐更是堆积成山。韩匡嗣丢旗弃鼓，逃回辽朝，其余的士兵败走易州。只有耶律休格一部没有损失，边战边退，慢慢地回到辽朝。

辽景宗见韩匡嗣兵败逃回，非常恼怒，指着他的鼻子说："你这次出兵，犯下五条罪过。一是违众深入，二是行伍不整，三是弃师鼠窜，四是侦察失机，五是捐弃旗鼓。身为主帅，罪不可赦，立即斩首。"后来经过皇后的全力相救，才捡了一条活命。辽景宗命令耶律休格总管南面的部队。

这年十月，镇州大捷的消息传到京城，太宗很高兴，下诏褒奖了刘廷翰等人。五天后，太宗心情更好些了，开始进行从征太原以来的论功赏赐。这事本该在太原收复后就进行的，但太宗攻取幽蓟心切，一直耽搁至今，使得将士在战斗中没有动力。高梁河一战大败，与师劳兵疲，给养不足，对敌人估计过低有关，而没有及时行赏，损伤了将士作战积极性也是很重要的原因之一。

后来赵德昭还因此自杀。太宗现在才开始赏功，已经略嫌太晚。但是将士们仍然欢欣鼓舞。齐王赵廷美进封为秦王，宰相薛居正兼司空，沈伦加左仆射，卢多逊兼兵部尚书，枢密使曹彬兼侍中。文武官员预平太原的，一律按级别有所晋升。另外，太宗因为杨业始终镇守边疆，特地命他知代州兼三交驻泊兵马部署。

太平兴国五年（公元 980 年）三月，天气日渐和煦，辽景宗再次派兵入侵，命令耶律沙为统帅，耶律休格为副帅，耶律色珍为监军，率领十万军队，直取雁门关。耶律沙在雁门关下一条线扎下无数营寨，只见旌旗泱泱，军马煌煌，威风凛凛，杀气腾腾。代州刺史杨业探明辽兵军情，命令儿子杨延昭守住州城，自己率领麾下骁勇善战的骑兵几百人，潜师夜起，从西径关出发，绕到雁门山的北山口，往南向袭击辽兵。

当时正是深夜，星光暗淡，更鼓沉寂，辽兵正在酣梦之中。杨业陡然一声令下，手挥金刀，骤马直抵耶律沙中军大营。辽军梦中惊醒，以为神兵天将，乱作一团。一会儿时间，尸横遍野，满地血溅。辽朝驸马侍中萧咄李也随军出征，被杨业遇见，一刀劈死。辽军哪里还敢拼死，一齐溃散，黑暗中互相冲撞践踏，又死伤无数。都指挥使李重海被杨业赶上，活捉回来。从此，辽军被杨业吓破了胆，把杨业称为"杨无敌"，每当望见杨字旗号，便不战自退。

雁门关的捷报奏达朝廷，太宗正好上早朝，见到捷报，喜笑颜开，对众位大臣说："朕有杨家将，边患就不必再担忧了！"立即下诏重赏杨业，杨家将的威名，也更加广泛地传播。而在边疆屯驻的将领，见

一位北汉降将，居然受到朝廷如此隆重的恩遇，不禁心生嫉妒。有人暗地里上书，无事生非，诽谤杨业。太宗一律不问，把呈上来的奏章封起来交付给杨业，让他自己处理。杨业为大宗的信任深深感动，杀敌愈发卖力，不畏艰险，誓死守边。

这年十月，辽景宗因为连续入侵宋朝，在镇州和雁门关都被打败，很不甘心，便命令巫师祭祀天地和兵神，准备再次南下侵宋。这次，辽景宗决定也仿效宋太宗，亲自出征。十月十一日，祭战旗和战鼓，两天后便抵达幽州。十月十九日，辽景宗耶律贤率兵围攻瓦桥关。瓦桥关与益津关、淤口关合称为"三关"，城外有一条河流过。瓦桥关的将士，因为辽兵两次大败，产生了轻敌情绪，几乎被辽兵攻破城池。十一月一日，宋军乘夜偷袭辽营，没有成功，反而被有所戒备的辽节度使萧干、详衮耶律赫德打败。

十一月三日，已经因功升为北院大王的耶律休格从瓦桥关东面进攻宋军。宋军守将张师拼命抵抗，突出重围。辽景宗耶律贤亲自上前督战助威，耶律休格跃马闯入阵中，左冲右突，赶上张师，把他斩落马下。宋军见守将被杀，望风披靡，败退回城，坚闭城门，任凭辽兵百般辱骂，就是不再出战。十一月九日，宋军城中粮饷渐渐尽绝，只得出城决战。宋军在河水南岸布列军阵。耶律休格率领精锐骑兵要强行渡河作战。辽景宗看到耶律休格的战马披着黄色护甲，格外地耀眼，容易被宋军识别，合力攻击，急忙命令他换了一匹白马，披上黑色护甲，与普通将领毫无区别。

耶律休格带头冲下河去，奋力抵挡着对岸的宋军，让越来越多的辽军乘机渡过河去。宋军虽然仗着河水的优势，杀伤众多敌兵，但随着辽军越渡越多，兵力对比发生转折，宋军渐渐不支，大败而退，弃了瓦桥关，逃向莫州。耶律休格率兵追杀，一路上宋军死伤惨重，满目尸身，丢盔弃甲，军旗枪械遍地。几位宋将也被生擒活捉。辽景宗赐给耶律休格御马金盏，夸赞他说："卿的英勇比你的名声还要厉害三分，如果人人都和你一样，我就没有失败的担忧了！"

太宗接到瓦桥关失守的消息，分外担心。十一月十七日，太宗以秦王廷美为东京留守，宣徽北院使王仁赡为大内都部署，枢密承旨陈从信为副。然后下诏，再次亲自领兵抵御辽军。二十四日，太宗行军至长垣县。关南派人来报告说大破辽军，杀敌三千多人。太宗命令崔彦进为关南兵马都部署。

辽景宗获得瓦桥关胜利后，把莫州围攻了几天，显示一下威武后，便带兵退走了。这时太宗大军也才到大名。听说辽兵自行引退，想要再次征伐幽州。立即任命刘遇充任幽州西路行营壕寨兵马部署，卧钦祚为都监，曹翰担任幽州东路行营壕寨兵马部署，赵延溥为都监。然后，命令宰相询问翰林学士李昉、扈蒙等人，对再次征伐幽州有什么看法。

李昉说："幽州固然应当征伐，但此时条件还不具备。应该暂息雷霆，等待时机。"太宗说："朕心意已决，你如没有充分的理由，就不要再阻拦了。"李昉极力进谏说："陛下虽然很有决心，但仍应当审时度势。现在我军刚败，士气低落，不可立即起兵；另外，辽朝势力正是强盛，上下一心，这时我们切不可冒险，冲突他的坚锐。如果陛下不全盘深入地考虑策划，只是凭一时的愤怒，轻易起兵讨伐，万一不幸而再蹈高梁河战役一样的危机，那就后悔莫及了。还愿陛下慎重行事。眼下我们应该蓄养骁勇善战的将才，广积储备，过几年再征伐也不晚啊。"

太宗听李昉提到高梁河，情不自禁地抽搐了一下。那场战役至今犹如一场噩梦，他陷身泥沼，仓皇逃命，九五之尊，窃乘驴车，现在想起来仍觉得毛骨悚然，浑身发冷。于是，太宗听从了李昉的劝阻，下诏南归。同时命令曹翰部署修缮雄州、霸州、平戎、破虏、乾宁等州军的城池，开挖南河，从雄州到莫州，凿通漕运，筑起大堤，防止水势，调来民夫几万人，在北部边境砍伐木材备用。辽朝听说此事，立即派兵来扰乱，曹翰派人在边境上点起浓烟，辽军怀疑有宋军埋伏，急忙退却，不敢靠近边塞。宋人趁机砍伐了几万株巨木，搬运回来，大大缓解了对木材的急需。

十二月十六日，太宗等人从大名回到汴京。但他心中却始终放不下进攻幽州的事。朝廷的大臣，多数迎合太宗的旨意，都说应当急速攻取幽、蓟。左拾遗、直史馆张齐贤独排众议，上疏谏阻说："当今海内一家，朝廷内外无事，圣上所思虑的，难道不是以为新近平定河东，守兵还很多，幽燕尚未攻下，辇运尚很繁重吗？以臣的愚见，此事不值得忧虑。在河东刚刚攻下的时候，臣担任忻州知州，捕获辽朝的纳粟典史，都说自山后转运，给予河东。按臣的估量，辽朝能够自备军粮，对于太原不是不尽力，然而河东终于被我们攻取，是力量不足的缘故。现在河东刚刚平定，人心还没有稳固，岚州、宪州、忻州、代州等地没有军寨，一旦辽朝入侵，则田野、牧场顿时丧失，骚扰边境则守御防备令人忧虑。国家守卫要塞，增设壁垒，控制扼守左右，边疆防守甚严，恩信施行，民心安定；辽朝于雁门、阳武谷前来争夺小利，这是意料中的事。圣人行事，举动必求万全周密。百战百胜，不如不战而胜。如果慎重考虑，则辽朝不足吞并，幽蓟不足攻取。自古以来，疆场战争带来的灾难，并非全是来自敌国，也有很多是边境官吏的骚扰所招来 的。如果沿边境各寨安抚驾驭得人，只要峻垒深沟，积蓄力量，养精蓄锐，以安逸自处，我方安宁，必招致人民前来，这是战国名将李牧为赵国守边所实行的策略。这就是说选择兵卒不如选择将帅，任用死力不如任用人才。这样则边邑安宁，边邑安宁物资转运减少，转运减少则河北人民可以获得休养生息了。然后，发展农事稼穑，蓄积谷实，供给边疆。敌人也知道择利避害，怎么会自投死地，再来骚扰呢！臣听说以天下四方为家的，以天下为心，怎能只争夺尺寸之事，角逐强弱之势呢！所以，圣人先务实根本，而后追求末业。安定内政来资养外事。内部安定，根本稳固，陛下用德政安抚远方之人，用恩惠来勤勉民众。那么，远方的百姓贤俊，必然争相投奔而来。臣请求陛下审慎择用通学儒士，分路采访两浙、江南、荆湖、西川、岭南、河东，凡是假传旨命征收苛重赋税的，立即予以改正。各州有不利于百姓的事，委派当地最高官吏及时奏闻，使天下都知道陛下的仁德，感戴陛下的恩惠，那么，陛下可得天下，辽朝、幽蓟能算得了什么呢！"张齐贤此番鸿篇大论，把太宗听得连连点头称赞。他被张齐贤说服，不再犹疑着要攻取幽蓟了。

第八章　镇州大捷太宗赏功　辽帝亲征助威督战

第九章

攻辽计划暂时搁置　赵普得势陷害廷美

　　太平兴国六年（公元 981 年）正月，太宗设置平塞军、静戎军，纪念收复北汉，以表达自己渴望边塞安宁，有朝一日再打败辽朝，平定边患的心意。不久，易州打败了又来骚扰的辽军几千人。

　　七年五月，辽朝上京发生汉军暴乱，准备劫持拥立喜衮。因为祖州城坚固险要，易守难攻，无法入城，只得立了喜衮的儿子留礼寿。上京留守除室率兵擒获了留礼寿，不久被诛杀。一年后，才赐喜衮死。六月，太宗听说了辽军乱的消息，又动了征伐辽朝的心思。

　　不巧，这时司空平章事薛居正去世。薛居正性情宽厚简朴，不好苛察。从参知政事到宰相，共十八年，始终受到朝廷的恩宠。他因为服食丹砂中毒。这天上朝准备奏事，在途中突然发病，不能动弹，等人用车把他运回家中，不久便死去了。薛居正没有儿子。他的养子薛惟吉，素来不学无术，游手好闲。

　　因此，太宗亲自到薛居正家去吊唁哀悼。他为自己失去了一个贤相而伤心，眼泪潸然而下，同去的人也不禁深受感动。薛居正的妻子听说太宗亲临，急忙出来，陪拜在灵棚的旁侧，泪如雨下，泣不成声。太宗温言安慰她好久，要她节哀顺变，不要伤心过度。然后问道：“不肖的儿子在哪里？现在比以前改正得好多了吗？是否还是那样不成器？”薛惟吉正跪在灵柩旁，听见太宗这么说他，惊怕得连头也不敢抬。

从此，惟吉洗心革面，浪子回头，潜心读经，涉猎经史，亲近贤士。后来，太宗了解薛惟吉尽改前行，修饬为善，几次委任他藩镇重任，所到之处都称赞他，累迁左千牛卫大将军，他母亲去世时，按照惯例，卒哭后应当起复为官，惟吉恳求按制度办事，太宗特地下诏，不必那样。

七月，太宗准备大举伐辽。派使臣赐渤海王诏书，命令渤海王发兵响应。约定灭辽以后，幽、蓟归还中国（宋王朝），北漠之外全部归渤海。但渤海却无人南下。太宗后来又派使前往高丽国，诏令发兵西行与宋军会合，高丽也不予响应。

九月，左拾遗、直史馆田锡得罪了宰相卢多逊。卢多逊专权，群臣章表，不先禀告卢多逊，那么有关部门就不敢通报给皇上。谏官上书言事，卢多逊必令阁门吏按照固定格式写作"不敢妄自陈述利便，希望恩荣"。田锡写信给卢多逊，请求免去固定的套式。卢多逊非常不高兴，找借口把田锡贬为河北南路转运副使。

田锡离开京城时，进宫向太宗辞别，并借此机会直接向太宗密奏，说到了军国机要，朝廷大体。他说："行赏勿过时，是国家法令保持威严和信用的原则。两年前，圣上亲征，讨伐北汉，克平太原，但没有及时赏赐军功，到现在已两年。请继续保持郊祀耕籍的典礼，议定平复北汉的功劳、分别行赏。驾驭军队武将，没有比及时论功行赏更重要，这是军国的机要啊。交州是瘴疠之地，疾病流行。我们即使得到它，也不过像获得一块长满石头的田地。我军进攻交州，士兵们多染炎瘴，死掉不少。愿陛下不要在那里屯兵，徒费财物。这是第一件大事。

"近来谏官的职责几乎废掉，给事中不敢封驳朝事，拾遗、补阙等职也不敢进直言，起居郎、舍人不能上殿奏闻四方动向，御史也不

能弹劾奏事，中书舍人也不再资访政事。臣以为这些官员都积蓄了一肚子的话，想等待圣上顾问，乞望圣上清闲之时，召见他们并询求时事，让他们尽献忠诚，展示才能。另外，集贤院虽有书籍，却没有职官；秘书省虽然有职官，却没有图籍，愿陛下选择良才，加以任命，使他们各自管理这些机构，这是第二件大事。

"朝廷开辟西苑，而尚书没有厅事，郎曹没有自己的机构，九寺、三监寄住在天街两侧的廊房里，礼部考试士子要到武成王庙，这难道是太平年代的制度吗！企望陛下译令，另外修建省寺府衙，让他们有地方处理公事。这是第三件大事。

"臣经常在大街上碰见很多囚犯，带着沉重的枷锁铁镣，令人惊骇。政治隆平的年月里，不要滥施刑罚，在既定律法中没有的惩罚，可以免去了。这是第四件大事。"

太宗觉得田锡说得非常合理，颇有见地，很是喜悦，降诏褒奖他，并赐钱五十万。有人对田锡说："你现在应该少说些耿直的话，免得招人谗忌。"田锡说："我事奉国君忠诚不贰，唯恐不能竭尽全力，况且我天性这样，岂能一次赏赐就夺去的呢！"

到了河北任上，田锡再次派驿使带给太宗他的表章。这次是向太宗进言边疆之事。田锡在疏章中说："现在北部边境出现了骚动不宁的现象，大都是由于在边境任职的官员大将，把谋取羊马小利看作胜利，把捕杀几个盗贼，战胜小股敌兵看作大功劳。其实，农民暴动和敌兵入侵，都是从这些引起的。臣恳请陛下申令整饬将帅，巩固边境，遣还俘虏以及掠夺来的财物，允许与辽朝等族互通交易市场。使河朔一带的人民能够安心务农，不出五年，就可以积蓄十年的储备。"田锡又说："国家图谋，攻取幽蓟以来，连年用兵，不得稍懈，财物器用不得不大量消耗，人民臣子不能不忧虑万分。愿陛下精心思虑，慎重地决定取舍，不要使战争旷日持久。"

张齐贤、田锡等人都建议太宗不要总是把注意力放在对外战争上，而是要安定国内民心，发展生产，整顿吏治，严肃法纪，剔除苛税，减轻刑罚。可以说，两人看到了近期来出现的危机，连年的对辽战争，消耗很大，带来一系列的不安因素。认为不可继续对辽用兵，至少时机不到。他们二人的确抓住了事物的根本。但是他们只看到对辽朝的战争失败带来的不利，却没有认识到幽蓟地区是必须要攻取的。不收复幽蓟地区，不把辽朝赶到长城以北，那么河北地区就不得安宁，河北不得安宁，那么河南也别想高枕安卧。当然，攻取幽蓟的时机并不成熟，不能操之过急。到现在为止，太宗攻辽的心思暂时放下了。而此时，在朝廷内部，又掀起了一场激烈的政治斗争。

太宗还未即位前，那时还是开封府尹的他与宰相赵普发生了权力冲突。赵普辅佐太祖称帝有功，在重大国事问题上，赵普在太祖面前敢于犯颜力争，处理政事刚毅果敢，太祖很信任他。但赵普为人方面，睚眦必报，还曾经收受贿赂。卢多逊与赵普不和，多次在太祖面前攻击赵普的短处，后来，雷有邻击登闻鼓，状告赵普迫害父亲雷德骧，以及赵普包庇违纪大臣，再加上赵普反对赵光义即位，太祖终于罢免了他的宰相职务。后来虽然起复，但不再像以前那么受到信任了。

太宗即位后，卢多逊又在太宗面前攻击赵普，赵普只得又奉朝请，只是春朝秋请而已。而这时，卢多逊的权力越来越大，宰相薛居正死时，次相沈伦因病休养，中书大权握在卢多逊的手中。卢多逊专理朝政，赵普奉朝请多年。卢多逊愈发诋毁他，说赵普当初并没有立赵光义为帝的意图，赵普愁闷而不得志。

赵普有个妹夫侯仁宝，住在洛阳，家有豪华府第，大片良田。侯仁宝优游自乐。赵普为宰相时，侯仁宝分管西京。赵普罢相后，卢多逊因嫌恶赵普，便把侯仁宝调到岭南以外的邕州去做知州，像充军一样。赵普虽然心痛，却无力救护他。侯仁宝到了邕州，一待就长达九

第九章　攻辽计划暂时搁置　赵普得势陷害廷美

年，朝廷好像已经把他忘记了，竟不调动他。太平兴国五年（公元980年）秋七月，交州（越南河内一带）的交趾郡王丁琏和他的父亲丁部领相继死去，丁琏的弟弟丁璇暂时代理静海军节度使的事务。丁璇年纪还幼小，大将黎桓将丁璇幽禁，据有交州。这时，侯仁宝看到了机会，心想，我不能就这么老死在岭外。于是，侯仁宝趁机上疏宋太宗："交州主帅被害，国内一片慌乱，我们可以乘机夺取。我愿乘驿传前往京师，向殿下当面陈述具体情况。"太宗看了奏章，很高兴，便要令驿站召侯仁宝回京，当面询问一切。卢多逊知道此事，急忙入朝面奏太宗说："交州现在正值内乱，这实在是上天灭亡他们的时机。但只可以袭击，不便明加征伐。陛下如果召侯仁宝回京，密谋必然会泄露，一旦机谋外泄，交州便会预作准备，就不容易攻取了。不如密令侯仁宝就近暗地起兵，突然袭击，攻其不备，长驱直入，才是万全必胜的计策。"太宗认为卢多逊讲得很有道理，便依照他的奏议，密旨命令侯仁宝为交州路水陆转运使，孙全兴、张浚、崔亮、刘澄、贾浞、王僎为兵马部署，率兵南征，水陆并进。孙全兴、张浚、崔亮由邕州出发，刘澄、贾浞、王僎从廉州出发。黎桓闻知侯仁宝发兵来攻，派使者上表继承节度使职务，太宗未予允许。

太平兴国六年（公元 981 年）三月，交州行营在白藤江口大败交州军，杀敌一千多人，缴获战舰二百艘。于是，侯仁宝率兵首先进军，孙全兴等人在花步按兵不动七十天，等待刘澄。侯仁宝几次催促他，孙全兴等人就是不走。等到刘澄到达，合并起军队，从水路抵达多罗邨，没有遇到交州兵，又擅自回到花步，侯仁宝变成了孤军深入。交州黎桓假托出降，引诱侯仁宝。侯仁宝相信了，放松了戒备。黎桓在深夜领兵冲进宋营，把侯仁宝杀死在乱军之中。当时宋军多患上炎瘴，死伤很多。转运使许仲宣飞马驰奏太宗，说侯仁宝战死，请求班师，也不等回报，便让各军分别屯驻各州，开库赏赐，供给医药，对人说：

"如果等着批示，那么这里几万兵士就会积尸在荒野了。"太宗接到奏章，格外恼怒，立即诏令班师，只将孙全兴、刘澄、贾涩问罪。刘澄和贾涩在邕州被斩首。把孙全兴下狱治罪，弃市处死。赠侯仁宝为工部侍郎。紧接着，黎桓又派使臣前来进贡，再次请求节度交州之职，太宗只好答应，马马虎虎了结了这事。而赵普见卢多逊害死了他的妹夫侯仁宝，恨得咬牙切齿。

赵普的儿子赵承宗，娶燕国长公主的女儿。赵承宗当时为潭州知州，接到诏令，回京师举行婚礼，还不满一个月，卢多逊请求太宗命赵承宗立即回潭州任上去。赵普见卢多逊欺人太甚，对他恨之入骨，日夜图谋要除掉，后来卢多逊重新入朝执政，而机会终于让赵普等到了。

太平兴国六年（公元 981 年）三月，太祖之子、兴元府尹赵德芳突然死去，年仅二十三岁。太宗哭了几声，诏赠为中书令，追封为岐王，谥为"康惠"。太祖驾崩时，宋皇后命内侍王继恩召的就是赵德芳，而王继恩没有去召赵德芳，反而召进当时是晋王的赵光义，太宗才得以即位皇帝。所以，这次年轻的赵德芳突然死去，在朝廷内外又引起一阵惊慌。大家都有猜疑，其中是否含有政治阴谋，但谁也不敢明说，不过几个关系亲近的人凑在一起，私下议论一番。

这时，心中最忐忑不安的就是秦王赵廷美了。当初，昭宪太后遗命太祖，传位于赵光义，光义传位于赵廷美，赵廷美传位于德昭。太宗即位后，便命赵廷美为开封府尹，封为齐王，与太宗即位前的身份与位置一样，亲王任京尹，表明将要继承皇位。现在，德昭已经白刎身死，而赵德芳义又年纪轻轻地突然死去，赵廷美感到自己的处境非常不妙。他好像看到一只黑手，正悄悄地向他抓来。他有些坐立不安，心神不宁。他一直小心翼翼地活着，处处提防。太宗亲征北汉，本来要他在东京留守，他为了减少太宗的疑心，还是请求太宗跟随着车驾

出征了。在平时，他也暗中拉拢一些亲近的大臣，送给他们许多财物。当朝权威势重的宰相卢多逊和他交往密切。即使如此，他还是越来越感到一种危险潜伏在他的周围，渐渐地在扩散、生长，把他牢牢地笼罩着，包裹起来。秦王赵廷美更加收敛起锋芒，每天深居简出，只在秦王府邸中寄情声妓，醉心歌舞。然而，他所担心的事情终于还是不幸地发生了。

太平兴国六年（公元981年）九月，原来是晋王府旧幕僚的如京使柴禹锡、赵镕、杨守一，突然一起掀起轩然大波。他们直入内廷，密告太宗，说秦王赵廷美骄恣放纵，将要有阴谋在暗地发动。太宗即位后，把皇弟赵廷美封为齐王，后又晋封为秦王，仍以亲王任开封府尹，是在向世人表明，他的确秉承昭宪太后以及太祖皇帝的意思，依次传递皇位。那么，他本人的即位因此显得合情合理，不存在篡夺的嫌疑。但太宗心中一直在疑忌秦王赵廷美，派人暗中注意他的一举一动，担心赵廷美会突然作乱，取代他的皇位。

现在，太祖的两个皇子德昭、德芳已相继死去，威胁他的皇位的只有秦王赵廷美了。于是太宗更加集中精力，对付赵廷美。赵廷美一日不倒，太宗就一日难安。现在他的旧僚来告发秦王，正中太宗下怀。他的这些幕僚，从他任开封府尹时就为他卖命，察言观色，对太宗的喜怒哀乐格外熟悉，往往能迅速体会出太宗内心的意图，这次告发秦王赵廷美，应该还是按照太宗的意思来行动的，太宗心中很满意。

太宗需要有人来帮助他策划这件大事。此刻，他面前立即浮现出一个人的影子。这个人曾经参与了几次重要的大事，与他一起策划过陈桥驿兵变，他就是太祖时的宰相，现在只奉朝请的太子太保赵普。赵普虽然和他有过不和，还曾经压制他封王，反对他即位，那也只是一时一地的态度。赵普曾经位极人臣，专政多年，权势威重，现在受冷遇多年，必然渴望复出。太宗相信赵普为了切身的政治利益，一定会见风使舵，与他重新合作。而卢多逊专理朝政，又与秦王赵廷美的关系友善，不能依靠他来做这件事。赵普遭卢多逊诋毁，才被太祖罢去宰相，而卢多逊又长期压抑赵普，两人仇恨深入骨髓，赵普早就希望有朝一日翻身执政，扬眉吐气。于是，太宗决定召见赵普，与他秘密讨论秦王赵廷美被告发的事。

赵普听说太宗召见，兴冲冲地入宫。太宗见到赵普，亲自上前拉住他的手说："现在有人告发秦王廷美阴谋作乱，这件事关系重大，别人我都信不过。爱卿是开国元勋，办事果断刚正，周密稳妥。所以今天请你来商议，该怎么处理才好呢？"赵普一听，心中大喜，心想："我报仇的机会终于来到了。"想到这里，连忙毛遂自荐："臣愿请求陛下委我以重任，来查明奸臣的阴谋。"太宗见赵普果然应允，十分高兴。

赵普回到府中，兴奋不减，连夜在灯下写出一份奏章，秘密地递交太宗，表明自己的心迹。太宗饶有兴味地阅览赵普的密奏："臣为开国旧臣，被有权势而受到帝王宠信的人诋毁。"太宗继续向下看，眼光越来越亮，竟渐渐放出异彩，好像寻见了梦寐以求的宝物。只见赵普在奏章中写了他亲自参与并知道昭宪太后临终之命的事："臣有幸在昭宪太后驾崩前夕被召进宫，与太祖皇帝一并聆听太后遗命，并亲笔记下遗命内容以及太祖的誓言。后来，臣不幸因为憨直的缘故，权幸之辈竟然在太祖驾前，肆行诋毁，蒙蔽圣聪，耿耿愚忠，无从告诉。当时竟还有人诬告臣讪谤陛下的，所以臣在外迁时，曾上表自辩，澄清事实。太祖皇帝亲手把臣的表章封起，也藏在太后顾命的那个金匮里面。请陛下查核臣的上表，就可以证明臣的忠心和清白了。"

太宗一口气读完赵普的密奏，不禁拍案而起。他的脸上呈现出一种兴奋的颜容，双目有神，皮肤泛着红光，眉头舒展，眼角自带笑意。他又快速浏览了一遍放在书案上的奏章，慢慢地卷起放好，长舒了一

第九章　攻辽计划暂时搁置　赵普得势陷害廷美

口气。他重新坐下来，背靠在座椅上，让自己冷静一会儿。然后，太宗命人取来金匮，打开一看，里面果然有誓书，还有赵普的诉表。表上说："外人说臣轻议皇弟开封府尹，皇弟忠孝全德，岂容让人说三道四？在昭宪皇太后大渐之际，臣实在与闻顾命。知臣的是君，愿赐臣一个清白！"太宗见赵普献出了他所急需的证据，很高兴。

第二天，太宗再次召见赵普，对他说："哪一个人没有过失呢？朕不用等到五十岁，就已经知道前四十九年的不是了。而今以后，朕知道卿的确是忠臣。"当即面授赵普为司徒、兼侍中，封梁国公，并命他秘密察访秦王赵廷美阴谋的事。

六年十月，群臣奉表，给太宗加上尊号为"应运统天睿文英武大圣至明广孝皇帝"，太宗推辞，群臣连续三次上表恳请，太宗才准许。在乾元殿接受册尊号，内外文武百官加恩。

太平兴国七年（公元982年）三月，金明池水心殿落成，太宗将要到池中泛舟游乐。这时，又有人密告秦王赵廷美阴谋在圣驾幸西池时作乱，要早作防备。太宗装出不忍心的样子，罢免了赵廷美开封府尹的职务，改命为西京（洛阳）留守，赐给他袭衣犀带，钱千万缗，绢彩各万匹，银万两，赐居西京甲第一区。诏令枢密使曹彬，在琼林苑为赵廷美饯行。以太常博士王戬判河南府事，开封府判宫阎举判留守事。进柴禹锡为枢密副使，杨守一为枢密都承旨，赵镕为东上阁门使，这是赏赐他们告发赵廷美阴谋的功劳。然后贬左卫将军、枢密承旨陈从信为左卫将军，皇城使刘知信为右卫将军，弓箭库使惠延真为商州长史，禁军列校皇甫继明为汝州马步军都指挥使，定人王荣为濮州教练使，这些人都是因为与赵廷美交往过密，或是接受赵廷美的宴赏犒赐，而被太宗贬官。王荣还没走，又有人告发他曾向赵廷美的亲吏口出狂言："我不久就要当节度使了。"因而又获罪，被革除官职，永不录用，流放到海岛。

赵廷美虽然罢为西京留守，因先前曾受昭宪太后遗命，当继太宗位做天子，太宗尚未敢公开降罪赵廷美。他的心中还存着一丝矛盾，踟蹰不定。有一天，太宗就传位的问题问赵普，赵普此时也顾不得昭宪太后的遗命了，回答说："在传位问题上，太祖皇帝已经失误了，陛下岂容再误！"于是太宗决定把廷美治罪，赵普得以恢复相位。

赵普既得势，便要为赵廷美的罪案攀连卢多逊，明察暗访，搜罗他的罪证。卢多逊也明知赵普一旦得势，必然千方百计要找他报仇，心中非常担忧，茶饭无味。赵普曾多次暗示他，让他识相一些，尽早自行引退。但是卢多逊贪恋他的权位，下不了决心，不甘就此放手。也是卢多逊该当倒霉，赵普恰巧查访到卢多逊曾经派遣堂吏赵白交结秦王赵廷美一事，即时奏报给太宗。太宗大怒，责授卢多逊兵部尚书。

两天后，下令御史立案审问。逮捕中书堂官赵白、秦府孔目官阎密、小吏王继勋、樊德明、赵怀禄、阎怀忠等人，命令翰林学士承旨李昉、学士扈蒙、卫尉卿崔仁冀、御史滕中正等人，会同审讯。卢多逊知道逃不过的，只得全部招认说：自己曾经多次派遣赵白把中书机密要事密告给秦王赵廷美。去年的九月里，又命令赵白去见秦王，并且对赵廷美说："但愿宫车晏驾，臣尽全力事奉大王。"秦王廷美也派遣小吏樊德明答报卢多逊说："承旨所言，正合我的心意。"因此还赠送给卢多逊弓箭等物，卢多逊接受了赠品。

阎密起初给事赵廷美，太宗即位后，补为殿直，仍然隶属秦王府。他放纵横行，不守法度，讲话经常指斥朝廷。王继勋尤其受到赵廷美的信任，曾经替赵廷美四处求访歌妓，仗势贪赃受贿，强取豪夺。樊德明一向与赵白混得很熟，卢多逊是通过他们结交赵廷美的。赵廷美还派遣了赵怀禄私自召回同母弟军器库副使赵廷俊，与他商议机密。阎怀忠曾经为赵廷美到淮海王钱俶那里去索求犀玉带、金酒器，阎怀忠同时接受了钱俶私下送给他的白金百两、金器、绢扇等物品。赵廷美又曾派阎怀忠带着银慑、锦绣、羊酒，到他的岳父御前忠佐马军都军头潘潾的营中宴赏军校，培植亲近势力。这些人都已服罪，供认不讳。李昉等审讯明白，便把这些人的供状奏复太宗。

太宗诏令文武百官在朝堂会集，共同商议处置办法。太子太师王溥等七十四人，联名拟议复奏："谨案兵部尚书卢多逊身为宰相，心怀怨望，密遣堂史，交结亲王，通达语言，诅咒君父，大逆不道，扰乱朝纲，上负国恩，下亏臣节。宜膏铁钺，以正刑章。其卢多逊，请依照有司的判断，削夺他的官爵，准法处斩。秦王廷美，亦请同卢多逊处分。赵白等人，也该按律处斩。"奏议呈上后，太宗略有更改，适当减轻惩罚，也显得他顾惜兄弟之情和君臣之谊仁德宽厚。太宗下诏：削去卢多逊的官职，连同家属流放崖州，并将他们与远方的人配亲。赵白、樊德明、阎密、王继勋、赵怀禄、阎怀忠全部在都门外斩首，没收他们的家产。秦王赵廷美勒令从官府回归私宅，家中的男女一律削去封爵名号，恢复原来的名称，贵州防御使赵德恭等仍称为皇侄，皇侄女嫁给韩崇业，削去云阳公主、驸马的称号，并将韩崇业从右监门将军降为右千牛卫率府率，而且发遣到西京洛阳，到赵廷美家居住。五月，又以辅导无状的罪名，贬西京留守判官阎矩为涪州司户参军，前开封府推官孙屿为融州司户参军。这两人都是赵廷美的官属。

卢多逊动身去被贬的崖州，在路边休息吃饭。旅店中有一个老妇人，颇能讲一些京都的旧事。卢多逊和她搭言说话，这位老妪不知道和她讲话的人就是卢多逊。卢多逊问老妪："老太太从哪里来此？"老妪紧皱起眉头，说："我本来是中原官宦人家，有一个儿子在京城做官。卢多逊当宰相，命令我儿子违法去做一件事。我儿子不能顺从他的意图，姓卢的就治了他的罪，诬陷他违法违纪，把我们全家发配蛮荒之地。不到一年，我们骨肉相继沦没，只剩下老身流落在山谷。如今寄住在道旁，这也许是天意。那个姓卢的宰相，他妒贤嫉能，仗势欺人，专横骄傲，不守法令，终究会被治罪，流放到南边。老身侥幸，或许死之前能见到他，看看他的下场。"卢多逊听后，哑口无言，无趣地转身又上路了。卢多逊到了崖州，一直待到雍熙二年（公元985年），死在了那里，终年五十二岁。

赵廷美被勒令回西京洛阳后，赵普还以为处分太轻，恐他势力犹存，死灰复燃，自己不但官位保不住，而且这条老命也要搭进去了。于是，赵普便又捏造事故，陷害赵廷美，一定要置他于死地才放心。赵普婉言暗示，唆使开封府李符上奏说："赵廷美在西京并不肯悔过，他心怀不满。请把他迁徙到边远郡县，以防备他再生事端。"太宗得奏，又下诏降赵廷美为涪陵县公，安置在房州。削夺了妻子楚国夫人张氏的封号。命令阎彦进为房州知州，监察御史袁廓通判州事，用来监视赵廷美的活动。赵普又恐李符泄露秘密，便以李符用刑不当的罪名，把他流放到春州。当时，卢多逊被流放崖州，李符对赵普说："朱崖虽远在海中，而水土很好。春州虽近，瘴气很毒，到那儿的人必死无疑，不如把卢多逊放在春州。"而现在，李符自己却被流放到了这里。一年后李符便不明不白地死去了。

赵廷美在房州，连行动的自由也没有了。他思前想后，气愤恼怒。一天，赵廷美流着眼泪，握着妻子张氏的手，悲哀地说："你我俩是不生在帝王家，而是生在平民百姓家，你我夫妻，或耕田，或种地，或捕鱼，或打柴，生儿育女，到了现在的年纪，岂不过着很愉快美满的生活吗？可见在人间要想求得真正的乐趣，享受真正的幸福，断不可生为贵族的子弟，处在是非的地位啊。"

张氏听到赵廷美发出的一通感慨，心里也感到非常难过，哭泣着说："夫君说得是啊。千岁犯了什么罪过呢？您之所以到这个地步，就是因为您有继承大位的资格啊！然而千岁也不要自怨自艾，自从有君主以来，与千岁一样遭到陷害的人，难道还少吗？总而言之，只要

有君位一天，同时也就有和千岁一样遭遇的人。正本清源，只有当君位废掉之后，这种厄运才能够结束。"正说着，听见外面有人走动，两人便闭口不言了，怕被监视的人听去，又要加重罪名，苦楚更深。从此，赵廷美的心情更加低落，每天都愁云惨淡，不久，竟然忧郁成疾，卧床不起了。

第十章

赵普罢相廷美病死　册立李后楚王被废

　　赵普再次登上相位，将卢多逊、赵廷美等一并打倒，或贬或诛，再没有人来欺压自己了，心中十分得意。其实，赵普复相，只是太宗为了安定当时人心浮动局面而采取的措施，也是为了迫害赵廷美而投下的一着棋子。赵普复相后，当即上书，献出"金匮之盟"。紧接着，赵廷美被罢职贬到居州，卢多逊罢相流放崖州，都至死未还。太宗不仅为继位找到了合法的依据，而且除去了最后一块心病，保证了皇位的传袭。

　　"金匮之盟"大大帮助了太宗统治的稳定，但因为它的出现扑朔迷离，也成为宋初的第二大疑案。"金匮之盟"与赵普的关系非常微妙，它是由赵普记载、靠赵普才被披露给世人的，所以，"金匮之盟"的真实与否，成了时人和后世争论不休的问题。在当时，赵普身为国家旧勋，在许多机要政务上，威望很高。在这个紧要关头，他献出"金匮之盟"，或许是为了个人仕途的需要而加以伪造。但是，若定论为伪造，又有许多地方说不过去。赵普是曾经反对太宗即位的，而且他专理相权多年，权力颇重。

　　如果太祖无意传位给太宗，完全可以靠赵普的力量来对付当时的晋王赵光义。事实证明，赵普的实力的确压制了赵光义，使他久久不得封王。没有太祖对皇弟的提拔，对赵普的罢相，很难想象太宗能轻

松地即位。而赵普被罢相，除了他专于相权，更大原因当是与太祖在传位问题上的根本分歧。

赵普效忠于太祖，对建立和巩固宋代政权有巨大功绩。他反对太祖传位给太宗，固然是因为在权力上两人产生过激烈的冲突。但这两件事也可以理解为由同一原因造成的，那就是赵普不想让太祖打破千百年来被奉行不违的传子制度，从而避免最高领导集团争夺帝位而相互斗争，以利于国家政权的巩固。所以，赵普反对太祖传位给太宗；所以他极力压制赵光义。然而，帝位的传承，终究决定于封建国家的最高统治者。赵普罢相，赵光义立即封王、即位，可以明显看出太祖的倾向。

太宗即位后，封皇弟赵廷美为齐王、开封府尹，赵德昭亦封郡王，为兴元府尹。从两人的地位来看，有明显的依次继位的迹象。太宗之所以这样安排，主要是为了安抚人心，但他能够这样安置，应该是有一定参照的依据。若不然，太宗完全没有必要为自己种下不安定的因素。后来发生了谋立德昭的事件，太宗意识到自己的统治不稳，所以相继逼死了二十九岁的德昭，二十三岁的德芳。只剩下最具继位人资格的秦王赵廷美，也是太宗最大的心病。

此刻，赵普复出，献出"金匮之盟"，在太宗统治危机的关头上，出示了颇具说服力和权威性的文字证明，从而赋予了太宗继位的合法性，减轻了对太宗继位产生的怀疑，最终稳定了人心浮动的局面。同时，我们也可以这样理解，赵普复出，除了要打倒政敌，获得失去的权位之外，他的主要目的，还是为了维护宋代政权的和平和稳固，维护传统的继承制度，父子相传。他说过的"太祖已误，陛下岂容再误"，道出了赵普的内心意图。

赵普帮助太宗除去了一块心病，便完成了太宗让他复出为相的目的。虽然赵普已经年纪较高，但太宗一直对他猜忌防备。两人的关系若即若离，互相利用，始终存在隔阂。太宗表面上对他尊宠有加，实际上在担心赵普又会像以前时那样，权威势重，于是便想找借口罢去他的相位。

太宗有一次对群臣说："赵普乃是开国元勋，与朕多年故交，对朕帮助很大，朕依靠他的地方很多。他如今已年迈体衰，头白齿落，朕还把繁重的机要事务来烦劳他，使他昼夜不得休息，实在不是对待有功老臣的礼节。朕心里愧疚难安。我想了很久，还是决定选择……一个好地方，早日让他去享受清福，颐养天年才好啊。"赵普听到太宗这番冠冕堂皇的话语之后，立即明白了太宗的企图。他不禁伤感地叹息道："我这番作为，竟是为他人忙活了。"为了保住富贵，权衡利害，最终无可奈何地呈上辞职表章。太宗见赵普非常识趣，顺水推舟，大加抚慰，批准了赵普的请求，罢为武胜军节度使，免除了他的司徒、侍中职务。

太平兴国八年（公元987年）十一月十六日，太宗在长春殿摆设丰盛的宴席，亲自为赵普饯行，席间，太宗作诗一首，赐给赵普，称颂他的忠诚，肯定他的功绩。赵普捧着诗稿，哭泣着说："陛下赐给臣诗章，臣当刻石留念，来日和臣的朽骨同葬在九泉之下，牛死不忘陛下恩德。"太宗听了赵普的话，也深为感动。

第二天，太宗说："赵普功不可没，现在让他卸下重任，安心养老，因而作诗表达我的意思。赵普感激泣下，我也伤心感动得掉泪了。"宋琪上前说："昨天，赵普到中书省来，捧着御诗，涕泪交加。对臣说：'赵普今牛余年，不可能再登阶报答圣上了，希望来世能效犬马之力。'臣昨天听了赵普的话，今天又听到陛下的宣谕，君臣有始有终，可以说是两全其美。"

赵普被罢相后，太宗以参知政事宋琪、李昉并同平章事，李穆、吕蒙正、李至参知政事。张齐贤、王沔签书枢密院事。三天后，下诏

从今开始，宰相班次在亲王之一下。李昉、宋琪等坚持辞让，太宗不同意，说："宰相任重，要总领百官，亲王藩邸的设置，不过只奉朝请而已。我的皇子元佐等人年纪还小，要让他们知晓'谦受益，满招损'的道理，卿等就不要多辞了！"

李昉起初与卢多逊关系很友善，而卢多逊经常在别人的面前数落李昉的短处。有人告诉李昉，李昉却说："卢多逊和我交情深厚，不可能的。"太宗曾经和李昉说起卢多逊，李昉总是为卢多逊解释开脱。太宗说："卢多逊经常把你诋毁得不值一钱。"李昉才醒悟。太宗也因此看重李昉，任其为宰相。

卢多逊被贬流放不久，赵普也被罢相，出为节度使。八年十二月，右补阙、直史馆胡旦向太宗献《河平颂》，其中有"逆逊投荒，奸普屏外"等话语。太宗看后，十分震怒。立即召见宰相说："胡旦这篇文章，词意悖谬乖戾，朕把他擢用为进士甲科，历试外任，所到的地方没有做出什么好的成绩。胡旦任海州知州时候，被部下诉讼，已经下狱治罪，正好遇上大赦，朕因爱惜他的才学，才没有计较他的过失。他现在竟敢这样恣意狂躁，信口开河，胡说八道！朝廷多君子，胡旦怎么适合列为侍从呢？"

中书舍人王祜等人说："像胡旦这样的人，应该贬斥出京城。"于是，胡旦被责贬为殿中丞、商州团练副使。胡旦上《河平颂》，本来是想为太宗歌功颂德，谄媚娱上，以求晋升的，没想到事与愿违，触怒了太宗，弄巧成拙，惹祸上身，实属滑稽可笑。而在封建社会中，一言得升，一言遭罪，甚至一言活命，一言被诛的事，是屡不见鲜的。

太平兴国九年，太宗下诏改元雍熙（公元984年），为了粉饰太平，赐满朝文武百官欢宴三天。几天后，房州知州阎彦进来京报告，说涪陵县公赵廷美病死了，卒年三十八岁。太宗听到这个消息，立即大放悲声，痛哭流涕。他呜咽着对宰相宋琪、李昉等人说："廷美在小时候就刚愎自用，长大益发凶恶起来。朕因为是同胞至亲，不忍心把他依法重办，暂时把他迁居在涪陵，希望他能闭门思过，痛改前非。正想恢复旧日的恩爱，没想到他竟然病逝了，朕悲痛忧伤，也无可奈何！朕兄弟四五个人，而今只有朕一人了，想起来真叫朕伤感啊。"说着泣不成声。

李昉等大臣备受感动，忙劝导太宗："人死不能复生，愿陛下不要过于悲哀，保重龙体，为天下珍重。"太宗于是命令停止饮宴，下诏追封赵廷美为涪王，谥作"悼"，即日为他致哀服丧。然后又诏命赵廷美的长子赵德恭为峰州刺史，次子赵德隆为襄州刺史，女婿韩崇业为静难行军司马。

后来，太宗对宰相说："廷美的母亲实际上是我的乳母，陈国夫人耿氏，后来出嫁赵氏，生了赵廷俊。朕因为廷美的缘故，让廷俊在左右做了军器库副使，而赵廷俊将宫中的事泄露给赵廷美，近来，开凿西池，落成水心殿，桥梁还没有修好，朕准备泛舟前往视察游乐。廷美和亲信阴谋，要在这时兴风作浪，没有成功，便谎称有病，不出府邸。又想等待朕前去探望的时机，发动变乱。有人告发了廷美的阴谋。朕如果命令有关部门深入追究，那么廷美罪大恶极，不可饶恕。然而朕不想暴扬他的丑事，他和卢多逊勾结的事东窗事发，只命令他居住在西京。但是他仍然不悔过失，反而更加怨恨，出言不逊。这才把他迁徙到涪陵，饶恕了他的性命。至于赵廷俊，也不加重罪，只是与廷美一并贬出。朕对廷美，可算是没有对不起他的地方啊！"话还没说完，恻然心痛。

李昉忙说："涪陵悖反叛逆，天下都知道了。西池之变和禁中之事，如果不是陛下委曲宣示，臣等从哪里知道呢。"太宗与李昉的这番对话，颇耐人寻味。太宗否认赵廷美是同母兄弟，从而文饰他迫害同胞手足的行为，实在是欲盖弥彰。否则，诸王、太妃的族属，难道

会有宰相不知的道理，还要麻烦太宗委曲宣示呢！

太宗处理完赵廷美的丧事一周后，刚刚任命的参知政事李穆又死了。李穆行为严正，母亲曾经长年卧病在床，活动翻身，李穆都亲自服侍。起初，李穆因受赵廷美的牵连，令儿子李惟简哄骗着祖母，谎称也自己奉诏在朝中审讯案件。李穆被贬为司封员外郎，回到家中，仍不告诉母亲。每隔几日便外出访问亲戚朋友，或者游历僧寺，对母亲只说到任上处理事务。而他遭牵连的事，母亲始终不知道。

后来，李穆官复中书舍人，入翰林，任参知政事。一个月后，母亲去世，哀痛万分，连续三次上表，请求辞官。太宗下诏，坚持起用。雍熙元年（公元984年）正月，早晨起床上朝，受风晕眩，暴病而死，太宗听说李穆刚起用不久便死去，亲往赐奠，哭泣着对宰相说："李穆操行纯正，至诚忠良，是难得的人才。朕正要依靠他谋划国事，却这么快就亡故了。这并不是李穆的不幸，实在是朕的不幸啊！"说罢，惨然痛哭。

雍熙元年（公元984年）四月，泰山父老一千多人到京师请求太宗封禅泰山。群臣也上表请求封禅，太宗准奏并计划十一月前往泰山。命令南作坊副使李神佑等四人修筑从京城到泰山的道路。以宰相宋琪为封禅大礼使，翰林学士宋白为卤簿使，贾黄中为仪仗使。宋琪等人提议所经过的地区要准备仪仗引导车驾，太宗说："朕这次泰山封禅，意在为苍生祈求幸福。经过每处地方，都要求严肃整饬，并不是我的愿望。"于是下诏："只许告庙和泰山举用仪仗，所过州县不必陈设。"然而到五月，乾元殿、文明殿发生火灾。太宗对宰相说："封禅仪式已经废止很久了，如今天下和平，年景丰硕，举行封禅是很合时宜的。然而正殿遭灾，仍然举行大事，恐怕不符合天意。而且炎暑正在炽热，朕不想劳烦臣民。"于是下诏停止封禅。为了避灾，七月，太宗下诏改乾元殿为朝元殿，文明殿为文德殿，丹凤门为乾元门。

这年十月，华山隐士陈抟来京城。当初，宋太祖陈桥驿兵变，取代后周时，陈抟听说了消息，说："天下从此安定了！"太宗即位后，曾经召见陈抟。现在，陈抟再次来到京师，太宗对他更加尊重，以大礼接待。与他谈论治国的道理，陈抟奏对如流，中肯深切。

太宗问道："朕立国以来，总算还是顺遂的，但不知将来的运作怎么样？"陈抟答说："太祖皇帝以至仁得天下，以厚义服人心，运祚不必忧患不长久。"太宗听后很高兴，命内侍把陈抟送到中书省，对宋琪说："陈抟是高洁的隐士，洁身自好，不贪图势利，就是我们所说的方外之人啊。在华山已经四十多年，推算他的年纪应该是百岁了，自己说经历了五代的更替离乱，庆幸天下终于承平，所以来朝见。与他谈话，有许多可以受益之处。"

宋琪、李昉等人早就听说了陈抟的高名，见太宗待他为上宾，更是款待殷勤，执礼谦恭。宋琪等人恭敬地问道："素仰先生玄学精深，今日有幸，得接光仪，愿请赐教一二。"陈抟答道："陈抟是山野之人，对这个时代没有什么用处，也不懂得神仙黄白之事，吐纳养生之理，没有什么法术可以传给别人。纵然是白日上升，又能对世间有什么益处呢！当今主上龙颜秀异，渊博旷达，古今通晓，是真正的仁圣之主啊。正赶上君臣同心同德，兴化致治的岁月，只要勤行修炼，造福百姓就可以了。"宋琪等人把陈抟说过的话述奏太宗，太宗欣喜万分，下诏赐陈抟号为希夷先生，又命有司增修陈抟居住的云台观。太宗还常与陈抟谈论诗赋，吟诗唱和，非常融洽。过了几个月，云台观修葺竣工，陈抟辞别离京，太宗不好强留，赏赐丰厚，陈抟概不接受。

太宗即位后，曾经议立皇后。太宗原配尹夫人、继配符氏在太宗即位前就去世了，当时中宫虚位，有立后资格的，只有乾州防御使李英的女儿李贤妃。李妃姿容秀丽，性情端淑，与太宗极相亲爱。李妃

生有两个女儿，都很早就夭折了。后来又生了两个儿子，元佐和元侃。李妃在开宝年间时为陇西郡君，太宗即位初晋封为夫人，准备册立为皇后。偏偏这时染上疾病，绵绵床褥，一病不起，太平兴国二年（公元977年），竟然撒手尘寰，年仅三十四岁。太宗悲痛过度，没有心思再议立皇后了。接着便亲征太原、幽蓟，皇后之位竟一直空到雍熙元年（公元984年）。太宗清除了朝廷中的不安定因素，近期也没有大规模的战争，生活相对平和，才又提出册立皇后的事。

淄州刺史李处耘的第二女，容貌端庄，贤淑恭谨，于太平兴国三年（公元978年）选进后宫。李妃入宫数年，从不恃宠骄傲，尽心抚育皇子，对待其他嫔妃宽厚和睦，后宫的人都称赞她贤德。太宗也非常喜欢她。雍熙元年（公元984年）十二月，便册立德妃李氏为皇后。册立大典可谓盛况空前，相比当年宋太祖册立宋皇后的场面，有过之而无不及。仪文周备，为了庆贺皇后的册典，宫廷内外，赐大宴五日。

京城人民，也遍赐大宴三天。召集起开封府以及各军的乐人演奏歌舞、戏曲，迁来四市的商贾小贩，摆摊搭棚，吃喝俱全，商品琳琅满目，开封城内人头攒动，摩肩接踵。到处是熙熙攘攘的人群，各种腔调的叫卖声，以及锣鼓喧天的戏场，真是热闹非凡。各方的俊士淑女，也来云集大会。大街上有推山车的，跑汉船的，耍杂技的，驯兽的，各色人等，在御道上来往穿梭，演出一台精彩的鱼龙蔓延的好戏，从乾元门前一直到朱雀门，东西好几里。

太宗登上丹凤楼，和新册立的皇后一起，观看盛会，召众位侍臣，赐赏酒宴。邀请了京师及附近的耆旧老人，赐给酒饭。并且命人奏乐助兴，人们都激动得热泪盈眶，呜咽着说不出话来。人们欢天喜地，异口同声，歌功颂德，祈福万岁。太宗心花怒放，难得的好心情，便想宣诏延长贺典。

贤德的李后来谏奏说："陛下新册立皇后，与民同乐，是件大好事。自古有一句话：乐不可极。如今欢乐已经几天了，可以休止了。而且为君王的人，要无时无刻地关怀民间的疾苦。在欢乐的时候，尤其要想到民间必有很多没有欢乐的人。像这样的欢乐，固然是陛下对妾的恩典，但妾以为适可而止就行了。所谓'高楼一席酒，穷汉半年粮'，愿陛下多听民众的辛苦，不要陶醉于单纯的颂扬。"太宗高兴地答应了，他握住皇后的手，深情地说："皇后说得很对。能及时劝谏朕，提醒朕，真是一位贤德明理的皇后啊。"

太宗的长子赵元佐，是已故的李妃所生，自幼聪颖机警，相貌很像太宗，太宗非常钟爱他。十三岁时，元佐跟从太宗在开封近郊打猎。有一只野兔窜到太宗的乘舆前，太宗让元佐射杀，元佐一箭射去，野兔中箭仆地，辽朝使者在一旁，惊讶元佐的箭法高超。后来，元佐跟从太宗征讨太原、幽蓟，非常勇敢，太平兴国年间，出居在内东门的府第中，拜检校太傅，同中书门下平章事，封为卫王。后来徙居东宫，加官检校太尉，晋封楚王

秦王赵廷美被贬为涪陵县公，迁居到房州的时候，楚王赵元佐一个人站出来，大力申诉，想挽救赵廷美。太宗不听。赵廷美忧郁致死以后，赵元佐竟因此而引发癫狂病，有时很长时间不到太宗面前朝请问安，性情变得反复无常，脾气暴躁乖张，也比以前残忍无情，不守法度。手下的人稍微犯些小过失，赵元佐竟然操起刀刃，刺伤他们。仆役府吏从庭院中经过，元佐往往弯弓射伤他们。太宗严厉地训诲他，总是无济于事。雍熙三年（公元986年）夏秋，赵元佐的病情更加沉重。太宗格外忧虑，派御医精心医治。九月，楚王元佐的症状稍有起色。太宗特别高兴，为此降恩，大赦天下，想借此替他消灾解病，盼他早日痊愈。

九月九日重阳节这天，太宗赐近臣在李防府第饮宴，召各位亲王

在御苑中聚宴，较射取乐。元佐因为大病初愈，没有被邀请参加。到了晚上，诸王宴射完毕，各自归去，从楚王府路过，被元佐看见。元佐拉过陈王赵元佑，问明缘由，不禁内心恚怒，怨恨地说："你们都与圣上宴乐，唯独不让我参加，这明明是被父皇舍弃了！"他气恨难忍，大声命令手下摆上酒菜："他们有圣上召见赐宴，我不能得父皇召宴，难道不会自家开宴吗？快给我摆上酒菜佳肴！"手下人急忙劝解说："殿下不要误会！圣上不召殿下赴宴，是考虑到您病体新痊，形神尚未康复，一来应该静养，二来不胜酒力。这正是圣上爱惜殿下，为您着想啊！若在平时，凡是有饮宴，哪一次不是您第一个受到诏宣呢？请求殿下冷静一点，体会圣上的心意。再者，太医曾吩咐过，要让殿下千万戒酒，殿下应当以身体为重，不要争这闲气，还是听太医的话，不要饮酒了吧！"

赵元佐正在气头上，谁的话也听不进去。他拍案怒喝道："怎么，太医的话比我的命令还重要吗？你们要听太医的话来管我，竟然连我的命令也不听了，岂有此理！不要惹得本王发火，否则要你们好看！快快备酒！"手下人见赵元佐不听劝告，谁也不敢再言语，赶忙备置酒肴。赵元佐一手拿着酒壶，一手端着酒杯，也不用别人倒酒，自己满斟痛饮起来，一壶很快喝光了，又命添上一壶。如此添了几次，一直喝到夜凉如水，更深人静，醉意十足，才停酒就寝，手下人见他酒后并不发怒气，不声不响地便睡了，都觉得奇怪。难得一天平静，大家谢天谢地，说："今天没使酒性，我们可以安心休息了。"于是大家收拾完后，各自散去。

谁知赵元佐并没有真的安睡。他心中羞愤难当，怎么能够睡得着？他假装睡眠，听得众人没有了声响，便悄悄地爬起身，找到火种点着扔在寝帐上。火立即熊熊燃烧起来，火光映在赵元佐的脸上，只见他面露绝望，失魂落魄。他呆呆地看着浓烈的烟火，不禁发出凄厉的大笑。他站在那里，像无知觉的雕塑，一动也不动。他是决计要自焚而死，离开这个没有温情、充满了尔虞我诈的险恶世界。

楚王府立即火光耀天，烟雾弥漫。刚刚入睡未醋的侍从府吏被惊醒，慌忙起身救火。楚王府内一时人声鼎沸。侍奉楚王元佐的人，不顾滚滚浓烟和炙热的烈火，冲进门去，抱起呆立在房内的元佐，从快要倒塌的房子里冲出来。元佐面无表情，只是一味地重复着："烧了干净，烧了干净。"大家才知道，原来竟是楚王自己放的火，因为火是从正房开始燃烧的，一会儿功夫，整个楚王府陷入一片火海之中。楚王府内哭声震天，大家眼睁睁地看着一座华丽府第化为焦土，第二天早晨，浓烟还不断地升腾。

太宗听到报告说是楚王元佐自己纵火焚宫，勃然大怒说："不肖子怎么这样暴戾，不如废了他倒肃静。"命令把元佐押赴中书省，派御史按律审问。元佐毫不否认，据实以告。太宗又遣入内都知王仁睿对元佐说："你身为亲王，富贵极顶，为什么竟然凶残悖逆到这等地步！国家的法典宪章，我不敢私违，父子的情谊，也就此断绝了。"元佐无言，神色淡漠，似乎没有听王仁睿说什么。陈王赵元佑等诸王，以及宰相近臣，呼号哭泣着请求太宗赦免。太宗也涕泪交加，伤心地说："朕每逢读书，看到前代帝王子孙不遵教导，胡作非为的，没有不扼腕愤恨。哪里想到我家竟也发生了这样的事！"

于是，下诏将楚王元佐废为庶人，安置在均州。宋琪等人率领文武百官，伏阁拜表，乞求太宗把元佐留居京师，太宗不允。连续三次上表恳求，太宗无奈，又下诏召还元佐。这时，赵元佐已经携同眷属，行到了黄山。赵元佐被召回京师后，太宗担心他住在外面又要惹是生非，把他幽居在南宫，派使者监护，与外界隔绝，行动也不自由。王府官僚都到太宗面前请罪，太宗说："朕教训他还不听，哪里是你们这些人能规劝得了的！你们没什么罪过，朕也不会责怪你们。"赵元

佐住在南宫，并不把谪废幽禁放在心上，竟处之泰然，还好像释去了重担一般，悠闲自得。

这段时间，太宗心中一直波澜起伏，翻江倒海。为了自己的统治地位，他时刻安心不下，总感觉有一种不稳定的因素围绕着、紧紧跟随着他，与他形影不离。现在，德昭、德芳、廷美相继死去，应该没有人再危及他的帝位了。他似乎可以安心做皇帝了，可是，长期的精神紧张，长期的猜疑不定，使太宗养成了一种多疑的性格，难以信任臣僚，容易被谗言或者谣言引发疑心。

先前，太宗怜念戍边的军士劳苦，便按月赏赐士卒白银，军中把它称为"月头银"。镇州驻泊都监弭德超乘机以突然变故的名义向太宗报告："曹彬掌握军权很长时间，颇得众位军士的欢心。臣正好从边塞上回夹，戍卒们都说：'月头银是曹公发给的，没有曹公，我们这些人还不饿死了！'曹彬冒充圣上的隆恩，可能有所图谋。"正巧又有人诬告曹彬别的事，太宗便对一直忠心耿耿的曹彬起了怀疑。参知政事郭贽极力进言，为曹彬辩解，太宗听不进去。太平兴国八年（公元983年）正月，曹彬被罢为天平节度使兼侍中。以东上阁门使王显为宣徽南院使，弭德超为北院使，并枢密副使，王显当初只是一名殿前小吏，太宗召王显，对他说："卿家本属儒学世家，遭乱才导致失学。现在你掌管枢机要务，虽然没有时间博览群书，能熟读军戒三篇，也可免于面墙而立了。"

弭德超诽谤曹彬，本想为了能得到枢密使，结果只得了一个副职，班次还在柴禹锡之下，心里非常失望。一天，弭德超不满地诟辱王显和柴禹锡说："我向圣上进言国家大事，有安定社稷的大功，却只得了线一样细的小官。你们是什么样的人，反而爬在我的头上！圣上没有主见，被你们这些人所迷惑。"王显等人把弭德超说过的话报告给太宗。太宗不禁恼怒，命令审讯弭德超，弭德超供认不讳，最终被除去功名，连同他的亲属流放到琼州。

　　弭德超事情败露后，太宗才醒悟到曹彬对他没有异心，于是更加优厚地对待他。但是，太宗疑心的毛病一直没有改变，这对他的统治以及整个宋代历史都产生了深刻的巨大的影响。

第十章　赵普罢相廷美病死　册立李后楚王被废

第十一章

辽萧太后精明治国　二次北伐进攻幽蓟

辽阔的北部地区被辽朝控制，与宋朝南北对峙，实际上出现了中国古代第二次南北朝并存的局面。宋朝虽然统一了中原和江南，但是历史上长期由汉族聚居，与中原政权休戚相关的幽云地区，一直在辽朝的控制之下。这样一来，宋朝的都城汴京（河南开封）一直处于辽朝的直接军事威胁之下，所以，宋朝在宋辽对峙中处于十分被动不利的战略地位。因此，宋朝必须竭尽全力攻取幽云地区，将宋辽边界北推到长城以北，恢复长城防线对中原的屏障作用，才能从根本上摆脱被动局面，巩固宋朝政权。

而现在更具威胁的是，辽朝不仅巩固了对幽云地区的占有和统治，而且变本加厉，以幽云地区作为战略基地，对中原进行军事骚扰。宋朝统一过程中，多次受到辽朝的干扰、牵制和阻挠。宋太宗征服北汉后，曾经对辽朝进行征伐。因为刚刚经过太原之战，军队疲劳，供给缺乏，准备不足，战斗策略失误，导致了太平兴国四年（公元979年）七月高梁河战役的失败。

此后，辽军更是频频南下，使宋辽边境始终处于战争状态。虽然宋军也取得局部战斗的胜利，但并没有解除危机。太平兴国五年（公元980年），辽景宗率军队大举南下，在河北前线大败宋军，使宋朝的军事重镇雄州、莫州几乎失守。这种情形，更加刺痛了宋太宗，他一定要夺取幽云地区，彻底解除北方的军事威胁。他曾经在太平兴国六年（公元981年）七月准备再次大举北伐，约请渤海一起出兵，渤海没有回应。恰在这时，朝廷内发生了有人告发赵廷美阴谋作乱的事情，宋太宗暂且放弃攻伐辽朝的计划，转而处理廷美的事。

在这期间，辽朝内部也发生了一些变化。上京发生汉军兵乱，想劫立喜衮，没有成功。太平兴国七年（公元982年）四月，辽景宗又一次亲自率兵南下侵犯宋朝，在满城被宋军打败。太尉希达里中流箭而死。统军使耶律善布也中了宋军的埋伏，被伏兵重重包围。枢密使耶律色珍率军急忙营救才解围活命。辽景宗责备耶律善布失于防备，命人杖打，以示惩罚。五月，辽景宗率军退却。在雁门关，辽军又遭到潘美的攻击，有三十六所营垒被攻破，死伤惨重。不久，宋府州折御卿再次于新泽砦大破辽军，俘虏辽军将领军校一百多人。辽军的三道兵马全被宋军打败。辽景宗率领败军退回境内。

九月，辽景宗耶律贤临幸云州（山西大同）。在祥古山围猎时，辽景宗感觉不适，染上疾病。南浣枢密使韩德让没等皇帝召见，便率领他的亲属来到行帐，对皇后进言更换大臣，防止变乱。辽景宗行到焦山的时候，病情深重，奄奄一息，急忙命令韩德让和耶律色珍接受遗诏，以长子梁王隆绪继位。不久，年仅三十五岁的耶律贤死在行帐之中。

新即位的辽圣宗耶律隆绪，此时还只是一个年仅十二岁的少年。他即位后，谥耶律贤为孝成皇帝，庙号景宗。尊母亲萧氏为皇太后，专断国家大事。皇太后看着幼小的辽圣宗，心情郁闷。她非常担心自己能否稳住朝廷大局，不禁焦急地哭起来。韩德让与耶律色珍急忙劝解。萧太后抹着眼泪说："我们母子，一个是寡妇，一个又这么幼小。而耶律家族雄壮势大，边防又没有安定，该怎么办呢？"韩德让和耶律色珍表示坚决衷心拥护新主和太后，他们说："太后只要信任

我们，又有什么可忧虑的呢！"韩德让总管宿卫军权，太后见他效忠于自己，稍有安心，对韩德让也更加宠信。

十月，辽圣宗开始临朝听政。萧太后任命韩德让为政事令兼枢密使，继续总管宿卫部队；南院大王勃古哲总领山西各州事务，北院大王；裕悦耶律休格为南面行军都统，奚王寿宁为副手；同政事门下平章事萧道宁领本部军队驻扎在南京（幽州）；耶律色珍为司徒。

萧太后虽然身为女子，但她明于治道，闻善必从。她精于驾驭左右大臣，善于笼络人心。新主即位，萧太后主持国政。她内倚耶律色珍、韩德让处理国政，外靠辽朝第一名将耶律休格主持南边军务，知人善任，用人不疑。

同时，萧太后宽容对待臣下，安抚人心，稳定统治。十二月，达喇干（辽朝县官名）蹴曼实喝醉酒后，胡言乱语。说萧太后与韩德让关系暖昧不清，对韩德让格外宠信，萧太后想独占韩德让，便暗中派人勒死了韩德让的妻子。后来，太后又宠信医官迪里姑。蹴曼实醉后说萧太后的丑事，不论事情真假，都会触怒太后，肯定要被处死的。蹴曼实酒醒之后，吓得魂飞魄散。祸从口出，他左右开弓，连连打自己嘴巴，绝望地等待着死神的降临。

然而，萧太后虽非常恼怒，还是赦免了他的死罪，只把他杖责一番就给释放了。朝臣们纷纷称颂萧太后的宽容大度，都很敬服她。其实，萧太后与后来被赐名为耶律隆运的韩德让的确有特殊的关系。韩德让的父亲就是秦王韩匡嗣，因为在入侵宋属镇州时，中了宋军的诈降之计，大败而归，被辽景宗治罪。

这一年，韩匡嗣去世，萧太后因为韩德让的缘故，特地派遣使者前去凭吊，赠给丰厚的丧葬用品。后来又追赠为尚书令。像韩德让与萧太后之间的关系，在汉人看来是不道德的，违背礼教的，但在辽朝人看来，并没有什么值得严厉指责的地方。

辽景宗的弟弟质睦，被贬到乌库。质睦在贬所曾经吟赋《放鹤诗》，表达自己被贬的苦闷和不满。萧太后听到之后，便以景宗遗诏的名义把他召还。太后命他赋《芍药诗》，很合心意，于是质睦被重新封为宁王。

萧太后让幼小的新主也亲善重臣，北院枢密副使耶律色珍为司徒，本是太后的父亲楚国王萧思温推荐，娶了太后的侄女为妻。太后委任耶律色珍时，让幼主与耶律色珍互相交换弓箭和鞍马，结为生死之交的朋友。耶律色珍握有重权，但对萧太后和幼主十分忠诚。

萧太后招抚幽云地区的汉人，提高他们的地位。原先，辽朝人把汉人打死，只赔偿牛马。而汉人打死了辽朝人，就会斩首，并把他们的亲属没为奴婢。太后规定，不论辽朝人和汉人，一律以汉法论处，幽云地区的汉民都很顺服。如此一来，宋朝边境的一些汉人纷纷归附辽朝。对于其他各族投奔辽朝的，也一律加以抚慰。

太后还关心刑狱，下诏命令被关押在刑狱中有冤不能昭雪的，可以到御史台去申诉，并派官吏重新立案审理。原来大理寺的狱讼凡是有关重新受理的，以翰林学士、给事中、政事舍人详细论断决处，现在开始设置少卿及正主持。萧太后还不时亲自到大理寺，处理长期滞留的狱案。

萧太后本人也熟习军政。她知道辽朝的最大边患是宋朝。幽云地区一直是宋朝执意攻取的目标，也是辽朝南下的基地。所以，幽云地区是宋辽双方必争之地，它的战略地位尤其重要。萧太后把防御重点也置于南方，任命富有作战经验的耶律休格为南京留守，仍赠予南面行营总管的玺印，总掌边疆战事。后来听说宋朝在边境聚积大批的粮草，太后命令耶律休格严加防备，命令士兵轮流休息，在南面劝事农桑，大修武备，建筑城堡。知道宋朝有用兵的意图，便派出大量的间谍，四处散布流言，说辽朝国内空虚。麻痹宋朝边关守将。

萧太后还抚慰宋朝归附的汉民，犒赏有功的将士。太后听政，群臣请求上尊号。太后下诏，命令枢密院令谕沿边的将帅，到举行册礼的那天，只派子弟带着贺表前来参加庆典就行了，不要大意失误了边关防御事务。太后还与辽圣宗巡视京城四方重镇，委任可靠的大臣为留守。太后和辽圣宗到东京，以枢密副使默特为东京留守。以吴王稍为上京留守。

另外，萧太后还命萧道宁率军讨伐党项族，发别部几千兵马增助，并赐给萧德威令箭，允午他见机行事，先斩后奏。之后，又宣徽使、同平章事耶律普宁、都监萧勤德征讨女真；派遣萧道宁为昭德军节度使，郭袭为天平军节度使，率年东征高丽。宰相室防与韩德让、耶律色珍友善，同心辅政，整顿朝政，革除弊端，知无不言，言无不尽。请求太后使人民休养生息，轻徭薄赋，严谨法度。宋雍熙二年（公元985年），萧太后又命停止征讨高丽，派耶律色珍为都统，再次讨伐女真，大获全胜，俘虏了女真人口十几万，获得马匹二十多万。当初，辽朝就设置群牧使司，掌管养马业。马匹蕃息，数量很多，膘肥体壮。现在又得了女真的马匹，势力更加强大。

萧太后从982年听政以来，对内倚仗可靠大臣，笼络人心，稳定统治；对外任用名将驻防边疆，加强战备，攻打弱小民族，招抚归降的民众，实力大大增强。而另外散布流言，谎称国内君臣离心，战备空虚，给敌国造成一种假象。

这时，宋朝的贺怀浦领兵驻守三交，好议论边防事务。他听到有人说辽朝国内动荡不安，无暇加强防备的消息，便与儿子雄州知州贺令图，伙同文思使薛继昭等人相继上表奏议："辽圣宗年幼，母后专断国家政事。宠幸韩德让，委派他重任。连韩德让的几个兄弟德威、德源、德凝都因为韩德让的缘故，贵显于辽朝。辽朝国内怨声载道，君臣离心。请求趁着他们的裂痕，兴兵攻取幽、蓟。"宋太宗看了奏表之后，搁置很久的心又被打动。现在，赵廷美已经死去了，太宗的皇位没有了威胁，国内政治呈现一幅升平景象。

太宗雍熙元年登丹凤楼观灯，见开封城内士庶工商，各色人等，云集而来，不禁骄傲地对宰相说："国家在几代干戈兵乱之后，海宇安宁，京师繁荣昌盛，真让人感到快慰。朕平时很少饮酒，今天要与大家同乐，开怀畅饮，尽醉方休。"安定了国内，几年前的战争消耗得到一定的补偿，宋太宗又想再次北伐，挽回第一次北伐失败的面子，把辽朝占据了几十年的幽云地区夺回来，将敌人赶到长城以北，消除对中原的军事威胁，从而完成真正的统一。

雍熙三年（公无 986 年）春天，宋太宗接到贺怀浦贺令图父子的报告后，认为现在是攻取幽蓟的好时机，便诏命枢密院商议北伐事宜，并提出御驾亲征的想法。参知政事李至认为："幽州，是辽朝的右臂。我们发兵前去攻打，他们必然奋力抵抗。攻城的人不会少于几万，兵多军费就大，势必广泛储备粮草。即使有朝一日克敌制胜，也得花几个月的时间。边疆的供给能支持得了吗？而且范阳的四周，坦荡无边，没有丘陵高地，准备石块尤其困难。而敌人的城堡固若金汤，离开石头是无法击碎的。因此，如果准备不足，不宜贸然用兵。不如继续养精蓄锐，等待时机。宋辽决战，关键不在于时间的早晚，而在于要有获胜的把握。"

说到这里，李至停了一会儿。太宗似乎有些不太高兴，慢条斯理地说："就这些吗？"李至明白，太宗是决心要北伐了，谁也阻拦不住。于是又接着说："兴兵打仗是十分危险的事，运用兵马作战，必须计划周密，准备充分。愿陛下慎重。另外，臣的愚见，京师是天下根本，陛下不离辇车，恭守宗庙，给敌人做出闲暇无事的样子来，同时抚慰人民的仰望，是最好的计策。您不能亲征，至多只能驻在大名府。大名位于河朔的要冲，可以暂时驻在那里，扬言亲自率兵征讨，

壮大军威，鼓舞士气，提高斗志。如果陛下远提师旅，亲自到边陲前线，北有敌兵威胁，南有中原为虑，万一出现像高梁河之战的险情，那该怎么办？臣不惜狂愚，恳请陛下收回亲征的念头。"太宗心想，李至说攻取幽蓟时机不成熟，实在可恶。但是他说的不要亲征，倒值得慎重考虑。

这时，宋琪也站出来进言。他已经从宰相被罢为刑部尚书。宋琪说："应该首先将主力集中在易州地区。然后提兵北上，沿着太行山东麓北进，控制军都山、燕山一线，切断辽朝军队增援燕京的童路，最后再集中三力夺取燕京。这是宏观的计划。另外，在战斗中还应注意辽朝将帅的作战特点。他们的用兵之术，把部队排成队列，但不战斗。等待对方退却时，乘机追杀。而且他们多设有埋伏，也常常切断我们的粮道。"宋琪的主张就是以燕京作为战略重点来攻克，则其他州郡不战自下。太宗听后，连连点头赞许。

这次太宗要大举北伐，非同儿戏，建议中否，风险极大。所以，谁也不敢轻易说话，更没人提出系统的建议，连宰相李昉、枢密使王显、同签署枢密院事王沔等人也未见表态。

三年正月，宋太宗决定起兵第二次北伐。任命天平节度使曹彬为幽州行营前军马步水陆都部署，率河阳节度使崔彦进等三十几个将领，分三路北伐。具体部署是，除了曹彬为帅、崔彦进为副帅率领一支大军外，又以米信为西北道都部署、杜彦圭为副帅，率领一支军队，从雄州出兵。这两支军队组成进攻幽州的主力，是为东路军。以田重进为定州路都部署，出兵飞狐，以切断辽朝西去的通道，孤立代州以北各郡，是为中路军。又以潘美为云州、应州、朔州等州都部署，杨业为副帅从雁门出兵，攻击代北诸郡，是为西路军。太宗自己不再亲自出征，坐镇京师，遥控指挥。

兵力部署完毕，曹彬和众位将领入朝向太宗辞行。太宗向曹彬面授作战计划说："潘美的西路军，只要命令他先行奔赴云、朔二州，其他众卿率领 10 万大军，声称夺取幽州，但要稳重慢行，千万不要贪图小利，与敌人大战。辽朝听到大兵将要来了，必然全力救援范阳，没有精力再援救山后（军都山以北）。"

太宗的作战意图很明显，他兵分三路，以曹彬的主力吸引住辽军的兵力，使他们在幽州集结，无暇西顾，使潘美、杨业的西路军顺利攻占代北各州，然后，代北各州平定后，潘美和田重进的西、中两路军与东路军汇合共同进攻幽州，打退辽军，把他们赶到沙漠地带。宋军一旦控制险要地势，便可恢复在长城以南的统治。太宗以太行山为界，把这次北伐划分为东、西两个战场。东部为主战场，以燕京为攻击目标，由米信配合曹彬完成主攻任务；西部战场的宋军负责战略迂回，由田重进配合潘美在攻占山后九州，控制军都山、燕山一线，切断辽朝腹地与燕京的联系之后，调头南下，参与东部主战场的主力决战，消灭辽军主力于燕京城下，一举攻克燕京，从而最后实现奇取幽云地区的作战计划。这是宋太宗战略意图的核心。

其实，太宗的这个战略设想，是一厢情愿的，而且很容易被识破。辽朝统帅始终把南京即幽州作为战略重点，从而制订了重点防御、伺机反击的作战方针，以打破宋太宗的作战意图。这年三月，南京留守耶律休格向萧太后奏报宋军三路进攻代北燕山要地的军情之后，萧太后与众臣商议，制定了富有针对性的作战部署：分派使者征调各部兵马，扩充耶律休格的力量，迎战曹彬主力，然后派东京留守耶律默特率领大军继续增援，接着，又火速召回东征高丽的兵马，作为救应，用来加强南京辽朝军队的力量。派兵把守平州的海岸，防备宋军从水上进攻，保证幽州东路的安全。又任命枢密使耶律色珍为山西兵马都统，率军抵挡潘美的进攻。以北院宣徽使蒲伶领为南征都统，做耶律休格的副帅。辽圣宗宣告亲征，与萧太后驻军在驼罗口，发号施令，调遣各路军马，相互照应。

三月，曹彬奔赴涿州，派先锋将领李继隆大破辽朝军队，夺取固安和新城两县，进攻涿州，在涿州东面击败敌军。曹彬命令士兵乘胜进攻涿州北门。涿州守军拼力抵抗，但根本无法与曹彬的十万大军抗衡，几天便被攻破。涿州守将贺斯被宋军杀死。辽朝的军队又重新集结，迅速反扑上来，米信独自率领部下三百人与敌人交战，被辽军层层包围。米信等人奋力砍杀，气力渐渐不支。米信手持大刀，大声呼喊着，杀出一条血路，突出重围。恰巧曹彬派遣的军队及时赶来，拦住辽军，一场恶战，直杀得天昏地暗，不见天日，终于在新城东北打退了辽军。

田重进率领中路军，与辽军进行了激烈的战斗。田重进出兵到达飞狐口。飞狐口是河北平原与北部边郡的交通咽喉，两侧山崖峭立，只留下一线天，崖下道路狭窄崎岖，蜿蜒如蛇，长达一百多里。地势险峻，易守难进，是设伏的好地方。田重进听从袁继忠的计策，在飞狐南口派兵埋伏起来，而自己与谭延美从飞狐北口出兵。攻击辽军。辽朝冀州防御使大鹏翼、唐州刺史马赞、马军指挥使何万通等率众前来援救。田重进在东面布阵，几次交战不胜，部将荆嗣率领少量精锐部队，从西面出击，乘着薄暮敌人不注意的时候，逼近山崖，与敌军短兵相接，辽军猝然不及防备，大败。

许多辽军官兵纷纷跳崖逃命，荆嗣追奔五十多里。谭延美驻守在小沼，荆嗣命令延美在平川列队，另外派两百人打着白旗排列在道旁。荆嗣率兵急速追赶敌军。辽军见宋军旗帜连绵不断，怀疑宋军大兵，相继而来，吓得想要逃遁，田重进乘机出击，辽军崩溃，俘虏了辽军将领大鹏翼、马赞、伺万通，以及渤海军三千多人。田重进于是围住飞狐城，命令大鹏翼到城下去劝降。大鹏翼被押到城下，劝谕飞狐城守将马步都指挥使吕行德等人放弃抵抗，出城投降。吕行德和副都指挥使张继从、马军都指挥使刘知进等率领全城兵民，大开城门，向田重进投降。太宗下诏，升飞狐县为飞狐郡。田重进乘胜又围灵丘，守将步军指挥使穆超也献城归降。

潘美从雁门关进入辽朝境内，与辽军遭遇，首战告捷，一直把辽军追赶到寰州。辽军惊慌失措，四处逃散。刺史赵彦章献出州城，投降潘美。接着，潘美进军围困朔州，节度副使赵希赞也率城投降。潘美乘胜继续扩大战果，转攻应州，很快便威逼守将降顺，不久又攻克云州。

四月初一日，辽圣宗与萧太后进驻南京北郊。辽朝兵士气顿时高涨。宋军遇到更加激烈的抵抗。田重进攻占飞狐和灵丘后，又与辽军在飞狐北交锋，再次大败辽军，斩杀辽军两名主将。六天后，田重进逼近蔚州。蔚州节度使萧默哩出城迎战，被宋军左右都押衙李存璋、许彦钦两面夹击。萧默哩两翼受敌，一时手忙脚乱，不知所措，被杀死在马下。辽军或者被俘，或者四散逃命，只有一小部分逃回城中。守城的蔚州执监城使耿绍忠见主帅被杀，心知城池不保，与其被宋军攻破，屠杀全城，还不如献城投降，以保自家及全城将士百姓的生命安全。于是，耿绍忠震服了几个要战死守城的将士后，打开城门，迎接田重进。田重进整肃军队，开入蔚州城中，以崇仪使魏震为蔚州知州。

正当飞狐口战斗激烈进行的时候，辽朝山西兵马都统耶律色珍又被任命为诸路兵马都统，萧挞览为副都统，耶律迪子为都监，率领辽朝大军反攻蔚州。不久，萧太后又下诏派两部快速骑兵前往支援。田重进与辽朝援军转战。当时，辽朝军五成中有四成都已经战死。到大岭，只有荆嗣率军竭力拼斗，辽朝军队惧怕荆嗣军队的勇猛，开始退却。田重进终于安定了蔚州。蔚州争夺战相当激烈艰苦。当时边境上的许多骁勇善战的百姓，争相团结起来，进行抵抗。他们熟悉地形，机智敏捷，经常趁着浓浓夜色的掩护，爬进蔚州城中，斩杀辽军，提着辽朝人的头颅来投靠田重进的军队，编入军中，继续作战。

太宗听说这件事之后，心里非常高兴，说："这些人生长在边陲，闲暇时间演习战斗。倘若公开定出奖赏的制度，一定会有大批人来应募。那无疑将会增大我军的力量。于是立即下诏，招募边陲的民众，"有能纠合应援官军的人，由朝廷资助粮食，借给作战的武器和铠甲。擒到敌人酋豪将领的，按照俘虏的职位的大小高低，补署给捉拿者官职。捕获辽军，留下活口的，每人赏钱五千，斩杀敌兵首级的，每个三千。捉到战马的也列出等级，上等马赏钱一万，中等马七千，下等马五千。平定幽州之后，愿意留在军队中的，优先发给存禄饷银；愿意解甲回家种田的，免除三年的赋税。"赏赐的规格公开明确地宣布后，前来应募的人越来越多。这些人在与辽军作战中奋勇向前，充分发挥自身的优势，给辽军以沉痛的打击。

第十二章

曹彬三败损兵折将　杨业殉国战死沙场

北伐初期，辽军的增援不能及时赶到，所以宋军获得了迅速的进展。太宗的本来意思是让曹彬的主力持重缓行，把辽朝的主要兵力牵制住，而让西路潘美的军队进攻山后地区。现在，潘美连续攻下寰州、朔州、云州、应州，田重进又攻取了飞狐、灵丘、蔚州，山后要害地区大多被宋军占领。而主力曹彬军也连收新城、固安，又攻占涿州，所到之处无不攻克告捷。每次捷报奏闻京师，太宗都惊讶曹彬进兵太快，违背了事先的策略，担心被敌兵截断了粮道。

这时，赵普见大军出讨幽蓟，久未班师，便上疏太宗："看今年春季出师，将要去收复幽、蓟，屡次听到克敌的捷报传来，民众深感快意。然而，光阴似箭，已入初夏，仍在计划克敌复地。季节炎热，粮草还在急速运送，非常烦劳。战斗尚未止息，王师已日见疲劳。百姓供应军需，几十州的土地，耕桑已损失过半。百姓疲惫不堪，早晚忧思，疑虑日增。臣以为，陛下自从翦平太原，怀柔闽、浙，统一了中原，英名大振，十年之间，臻达广济。远人不服，自古以来，圣王把他们置之度外，不值得放在心上。臣私下认为，奸邪谗谄之辈，花言巧语，蒙蔽圣上的耳目，才兴起这无名之师，深蹈不测之地。臣翻阅历代典籍，颇识前言，窃见汉武帝时主父偃、徐乐、严安等人所上的书文，以及唐朝宰相姚元崇献明皇十件事，都是忠言至论，可采纳实行。恳请陛下在日理万机的闲暇，看看这些建议。失误并不太深，走得还不是太远，只要及时悔悟，仍然能够追回补救。臣认为大举兴兵打仗，动摇百万之众，却犹如用明珠弹击鸟雀，为打一只鼹鼠而发动机关，失去的多，而得到的少。臣又听说战争属于危险的事情，很难保证万全必胜；兵甲属于凶器，最忌长年举扬，不知停息。此事关系重大，不可不慎重考虑。臣还听说上古圣人，不会固执一种意见。若想事件不凝滞，道理贵在变通。古书中有这么一句话说'兵久生变'，非常值得深为忧虑。如果变更图谋进行得缓慢，就会失去时机。现在旬日之间，便进入秋季了。那时候，内地先困，边境早就微寒。辽朝弓劲马肥，而我们则人马疲劳，恐怕在这个时候，指挥失误。望能早日下诏班师，不要轻视敌寇。"

"臣又认为，陛下这次出兵，一定是偏听偏信。小人在陛下的身旁，只知道欺蒙君主。事情成功了，自己就获利，事情不成功，受损害的却是国家。先前商议攻取幽蓟，不知是谁的主谋？毫无根据地胡言乱语，总会被事实揭穿的。请陛下审查虚实，追究妄谬，施以刑典，昭明圣听，以求压服群众的不满之情。臣知古人有以死谏阻君主，老臣虽没有死，也不想为了一条活命，而不向陛下进言。"

太宗看完赵普的上疏后，并不以为然，仍然执意用兵。但是太宗与赵普所担心的事都不幸发生了。宋琪比较熟悉耶律休格的作战特点，在战前他曾指出耶律休格喜欢不与对手正面冲突，而是常设伏兵，喜截粮道。太宗亦担心曹彬进军速度太快，容易被辽朝割断粮道。事情果然就这样发生了。曹彬抵达涿州，辽朝南京留守耶律休格因为兵少，不敢从正面抗击，便不出战。任凭曹彬怎样百般辱骂叫阵，只是不为所动，坚守不出。而到了夜晚，耶律休格派遣骑兵，轻装出击，在曹彬和米信两军之间，掠杀单薄势弱的部队，恐吓威胁其余众军。白天以精锐虚张其势，使得宋军时刻紧张防备，不得休息。宋军非常疲劳，攻击便迟滞下来。耶律休格还命部分士兵设伏在丛林野莽之中，割断了宋军的粮道。曹彬在涿州驻扎了十几天后，粮食吃光了，不得已向雄州撤退，等待军饷的援助。太宗闻知此事后，大惊失色地说："岂有此理！敌人在面前，怎么可以退兵等待粮草呢，真是失策到极点了！"急忙派使臣阻止曹彬不要向前进军，"立即带兵沿着白沟河与米信所率的部队连接，按兵不动，养精蓄锐，虚张声势，继续吸引辽朝兵力。等待潘美军队夺取山后全部地区后，再与田重进合军，会师东下，大军攻取幽州，与曹彬、米信等人聚合。倾全部兵马，与敌兵决战，才是必胜的道理！"

曹彬部队撤退后，部下诸将闻听西路潘美、中路田重进屡屡告捷，步步胜利，而自己部队握有重兵，却不能有所攻取，大家都感到很羞耻，纷纷议论，迫请曹彬进兵。曹彬控制不了浮躁的部下，不得已只好与米信军各自携带五十天的口粮，再次奔赴涿州。

这时，辽圣宗驻扎在涿州城东五十里的地方，听侦探报说曹彬又向涿州扑来，便命令耶律休格和蒲伶领等人率领轻骑，逼近宋军，到宋军吃饭的时候，便来袭击，稍战即退，一日数次，搅扰宋军。因此曹彬军不得安宁，只好结成方阵，缓缓地进军。休息的时候，便挖深沟堑，防止敌兵的猝然袭击。偏偏这时正当天气酷暑，军士在炎炎的烈日下行走，口干舌燥，喉咙冒烟，沿途却找不到一口水井，也寻不着泉水，好不容易看见一汪泥沼，便像遇见救命的上帝一般，一窝蜂似的涌上去，过滤了混浊的泽水，当作解渴的佳品。很多士兵因为口渴或饮用了不干净的泥水，得了疾病。就这样边行边战，共用了四天才到达涿州。军士又累又困，疲乏不堪，而所带的粮食又要用尽了。

曹彬正在焦急，一筹莫展，辽圣宗耶律隆绪与萧太后又从驼罗口领大军增援耶律休格，径直向涿州杀来。曹彬、米信无力再战，只得放弃涿州，令卢斌兼拥城中老幼南下，随即率大军撤退。耶律休格尾随追击，一直追到岐沟关，赶上了宋军。

两军在岐沟关进行了一场激烈的战斗。宋军虽然困乏万分，仍然奋力抵抗，杀死不少辽军。但辽军毕竟以逸待劳，兵精粮足，士气高昂，宋军势力明显不及，不一会儿败相已露。曹彬和米信也不敢硬撑，左右开弓，杀死几个辽军，晃过耶律休格，夺路退败。宋军一时队伍散乱，失踪不少。

曹彬和米信收拾残军，重新整齐队列，人员已经大大减少。晚上，曹彬率军渡涉巨马河，在易水的南岸扎营，李继宣在巨马河苦战辽朝军队，敌兵才稍有退却，大军正在渡越巨马河时，耶律休格的兵马又追上来，宋军慌乱无主，争相抢渡，人马互相践踏，淹死的不计其数。曹彬、米信南逃易州，好容易奔到沙河，大军才敢慢下来喘息一下。正在宋军在沙河岸埋锅做饭时，耶律休格的追兵再次赶到。宋军来不及列阵迎战，立刻溃不成军。辽军疯狂猛击，杀得宋军血肉横飞，连连惨叫，尸首填满沙河，阻住河水，不能流淌。鲜血染红了河水和河岸，宋军丢弃的盔甲兵器堆积得高如丘山。

这次惨战，天地也为之动容。宋军知幽州行府事刘保勋连人带马陷进泥淖之中，刘保勋越挣扎，马陷得越深，一会儿功夫，已经陷进大半。刘保勋的儿子刘利涉见父亲陷进泥淖，慌忙返回来救应，他死死拉住父亲，费尽力气，也无法拉出，反而自己也被坠进泥中，父子两人活活地陷进去，渐渐沉没，死在里面。殿中丞孔宜也在河中落马，溺水而死。其余的宋军拼命逃往高阳。辽军又追杀了一阵，共斩杀宋军达数万人。耶律休格收拾宋军尸体，堆积在一起，筑起一个像山一样的坟墓，称为"京观"。

辽圣宗进驻幽州，升元和殿，大宴从军的将校，封耶律休格为宋国王。耶律休格请求乘胜掠夺土地，直到黄河为界，萧太后没有听从。

潘美派使者送应、朔二州的将吏耆老到京师，太宗召见，大加抚慰，并赐给他们衣服冠带等物品。三天后，宫苑使王继恩从易州快马加鞭，回到京城，太宗这才听说曹彬在岐沟关大败的消息，非常震惊，手中的书籍滑落在地上，竟然顾不上拾。过了许久，太宗才回过神来，喃喃地说："曹彬，曹彬，你坏了朕的大事！为什么不听朕的指挥，妄自出兵？"太宗满面僵滞，目光迷茫，时而掠过一丝憎恨，时而又显出一种无可奈何的沮丧。他双唇紧闭，牙关紧咬，徒然呆坐在座椅上，像被抽去了脊骨似的，无精打采。

大殿上谁也不敢活动，出气也不敢大声，众位大臣心中忐忑不安，提心吊胆。大家在这凝重沉沉的死寂中受着煎熬，似乎过了一个世纪。太宗终于慢慢抬起手臂，抹了抹额头的虚汗，用低沉但含着凄厉的声音说："立即召曹彬、米信和崔彦进等人还朝，命令田重进率领全军驻守定州，潘美还师代州，迁徙云、应、朔、寰四州的吏民及吐谷浑部族，分别安置在河东、京西地区。不得有误！"

先前赵普上疏，请求班师，追查主谋，太宗不与理睬。现在太宗手诏赐赵普说："朕先前兴师选将，只令曹彬等人停顿在雄州、霸州，裹粮坐甲，以张军声，等一两月时间，山后平定，潘美、田重进等汇合兵马，直抵幽州，三军合力驱攘敌军，恢复原有边疆，这是朕的计划。哪知将帅不遵从成算，各持己见，领十万甲士出塞远斗，迅速攻取敌人郡县，却重新退兵，等待粮草辎重的支援，往返劳弊，被敌人有机可乘，失败的责任在主将！"

太宗因为诸将违背自己战前定好的策略，作了一首自勉诗，赐给近臣。当初讨论兴兵攻辽时，太宗独自与枢密院计议，一天六次召见，而中书省则不知晓。曹彬等人兵败后，太宗召枢密院使王显、副使张齐贤、王沔，对他们说："你们都看着，朕从今以后还做这样的事情与否？"太宗既然已经诚心悔过，王显等人都愧疚恐惧得无地自容，恨不能找个缝隙钻进去，当初议兵时，他们都没有发表什么可资参考

的意见。

宰相李昉等人上疏说:"往昔汉高祖率领着三十万大军,被困在平城,最后采用了奉春的进言,定下和亲的策略。汉文帝对外羁縻,内深抑损,于是边城宴闭,黎民百姓,负担卸肩。损伤不多,利益却非常丰博。倘若陛下深念和平。稍减每日千金的消费,秘密诏谕边关将领,微露事机,他们也素来存有这种心思,肯定乐意停息战事,不烦兵力。边境的军尘便可以消弭了!"太宗点头赞许。

太宗担忧辽军必定侵入边境,便任命张永德为沧州知州,宋偓为霸州知州,刘廷让为雄州知州,赵延溥为贝州知州。刘廷让等人都是老将,罢权很久,太宗起用他们,抗击辽军。

六月八日,大名府知府赵昌言上书,请太宗追究兵败责任,斩首败军将领曹彬等人。太宗看了奏章,心中竟然十分快意,下诏褒奖赵昌言,不久召拜为御史中丞。

曹彬等人接到诏书,回到京城。场面分外地冷清凄凉,没有人来迎接、慰问。曹彬等人垂头丧气,心中恐惧,不知等待他们的是什么。说不定皇上怒发冲冠,他们的脑袋就保不住了。这时,贾黄中、雷德骧、李巨源迎面而来,宣读太宗圣谕:召曹彬以及崔彦进、米信、杜彦圭等人到尚书省,听候发落。

七月初一日,贾黄中等人向太宗进言说:"曹彬等人违背作战计划,不听号令,擅自进兵,破坏了整体部署,给敌人以可乘之机,我军出师败绩,实在是曹彬等人的罪失,依照法律,应当斩首。"太宗诏令百官商议处决,工部尚书扈蒙等人主张依从尚书省的判决。曹彬等人穿着白色的衣服,等待治罪。他深深地自责,没有冷静地对待众将的出兵要求,违背了太宗的意志。

其实,他内心亦有说不出口的苦衷。当时,从将是几乎胁迫他下令再次进兵涿州的。他实在情不得已。但现在说什么也无济于事。岐沟、巨马河、沙河，三战三败，损兵折将是铁一样不容分辩的事实。作为主将他负有不可推卸的责任。数万将士抛尸边境，爱兵如子的曹彬心中在流血，他几乎在渴望朝廷的严惩，他深感有罪，对不起伤亡的将士。他自从目睹了浴血奋战的将士大批地倒下去，就遭受着良心的谴责和折磨。这几天，他迅速地消瘦，眼窝深陷，头发枯槁，胡须纷乱，面容青灰，与他刚回京城那天几乎判若两人。他不想为自己解释，不想获得宽恕，他只想尽快获得彻底的解脱。

七月三日，太宗将曹彬降为右骁卫上将军，崔彦进为右武卫上将军，米信以下都一律贬官。当米信、傅潜等军败退时，唯独李继隆的部队整齐地列队回来，便命李继隆为定州知州。幽州之役，唯有田重进的军队保持不败，特地任命为马步军都虞侯。

就在各路宋军接到退兵的诏令时，辽军诸路兵马都统耶律色珍领兵十万到达安定西边，与雄州贺令图的部队遭遇，两军交锋，宋军大败南奔。耶律色珍引兵追赶，在五台山又打了一仗，宋军死者数万人。第二天，耶律色珍乘胜攻陷蔚州，贺令图与潘美率兵前往援救，与耶律色珍战于飞狐，宋军又被打败。于是浑源、应州将领都弃城逃走。耶律色珍又趁机攻进寰州，杀守城的官兵千余人。潘美起初取得的战果几乎丧失殆尽。

潘美在飞狐兵败，副将杨业奉命率兵护送云、应、寰、朔四州的吏卒民众向内地迁徙。那时，耶律色珍已经攻陷了寰州，兵势异常旺盛浩大。杨业想避开敌人的锋芒，便向潘美提出："现在敌军锋芒正旺盛，我们不能和他们冲突。朝廷只令我们取数州的民众，只要领兵出大石路，先派人密告云、朔等州的守将，等待大军离开代州之日，令云州之众先行出兵，我军驻次应州，辽军必定全军来阻截。这样，立即让朔州的吏民出城，直入石碣谷，再派精悍有力的弓箭手一千人把住谷口，以骑兵在中路援助，那么，三州的民众就可保万无一失了!"针对辽军攻占寰州,军势炽盛的情况,杨业提出的迁护三州吏民的行军路线是可行的。

大石路在应州南三十里,由繁峙城沿滹沱河上行,到上下永兴村,北入雁门山,经上双井、大石路、上界河、白马石、赵家窑等村,到应州下社村,为纵穿雁门山的谷道之一,名叫大石峡谷,或大石碣谷。按照杨业提出的这条路线,宋军从代州经繁峙直插应州,形成切断攻占寰州的辽军的后路的态势,必然迫使辽军撤退争夺寰州,把辽军的注意力引开,云朔应三州的民众方可安全撤离。杨业的主张稳操战争的主动权,"善战者制人,而不制于人",充分显示了杨业的胆识。

但是,杨业的正确主张立即遭到监军、蔚州刺史王侁的反对。王侁自大地说:"我们率领着数万精兵,却畏惧怯懦到这等地步!我军应该从雁门山北川中,擂响战鼓,光明正大地前往马邑。"顺州团练使刘文裕也赞成说:"对呀!我们数万精兵,害怕什么?何必绕圈子,兵来将挡嘛。"杨业急忙阻止说:"千万不能鲁莽行事,这样做必然失败!"

王侁素来以宋太宗的嫡系自居,看不起杨业,现在见杨"法懦",鄙夷不屑地看了看他,用恶毒的语言,半是奚落,半是诋毁地说:"君侯平素号称'无敌'。今天当着大敌,却要避开不战,该不是怀有别的想法吧?"杨业一听王侁说话的口气,不屑的眼神,不禁气得须发连颤。他高昂起头,一手按在胸膛,掷地有声地说:"苍天在上,我杨业哪敢怀有异心呢?"王侁趁机说:"那么君侯遇敌不肯直前,想必是害怕一死啰。"杨业愤然说:"杨业岂是贪生怕死的人。我主张避开敌人,是因为敌人锋芒正盛,时机对我们不利,妄自冒进,白白地死伤士卒而不得立功,于国家一点没有贡献,所以不肯急着战斗。大凡领兵的人,总要善知进退缓急。所以古人说'知己知彼,百战百胜'。若只晓得遇到敌兵便要战斗,一味乱冲乱撞,简直不是保国破敌的作为，而是要多送人命！今天，君侯指责我杨业不肯死，我就替诸君先死！"说完，便召集自己的部下并儿子杨延昭、杨延玉，传令厉兵秣马，准备从石跌路直奔朔州。临行前，杨业泣下数行，对潘美说："此行必定不利。我是太原的降将，早该论死，皇上不肯杀戮，还宠任我为地方长官，授予兵权。我此番并非放纵敌人不去击杀，而是避其锋芒，寻找有利的时机，立尺寸之功，报效国家而已！如今诸君责难我逃避敌人，还怎敢爱惜自身！"因而指着陈家谷口说："各位请在那里布置步兵强弩，形成左右两翼来援助，等待我转战之后，必当来到这里，你们可以两面夹击敌人；不然的话，我们将全军覆没，无一生还。"说毕，杨业一声令下，他的队伍拔队启行。潘美与王侁便在陈家谷口布阵驻兵。

耶律色珍听报杨业领兵快到了，立即派遣副部署萧挞览在路旁设置伏兵。杨业军到来后，耶律色珍众兵列开阵势。杨业挥兵前进，耶律色珍佯装败走，杨业当即猛进追击。正在追赶着，忽然道路两侧杀出辽军伏兵，耶律色珍也勒马回头，还兵再战，杨业军被团团围住。杨业兵少将寡，哪里挡得住十万大军的合围，只得命儿子杨延昭、杨延玉兄弟二人断后，自己奋勇当先，杀开一条血路，突出重围，引兵向狼牙村撤退。

埋伏在陈家谷口的王侁从寅时等到巳时，也没有得到杨业的回报，心中好生焦急，派人登上托逻台去瞭望，没有看见什么，以为是辽军败走了。王侁想争夺杨业的战功，立即领兵离开谷口。潘美制止不住，只好沿交河向西南前进。大约行进了二十里地时，听说杨业兵败，便挥兵退走。贺怀浦战死，他的部队全军覆没。

杨业从狼牙村边战边走，从午时直到天黑，果然来到陈家谷口，望见谷口已空无一人，不禁捶着胸膛，悲痛万分，流着泪对两个儿子说："我被王侁等逼迫，一败至此，而今既不能求胜，也不当求生了。

我们且返身再战，与敌人作最后较量，拼个战死沙场，马革裹尸！"杨延玉说："儿谨遵父命。但可教延昭从小道杀出去，寻找潘美，请求救援。倘若援兵早到，或许还有希望转败为胜！纵使请不到援兵，留得一人在，他日面见皇上，还可以说明今日战败的实情，不至于死后还被奸人肆加罪名！"杨业于是命杨延昭杀出去寻求援兵。杨延昭痛哭一场，洒泪上马，循着人稀小路，杀了出去。

这时，辽军逼近宋军，像潮水般涌上来。杨业大喝一声，率领部下奋力作战。杨延玉更是奋不顾身，一边挥动兵器，狠杀敌兵，一边照立着父亲。不一会儿，杨延玉被辽军围困厮杀，身中数枪，热血流洒，染红了战袍，坐骑白马也成了红马。又战了一会儿，杨延玉遭重创乏力，死在马下，杨业不胜悲恸，似乎变得疯狂，他左右挥舞金刀，辽军一排排地倒下。但是杨业苦战了几天，人困马乏，力弱神疲，辽军也是前仆后继，紧紧地围住杨业。

岳州刺史王贵见杨业被困，亲自射杀几十个敌兵，箭射光了，便舞动双拳，又打死了几十人，最后遇害，死得非常壮烈。杨业拼力杀敌，无奈敌兵人多势众，源源不绝。杨业此时也身中几十处创伤，士卒损失殆尽。杨业还在坚持，又杀死数百十人。战马伤重，不能前进，逃匿进深山密林中，辽军将领耶律希达望见袍影，发箭射击，杨业中箭，落马被擒。

杨业骁勇善战，智谋双全，练习攻战，与士卒同甘共苦。弋北天气酷寒，人多数穿皮草，杨业只披着一件绵衣，露坐在寒天里处理军务，旁边也不设火取暖。侍者都几乎冻僵仆倒了，而他却俨然没有寒冷的样子。杨业作战，身先士卒，对待部下宽厚慈爱，士兵们都敬服他，乐意在他帐下听令。

此刻，杨业遭王侁等人逼迫，兵败在这里，麾下只剩下一百多人。杨业大声对部下说："你们各有父母妻子，倚门盼望着你们归来。不要与我同死，赶紧杀出重围，报告天子，说杨业不能再为天子效力了！"部下感动地哭泣着，异口同声大呼："将军就是我们的父母，将军不能活着回去，我们也不想回去，情愿与将军同死！"辽将萧挞览见杨业与部下等人的忠义，也不禁感慨万千，油然而生一种敬意。他大声劝降说："你们被奸臣陷害。败得这么狼狈，又没有了退路，何不投降我国，保你们富贵荣华！"这一百多宋军残兵大声斥骂萧挞览："我们虽被奸臣所害，也绝不向敌人投降，我们为国战死，休再浪费口舌，我们拼个你死我活！"萧挞览把手一挥，辽兵冲上来，尽力砍杀。杨业部下一齐苦战而死，没有一人生还。

　　杨业被擒后，辽朝想劝他归降，便非常善待他。杨业仰天长叹说："皇上待我恩重如山，期望讨贼捍卫边境来报答皇恩。如今被奸臣逼迫，致使王师溃败，还有什么面目求活在世上呢？"于是绝食三日而死。云、应、朔各州及各城将吏，听说杨业已经战死，全都弃城逃走。耶律色珍长驱直入，基本上没有遇到抵抗，全部收复失陷的土地。

　　杨延昭终于在代州见到潘美，潘美不肯发兵。不久便传来杨业父子战死沙场的噩耗，痛哭一场，便写哀表奏闻朝廷。太宗闻报，知道杨业父子都战死了，深为痛惜，下诏赠杨业为太尉、大同军节度使；杨延玉也追赠官爵，并抚恤他的家人，厚赐帛千匹，粟千硕。诏调杨延昭还朝，任为崇仪副使。杨业还有五个儿子，杨延浦、杨延川都授予供奉官，杨延环、杨延贵、杨延彬并为殿直。王贵的两个儿子亦加以录用。陈家谷折损良将精卒，乃是潘美听信谗言，王侁贪功贻误战机导致。削去潘美的现任官职，连降三级；王侁除名，发配金州。

第十三章

攻取幽燕连连失败　迫不得已转攻为守

　　杨业战死后，太宗在近臣当中寻求能够任代州知州的人选。当时，张齐贤因为言事违背了太宗的意图，所以向太宗请求前往代州，于是太宗命他和潘美统领沿边境一带的兵马。

　　八月，以王沔、张宏并为枢密副使。九月，赐迁徙而来的寰、应、蔚等州的民众粮米，又赐北征军士阵亡者家三个月的粮食。十月，以陈王元僖为开封府尹兼侍中，户部郎中张去华为开封府判官，殿中侍御史陈载为推官。太宗召见他们时说："你们都是朝廷的端正之士，要好好地辅佐我儿子！"

　　十一月，新婚不久的辽圣宗耶律隆绪在正殿大宴犒劳南征将校。然后，与萧太后再次率兵南下，大军抵达狭底埚，萧太后亲自检阅辎重兵甲。以耶律休格为先锋都统。中旬，大军行至唐兴县。宋军屯驻在滹沱桥的北面。辽军选择箭术高强的将士，射退宋军，然后放火焚烧了滹沱桥。

　　第二天，大军涉渡沙河。忽然，辽军押着两名宋人来见耶律休格，说："这两个人鬼鬼祟祟，东张西望，在窥探我们的情况，被我们发现，抓来请都统审讯。"耶律体格见抓获了宋朝的间谍，十分高兴。他对两名宋人说："只要你们去泰州，告诉守将，速来归降，我保证全城百姓的安全和你们的富贵。"两名间谍大义凛然，不为所动。节度使卢补古、都监耶律盼战于泰州，辽军被宋军打败。萧太后诏耶律休格等将领商议伐宋计策。

十二月，耶律休格在望都战败宋军。这时，宋朝瀛州都部署刘廷让（刘光义，因避太宗讳改为现在的名字）听说辽军出兵，便率兵数万骑，沿海而行，约边将李敬源，合兵一处，声言北上攻取燕州。耶律休格探听得这个情报，抢先一步，领兵扼守要害之地，进逼瀛州。恰巧萧太后与辽圣宗的主力大军赶到，与宋军在君子馆展开一场激战。刘廷让没有料到敌人的主力迅速来到，不由得大吃一惊，急忙号令军队迎战。

这时正是寒冬腊月，地冻天寒，北风呼啸，凛冽刺骨。宋兵冻得缩手缩脑，皮肤干裂，骨节僵硬，连弓弩也拉不开了，哪里还有斗志呢？刘廷让自己虽穿得厚实，也忍受不了这寒冷的气候。他勉强坚持，督促士兵前进拒敌，兵士们却举步维艰，很多人坚持不住，有的干脆后退逃避。

辽朝人生长在北方，受惯了苦寒，得天之助，看到宋兵畏寒溃散，备受鼓舞，把刘廷让军层层围困，水泄不通，飞鸟难逾。厮杀之中，李敬源、杨重进不幸阵亡。在战前，刘廷让把精兵分给沧州都部署李继隆，留在后路作援兵。李继隆误期不来援救，却退守乐寿。刘廷让孤军奋战，寡不敌众，全军覆没，死者数万人。刘廷让仅带着数骑，突围脱走，侥幸保得一条性命。

在此之前，耶律休格认为雄州知州贺令图是个生性贪婪的人，准备投其所好，趁机消灭他。于是，耶律休格派间谍悄悄地潜入雄州，哄骗贺令图说："我在本国犯了罪，早晚情愿归顺宋朝。求使君为我提前通融！"贺令图贪功心切，轻率无谋，对耶律休格的话不细考虑，竟然信以为真。他大喜过望，当即让来者回去报告耶律休格，答应他的请求，并私下赠送重金十两。

第十三章 攻取幽燕连连失败 迫不得已转攻为守

等到刘廷让败走，耶律休格在军中传言说："愿得见雄州贺使君。"贺令图因为早已被他哄骗住，心想耶律休格果然要来投降了，这可是大功一件，不能让别人占去，也不愿与人分享。于是，贺令图也不和将校计议，自己带着几十名骑兵前去迎接耶律休格。快要到了耶律休格的营帐，离得只有几步远，只见耶律休格在行军床上骂道："贺令图，你平常喜好经营规划边防事务，今天是来送死的吧！"命令左右把贺令图带来的几十名骑兵全部杀死，把贺令图捆缚起来，解送幽州去了。

当初，贺令图与父亲贺怀浦首先提出北伐的谋略，一年之中父子皆败，成为当时的口实笑料，从此之后，边将再也没人敢提议攻取幽燕了。贺令图、刘廷让、杨重进等人失败后，河朔一带的宋朝守兵毫无斗志。辽军乘胜南下，占据雄州后，接连攻陷深州、邢州、德州，杀死官吏，俘虏士民，大肆掠夺豪取，放火焚烧店铺宅舍，把搜索强抢来的金银财帛运回本国。河北的人民遭受的苦难尤其深重，难以言表。刘廷让回京师请罪，太宗知道失败是因李继隆延误，没有责罚刘廷让，而下令追缉李继隆，交付中书省审问，不久也释放了。

东头供奉官马知节监博州军，闻听刘廷让溃败，担心辽朝军队乘胜重新南下侵犯，于是命令吏民修缮城垒，巩固防御，备置器械，征召壮丁，集聚粮草，半月时间，一切就绪。刚开始命令准备时，大家都以为是多余生事。过了没多久，辽朝军队果然到来，见博州已经有所防备，城垒坚固，兵强粮足，便不敢再战。博州城的吏民们欢呼雀跃，叹服马知节的远见卓识。

十二月下旬，辽朝的军队又进逼代州城。神卫都指挥使马正率领部属在州城南门外列队迎敌。然而众寡悬殊，只得退入城内。代州副部署卢汉赟畏惧怯懦，不敢出战，只是一味地坚壁固守。代州知州张齐贤选厢军两千人，慷慨誓师，出城御敌，张齐贤亲自督领，两千健卒，个个奋勇力战，以一当百。辽军抵挡不住，退却十余里。

在此期间，张齐贤派遣使者去约请潘美，发并州的兵马前来会战，夹击辽军。使者见了潘美，潘美许诺出兵，命令使者先回代州复命，自己随后调集并州兵马。使者在回代州的途中，不幸被辽军发现捕获。张齐贤在代州等候消息，不见使者回来，心中非常担忧。不久，潘美所派的使者到来，说："潘美出兵并州，走了四十里，刚到柏井，忽然接到太宗的密诏，说'东路军在君子馆战败，并州兵马只宜坚守，不许出战。'现在军队已经退回并州，特地来告知，再想对策。"

这时，辽朝的军队布满平川，张齐贤说："并州既然接到我们的约请，那么说明使者是在回来的路上被抓的。现在并州使者顺利到达代州，也就是说，辽朝至多只知道潘将军将要发兵前来援助不晓得潘美已经退兵。我们干脆将错就错！"于是把潘美的使者留住，关闭在密室中，以免走漏风声。

当天夜里，张齐贤派两百名士兵，每人手持一面旗子，背一捆干草，趁着黑暗火速赶到距离代州城西南三十里的地方，排成长长的队伍，举起旗帜，点燃干草，虚张声势。又命令步兵两千人，先去土磴寨埋伏，看到辽朝军马来到，一齐冲击掩杀。准备妥当之后，张齐贤率领代州精兵，突然擂响战鼓，杀奔辽军的营寨。辽军捕获代州使者，知悉潘美要带兵前来，正自狐疑，突然听见代州军鼓震天，张齐贤军杀过来，慌忙唤起士兵，仓促应战。

宋军冲入敌营，如一群生龙活虎，锐不可当。辽兵拼命抵抗，却又看见西南角上火光冲天，旗帜隐隐晃动，不知有多少人马，以为并州潘美的军队来到，惊恐异常，无心恋战，立即逃跑退走。宋军在后面乘势追赶，辽军向北逃到土磴寨，埋伏在那里的宋兵，如神兵从天而降，乘其不备，突然袭击。

辽军被弄得晕头转向，猜不透宋军究竟增加了多少兵马，慌作一

团。勉强抵抗了一会儿，急急地逃遁。辽朝国舅详稳挞烈哥、官使萧打里死在乱军当中。宋军斩敌数百人，俘获战马两千匹，器械不计其数。辽军的锐气受到挫伤，不敢小觑代州了。张齐贤把功劳全部归给代州副都署卢汉赟。卢汉赟向太宗告捷，太宗下诏褒奖。后来察知卢汉赟阵前畏缩，没有交战，罢为右监门卫大将军。

虽然张齐贤在代州力挫辽军，并没有损失辽朝多少兵力。相反，宋军现在的战斗力几乎等于完全丧失。十二月底，辽军不断攻克宋军城池。辽军攻拔冯母镇，纵使军兵掳虐烧杀攻陷邢州、深州，因为守城的宋兵不立即投降，竟然把守将以下全部诛杀，大肆掠夺财物。当时，沿边境一带的宋军不满一千，浑身疮痍，遍体鳞伤，四肢乏力，毫无战斗力，大多是征召的乡民当兵，都是平常百姓，没有打仗的经验。所以，辽朝军队所到之处，长驱直入，势力越来越强大。雍熙四年（公元987年）正月，辽军又攻破束城县，抢掠一空。抵达文安，派人前去招降，文安守将不予理睬，辽军猛烈攻击，突破了宋军防守，占领了文安，杀光了文安城的壮年男子，俘虏了全城的老人孩子。辽圣宗回到燕京，论功行赏南征将士。

宋太宗下诏："各行营将士战败溃散，一律不再过问。沿边境城堡防备抵御敌人有功劳的，一律上报；死于王事的文武官员要记录在案，录用其子孙为官。免除河北雍熙三年（公元986年）以前的欠租；凡是被敌军蹂足蔺践踏的地区，免服三年徭役；凡敌军经过的地区，免服二年，其余地区免服一年徭役。"

二月，修治河北各州、各军的城壕。太宗屡得边报，辽兵连连克城，无恶不作，因此准备再次大举发兵，讨伐辽朝，派使臣在河南河北四十余郡招募士兵，充当义军，每八名壮丁招募一人。京东转运使李维清叹息说："如果这样，天下将无人耕田了！"他连续三次上疏太宗，请求减少。

宰相李昉等臣也上言说："最近分派使臣外出招兵，河南、河北四十余郡，八丁取一。臣等听一些议论，都说边境的民众，他们世代专务农桑，根本不熟悉战斗。这么仓促招募恐怕人心浮动，因此而转为盗贼，更必须剿除了，反而违背了本意，而且春天土地复苏，正值耕种时节，现在去募兵，妨碍了农作要务。请陛下严格命令派出的使臣，所到之处，如果人情不安，难于点募，必须立即减少名额，或延缓募集，以免生出事端。"

　　开封府尹陈王元僖也上疏说："精心选择锐利的军队，分别戍守边疆城池。敌人来到则与他交战，敌人退去也不必追赶，有备无患，自古就是这个道理。募集乡兵，即使人多，又有什么用处！何况河南的人户不能熟悉武艺，不可全部充当军队。河北缘边各州，有很多闲暇时练习骑马射箭的，可以选来补充在军中，令他们就在本地守押城池，而河南各州就一切停止吧。"太宗见大家都不赞成在河南征兵，于是诏书只在河北招募义军，其他各路全部免招。然后，太宗又诏令群臣进献安定边疆的策略，殿中侍御史赵孚奏议，请求太宗内修战备，外许欢盟。太宗嘉奖赵孚，采纳了他的建议。

　　五月，太宗任命侍御史郑宣、司门员外郎刘墀、户部员外郎赵载并为如京使，殿中侍御史柳开为崇仪使，左拾遗刘庆为西京作坊使。柳开是大名人，起初以殿中侍御史兼任见州知州，因为和监军发生纷争，被贬为上蔡县令。从涿州回来后，到京城上书，愿意效命国家，战死在北部边境，太宗怜惜他，恢复原来的官职。柳开又上书说："臣受到非常的皇恩，没有回报。现在才四十岁，膂力过人，愿请陛下赐给臣步兵骑兵几千人马，任命到河朔用兵的地方，一定能出生入死，为陛下重新攻取幽蓟。"当时，太宗也想并用文武官员为边关守将，于是诏文臣中有武略、懂得军事的人，允许转为武将。柳开与郑宣等文臣一起转换为武职。这表明了太宗边疆守备政策的一大转折。

宋朝和辽朝之间的征战，主要焦点在于幽云地区，宋辽双方互不相让，连年兵火，战乱不已。宋太宗即位后，为了建立自己的丰功伟绩，继续发动了统一战争。收复北汉后，紧接着对辽朝用兵，企图夺回后晋时割出去的幽云地区，将辽朝驱逐到长城以北，使整个黄河、长江流域的广袤国土统一起来，长治久安。宋太宗的出发点是正确的。这也是一项伟大的事业。

为此，他曾不辞劳苦，不畏艰险，率兵亲征，身先士卒，甘冒矢石，令人敬服，也受到将士的拥戴。对辽朝的战争也取得了一些胜利，但是至多是局部的、暂时的，总起来说，胜少败多，而且每次败得相当惨重。高梁河之战和雍熙北伐两次失利，宋军损失了所有的精锐，丧失了进攻的主动权，从此陷入了消极防御、被动挨打的局面，再也没有力量主动讨伐辽朝了。

宋军屡战屡败的原因是多方面的。若论实力，辽朝远远不如宋朝。《辽史》记载辽朝总兵额五十万骑，不过是浮夸之词，实际上未必满三十万，能投入对宋作战的兵力不过十万。而宋太祖开宝年间，已有兵三十七万八千人，太宗时代，增加到六十六万三千人，是辽朝军队的几倍。虽说辽朝骑兵剽悍，是宋所不及的，但从总体兵力上来说，宋并不亚于辽朝，经济力量也比辽朝雄厚稳定。辽朝属于北方游牧民族，马逐水草，人仰湩酪，畜牧业的发达是辽朝富强的基础，其富以马，其强以兵。然而游牧业容易遭受风雪等自然灾害，脆弱而不稳定；限于当时的设备和技术，畜牧业所产食品，如肉类以及乳酪等，不易长期贮藏。除了畜牧业外，就农业、手工业和商业等方面说，辽朝还不如宋朝。

虽然在综合力量上，宋朝要强于辽朝，但是，军事是一门复杂的科学。双方的兵力，经济力量的对比，固然是决定战争胜负的重要因素，然而并非唯一的因素，在当时宋辽对峙、旗鼓相当的情况下，最高当局的决策是否正确，是否知己知彼有充分的准备，民心向背，战略战术的运用以及将领的临场指挥、军队的纪律以及军士的素质等，都足以影响战争的胜负。

宋太宗即位后，政治上大权独揽。为了消弭因即位产生的疑忌和危机，太宗急于建功立业，提高自己的威望。北汉灭亡后，宋与辽朝之间出现了正面交锋。宋太宗被灭汉胜利以及白马岭挫败辽朝援军冲昏了卤，执意决定北攻辽朝。其实，太宗并不清楚敌情，轻敌思想严重。辽朝自耶律阿保机建国到萧太后执政，国势一直处于上升状态，有较强的经济和军事实力。只有辽穆宗荒耽于酒，不理朝政，嗜杀不已，导致天下愁怨，给了中原王朝战胜辽朝的最好时机，周世宗就是在此时期取得瀛州、莫州和瓦桥关的。

公元 968 年，穆宗被奴隶杀死，辽景宗继位，人望中兴，群臣贤，君臣和睦政治好转。公元 982 年，景宗死，圣宗继位，萧太后摄政，明达治道，习知军政，闻善必从，所以群臣纷纷竭尽全力，效忠于辽朝。其中有通晓古今治乱的是善于理政的室昉，有识大略，明大体的韩德让，有勇有谋，智勇双全的耶律休格等人。这些人辅佐圣宗，尽心尽责。萧太后宽厚能容，笼络人心。不仅百官齐心，甚至连边境的燕民也被招抚返归。耶律休格主持南边军务，治军得法，深得民心，很快完善了南部边境的防御体系。

宋太宗决意北伐时，萧太后已经协调了内部矛盾，稳定了政权。贺令图等人所提供的辽朝情报"太后专权，宠幸用事，大臣不附，主幼国疑"，已经不符合太后摄政四年后的实际情况了。而宋太宗也不细究情报是否属实，便一次作为大举用兵的政治前提妄自决意北伐，必然导致战争的失利。

而宋朝这边，在平定南方的战争后，随即平定北汉，讨伐辽朝，实力一直没有得到恢复和充实。连年征战，军需消耗较大，向百姓征

第十三章　攻取幽燕连连失败　迫不得已转攻为守

收税赋，给劳动人民带来沉重的负担。兵役与赋税也导致社会矛盾日益激化。人心思安，厌倦战争，军士疲乏，都不愿行军。再加上行赏不及时，将士都怀满怨怼，更缺乏战斗积极性。双方实力相比，彼长此消，一逸一劳，胜负已有分晓。

另外，宋太宗实行的边防政策也是致使北伐辽朝失败的原因之一。太宗即位初期，太平兴国二年（公元977年）正月，采取了一项重要措旋，禁止藩镇回图贩易。五代时期，藩镇多派遣亲近官吏往各道回图贩易，经过之地一律免除抽税。藩镇靠这项收入，养马千余匹，童仆千余人。到宋朝建立时，大功臣几十人仍然沿袭了这一旧习。

太祖时期，实行赵普提出的"削夺权力，制其钱谷，收其精兵"三大纲领之后，节度使的权力大都被剥夺了，已形不成患害。留使、留州的钱财被取消，有通判掌管各州的财政，财政盈余又全部送往京师，上交中央，一般节度使的财力已经所剩无几。而太祖对边防将领实行特殊政策，专任边将，太祖说："安定边关，必须选择良将。如果边将能符合要求，必定优恤他们的家属，给予他们丰厚的爵禄，多给予公钱以及各州的税利，使他们回图贩易，特地免去税算，听凭他们招募骁勇，以为爪牙。如果他们财用丰盈，必然能够扩大军事，保证边疆的安宁。"

所以，在没收节度使的军事和财政大权的时候，并不禁绝边境诸将的财路。太宗即位后，为了进一步加强中央集权，限制边防将领的权力，诏令中外臣僚，从此不得乘驿转出入，贩卖货物，牟取厚利，并不得令人在各处回图，和百姓争利。这是太宗边防政策的第一个重大改变。高梁河之战失败后，边防将领作战不力，与这项禁令不无关系。因为缺乏财力，无钱备置间谍探马，无法远探消息；又没有财力重赏士卒，让他们尽力而战，边防军的战斗力不能不受到削弱。

太宗还疑忌和轻视武将，这根源于太宗多疑的性格和消极地接受唐末五代军事政变的教训。宋太祖虽然削夺节镇的军权，但重视边关防务，用将专而不疑，前方将帅能够便宜行事。太宗却一改这种做法，大行猜疑之法。如弭德超密告枢密使曹彬掌握兵权日久，深得士兵爱戴，太宗便起疑虑，虽然臣僚极力进言解释，仍然免除曹彬的职务。太宗任命赵昌言为川陕都部署，听说他长相不好，类似反相，便派人在赵昌言上任的途中追停他的职务。太宗还派亲信对武臣边帅进行临视。而太宗命将，非近幸不信，非姻旧不委。另外，太宗还限制边防武将的权力，不敢委以全权，付之重兵。

不许将帅设置亲兵，在宋太祖时已经相当严厉。史珪、石汉卿诬告张琼豢养部曲百余人，作威作福，宋太祖将张琼赐死，后来才知道是诬告，宋太祖斥责石汉卿，而石汉卿胡诌一通，说张琼养的部曲以一敌百，太祖也没有再追究其罪责，竟不了了之。韩重赟也曾被人诬告私自培养心腹亲兵，太祖大怒，想杀掉韩重赟。

太宗更是禁止将帅设置亲兵。田锡就认为杨业在朔州被擒，足因为杨业陷阵之后，没有自己的心腹亲兵掩护御敌。亲兵自唐末五代以来，确实为藩镇的得力助手，宋太祖、宋太宗一概禁止收养，不免有些"因噎废食"了。太宗为了防范武将专权，干脆取消了将帅对部属节制、处分的权力。古今中外从来都谈论节制之师，才能有战斗能力，经得住各种考验，而宋军上下级之间，却没有从属和统辖的关系。涿州之战，统帅不知将校之能否，将校不知三军之勇怯，各自不相管辖，以谦谨自任。而三军士兵也不了解大将，造成纪律散漫，号令不能相通，首尾不能相救，将帅没有威严，无法统一指挥，配合作战。

宋太宗也有刚愎自用的毛病。他剥夺将帅独立指挥军队的主动权，将帅身在疆场，也必须听从皇帝的调度。太宗深居宫中，远离前线，仅仅靠自己同某些大臣的主观臆测，制定作战方略。临出征之前，亲自授予将帅作战方略，或者赐予阵图，要求将帅严格依据阵图方略作

战，这就是"将从中御"。将领们左右为难，作战计划必须根据实际军情具体而灵活地制定，怎么能够预先设计，而且不允许随便改易变更。战争当中，情况千变万化，瞬间风云突起，刀光剑影，血雨腥风。将帅应该时刻把握时势的变化，随时变化应战计策。

而现在，太宗用预定的方略和阵图缚住将帅的手脚，使将帅们无所适从。若完全依从，不符合军情；若擅自改变，则违背了皇上的旨意。更为奇怪的是，按照阵图打了败仗，不会受到什么处罚；而抛弃阵图，因时因地制宜，机动作战，反而会背上冒犯天颜的罪名。因此，大多数武将为了逃避罪责，只得机械执行太宗的阵图，不敢违背。

太平兴国四年（公元979年）满城之战，太宗授予诸将阵图，使他们分为八阵，猝然遇敌，各阵相距太远，首尾不接，士兵疑惧，未等交战，败形已露。赵延进认为应该合兵一起抗击敌人。而主将崔翰不敢擅自改变太宗的诏旨。如果不是赵延进与李继隆据理力争，并愿承担责任，合八阵为二阵，宋军肯定要吃败仗的。

雍熙三年北伐，事必躬亲的太宗没有亲临前线，而以曹彬、田重进、潘美等分任东、中、西三路军统帅，彼此不相统属，由他坐镇京师，遥控指挥，从而使各路军马无法相互配合和照应，导致各路相继失败、撤兵。

宋朝虽然军队众多，但太宗让他们分兵防守，不让有才能的将领统一指挥，主动歼击敌人。面对敌军的不断进攻，太宗不是设法集中兵力主动出击，而是在河北沿边的平原上开挖河渠塘泊，筑堤储水，弯弯曲曲九百里，企图以此作为屏障来防备辽朝骑兵的冲突。对于侵入边境的辽朝军队，只令宋军坚壁清野，不许出兵。即使不得已出兵，也只允许披城布阵，又临阵不许相杀。结果束缚了军队的手脚，把宋军置于被动挨打的境地。

边防政策产生的副作用是很大的，而具体的战役所采用的战略战术是否正确也相当关键。而宋朝恰恰均出现了失误，主要责任还是要由宋太宗承担。首次北伐，是在刚刚攻克太原不久，军队疲劳，军需消耗严重，而太宗转兵攻伐辽朝，准备不足。

979年春，辽景宗令耶律希达率兵支援守燕部队。夏，又派耶律学古、耶律休格等增援。在此之前，幽燕守御力量薄弱，宋军应在经过充分准备的基础之上，于979年正月衔枚疾进，直取幽蓟，暂时置太原于不顾。太宗没有这么做，而是在攻下太原，士兵疲惫不堪，需要休整的情况下继而围攻燕京。耶律学古穴地进入燕京城，增强了守御力量；而此时辽朝援军赶来，在高梁河大败宋军。其实，宋太宗此时应该采取围城打援的战术，围困燕京而不急于攻打，以主力阻击援军，待援军打退，燕京孤城作战，必破无疑。

雍熙北伐，在战略战术上亦存在重大失误。宋太宗将北伐分为三路军马，两个战场。西线宋军的战略迂回归根结底仍然是挺进幽州地区，参加主力决战。即使辽朝主力果真被曹彬、米信西路牵制在幽州，不能西援，坐视潘美、田重进攻城掠地，一直插到燕京以北，也没有改变两方主力在燕京下决战的局面。这时，东路军固然锐气正足，但经过千里转战的西线宋军必定已经疲惫不堪，战斗力大幅度下降，而且与坐甲雄州的曹彬失去了任何联系。北有辽朝各路援军，南有辽朝主力和燕京坚固堡垒，西线宋军已处于孤悬敌后的势态，能否承担夹击任务，大成问题。一旦北方辽朝援军南攻，南京（幽州）辽朝主力北压，反倒形成了西线宋军受辽朝南北夹击的局面。

届时，曹彬、米信的攻势再猛烈，恐怕潘美、田重进也难逃灭顶之灾。况且，西线两军的作战任务过于沉重，潘美、田重进率领的部队相对于曹彬主力，是两路偏师，根本无法承担。按照太宗的战略意图，潘美等军不但要攻占山后的云、朔、寰、应、蔚、武、儒、妫、新等九州和飞狐、灵丘等战略要地，控制太行、熊耳、军都、燕山一

线的关口要隘，还要占据山前的顺、蓟、檀三州，并切断东北辽朝军队的来援之路，才算完成了战略迂回的任务，才能真正形成对燕京的战略合围。作战任务如此庞大艰巨，是西线两军无法完成的。

即使各地辽朝军队不作坚决抵抗，潘美、田重进如入无人之境，那么攻打下来的城镇要塞也很难处理。假如弃之不守，被辽朝夺回，那么迂回部队便失去了与后方的联系，军需、通讯等问题均无从解决；如果留兵驻守，则两路偏师力量有限，攻一处，守一处，兵力根本不敷分配。如果没有大规模后援，则插到燕山一线时，潘、田已成了光杆将军，但如大举增援西线，就使潘、田变成了主力，曹、米部队倒成了偏师，这更违背了宋太宗的意图。而此时，宋辽双方投入的兵力，宋军并没有明显优势。加上辽朝军以骑兵为主，机动性强，速度快，利于远距离奔袭和平川野战等因素，极有可能在局部战场上形成辽军对宋军的绝对优势。

在这种战略势态下，宋军北伐应该以己之长，克敌之短，首先在西线发起强大攻势，利用当地关山纵横，不利于骑兵作战，而辽军又非应战不可的有利条件，将辽军主力置于山地战状态，在强有力的后勤供应保证下，实施战术偷袭，猛扑燕京，力求一举攻克。只要攻克燕京，东线宋军以此坚固城池为依托，就掌握了战争的主动权，战局应当会大有改观。即使此时西线宋军失利，甚至被迫放弃若干边界城池，也无碍大局，因为辽军势必回师东向，来争夺燕京。

那时，燕京已经被宋军控制在手中，辽军想战也不那么容易，进退两难，这就给宋军进行主力决战，歼灭辽军于幽州城下创造了良好的时机。然而，宋太宗没有采取这样的安排，反而是以自己的主力对敌人的主力，让偏师放手大干，千里转战，迂回燕北，实在是主次颠倒，本末倒置。即使西线完成了战略迂回，那么，辽军有燕京坚城为依托，又在主力未损的情况下，与宋军在有利于骑兵发挥作用的华北平原上进行运动战，战局也仍然对辽朝有利，而不利于宋军。况且宋军西路偏师已经元气大伤，辽军却有东、西、北三路援兵的呼应配合，宋军根本无法歼敌于燕京城下，更谈不上攻克燕京了。

雍熙北伐，战略重点的失误，是关键性的原因。宋太宗本人到失败时还没有意识到这一失误，他把罪责归咎在东线主力的将帅身上，尤其是他曾一度怀疑过的曹彬身上。宋太宗认为失败是由于将帅等不遵成算，各持所见，东线主力进兵速度过快，违背了他的持重缓行的战略部署，打乱了他的战略意图，以致被辽军钻了空子。曹彬受制于众将，指挥失当，不遵太宗成算，冒进求战，给战局带来极大的不利，固然有才不可推卸的直接责任，但起决定作用的，还是战略上的失误。

当然，战争失败的原因是复杂的、综合的。在战斗过程中出现的违背命令，贪功冒进，不能协同救应等问题，往往破坏整体部署，或者延误战机，也致使战斗失利。出战之前，熟知敌情的宋琪上疏指出，辽朝将帅善于设伏兵、断粮道。

久经沙场的曹彬对敌军的这种战术，应该有所了解而预筹对策。而耶律休格就是以这种战术击溃了宋军主力东路军曹彬部十万之众。曹彬对了东路军的溃败难辞其咎。西路军方面，先是王侁等人刚愎自用，拒不采纳杨业的正确意见，迫使杨业进行一场必败的战斗，继而王侁贪婪争功，潘美退却，群帅败约，援军不前，以致杨业被擒牺牲。相反，辽圣宗及其统兵大将却很少犯有类似的错误。辽朝统治者上层善于运用自己的实力，采取正确的作战指导方针，各路军马遥相呼应，援军相继不绝，也充分发挥了将帅们的指挥能力。耶律休格在大胜曹彬、米信后，请求追到黄河，萧太后不准，引兵回燕京，无疑是正确的抉择。

无论从政治目的出发，还是从军事需要着眼，宋太宗发动夺取幽云地区的对辽战争，都是有着必要性和必然性的。宋太宗想要统一中

国，这是正确的，具有重大的意义。这次北伐，是北宋历史上准备最充分、对辽朝发动的规模最大、影响最深远的一次进攻战。雍熙北伐失败，宋军损兵近三十万，宋太宗不但建功立业成了泡影，而且把宋太祖以来训练的精锐部队也损失殆尽，不仅使宋朝长期无法在军事上恢复进攻能力，北宋君臣更因此丧失了"收复"幽云的决心和信心，从此转攻为守，在今后的百余年中一直处于消极防御、被动挨打的战略地位。

第十四章

赵普入相举荐贤德　徐河大捷边疆无事

雍熙北伐失败后，宋太宗改变了边防政策，主要是以守为主。他下诏起用文臣中有武略知兵的，如柳开、郑宣等人。但太宗预授阵图方略的做法并没有什么改变。雍熙四年（公元987年）五月，太宗诏令并州都部署潘美、定州都部署田重进入朝。太宗拿出《御制平戎万全阵图》，召见潘美、田重进以及崔翰等人，亲自授予他们进退攻击的方略，并且写了《将有五才十过》，赐给他们。

这年十一月，山南东道节度使赵普来朝，太宗抚慰赵普。赵普见到太宗，感动呜咽，太宗也为之动容。开封府尹陈王元僖上疏说："赵普是开国旧臣，厚重有谋，愿陛下重新委任他参政。"太宗听后，想到这次北伐，朝中诸臣没有几个能献计献策，心中感慨良多。

这年冬末，太宗想要革新政治，剔除北伐失败的阴影，降诏改元端拱。端拱元年（公元988年）正月，大赦天下，亲耕籍田，二月，太宗认为补阙、拾遗等官名大多因循墨守，不修职业，改左、右补阙为左、右司谏，左、右拾遗为左、右正言。这时，有个名叫翟颖的平民，性情阴险怪诞，和知制诰胡旦交往密切。胡旦写了表章，让翟颖进上，而且把翟颖的名字改为马周，以为唐太宗贞观时代监察御史马周复出了。于是马周击响登闻鼓，诉讼宰相李昉说："李昉身居宰相之位，当北方有事的时候，不为边事准备，只知道赋诗宴乐，实在

失职。"

太宗的确对李昉有些不满，现在见有人提出意见来，便想罢免他。因为正赶上讲籍田，稍加容忍。籍田完毕后，召翰林学士贾黄中起草罢免李昉宰相职务的诏书，将李昉降为尚书右仆射的制书，并切责他的过失。贾黄中说："仆射，百僚的师长，实际上也是宰相的职任，现在从工部尚书迁为尚书仆射，没有黜责的意思。如果说文昌务简，均衡劳逸来措辞，才算得体。"太宗准许。

李昉温和敦厚，宽以待人，在相位小心醇谨。每当有人请求进用，李昉即使知道此人才能可取，也必定会严肃地拒绝，最终擢用。或者请求的人不足于进用，李昉也和颜悦色，婉言对待，他的门生子弟不理解，李昉说："进用贤才是国君的事。我如果接受人的请求，是拿着公事收买自己的恩惠，所以冷漠地拒绝他，从而使这个恩情归在皇上身上。如果不进用人家，既让人失望，又不说些好言好语，就会遭到人家的怨恨。"

李昉罢相后，太宗想任吕蒙正为相。因为吕蒙正新进用时间不长，正好赵普在朝，便留下赵普，任命为太保兼侍中；授吕蒙正同平章事，借赵普旧有的声望威德作吕蒙正的表率。太宗对赵普说："卿是国家元勋老臣，朕还要倚靠多年。希望卿不要以位高自己放纵，不要以权重就自骄自大。只要能严谨赏罚，消弭爱憎，军国还愁不强大！"

吕蒙正品质厚道，宽恕简朴，声望隆重，坚持正道，遇事敢于发表意见。每当议论时政，有不当的地方，必然说出不可。太宗欣赏吕蒙正的没有私心，所以和赵普一同任命。吕蒙正晚出后进，骤然与开国元老赵普官位相同，赵普也非常看重推许他。

赵普再次入朝为相，正当立在朝班宣读制文时，工部侍郎、同知京朝官考课雷德骧乍听这一消息，吓得笏板从手中坠落也没觉察。他立即上疏，乞求归乡。太宗问他具体原因，雷德骧便把从前与赵普的仇隙告诉太宗。太宗挽留劝谕了很久，雷德骧坚持要走，太宗只好答应，对他说："你只管回去，朕会保全你的。"雷德骧终于罢去京朝官考课，仍然奉朝请，太宗特赐给他一些白银。

赵普再次拜相，不为儿子求官。太宗特地命他的次子赵承煦为官。赵普告诫儿子们说："我本是一介书生，偶然逢遇昌运，受到朝廷的过分恩宠。自然应当以身许国。私家的事情，我不会参与。你们应该勤奋自勉，不要加重我的过失！"

六月，右领军卫大将军陈廷山谋反被诛。八月，武胜节度使邓王钱俶死去，太宗特地七日不上朝，表示哀悼。追封钱俶为秦国王，谥为"忠懿"，命中使护丧事，葬在洛阳。钱俶纳地归顺宋朝，任太师、尚书令四十年，为天下兵马大元帅三十五年，初封为淮南王，雍熙年间改封为汉南王，不久改南阳王，钱俶坚持辞让国王的封号，于是改封为许王，端拱元年二月又封为邓王。钱俶善始善终，富贵之极，福履之盛，近代无比。

这年九月，辽圣宗率领兵马进攻涿州，写好帛书，用箭射进涿州城，劝谕城中将士归降，涿州守将不从。辽朝军队四面围攻，涿州城被攻破，守将投降，辽圣宗安抚众人。驸马萧勒德、太师萧挞览被流矢射中。不久，宋军败退，耶律色珍等追击，大败宋军。十月，辽军攻破沙堆驿。把降军分别设置七指挥，号为归圣军。奚王筹宁在益津关战败宋军，随后进军长城口，定州守将李兴率兵迎战，被耶律休格击败。

十一月一日，辽圣宗命令各军备置攻城器具。七日，亲自率领兵马攻打长城口，分四路从四面一齐进兵。长城口将士抵挡不住，溃败突围，向南退走。耶律色珍招降，没有人反应。辽圣宗与韩德让相邀击杀，把宋军杀死无数，其余的全部俘虏。十一日后，连续攻拔满城、祁州和新乐三处，又攻破小狼山寨，到达唐河北。宋军诸将准备按照

太宗的诏书行事，坚壁清野，不与辽军交战。定州监军袁继忠说："敌人骑兵已经逼近，我们城中屯驻着重兵，却不能歼灭敌军，让敌人长驱直入，难道这就是我们的军队的用处吗！我准备身先士卒，死在敌阵当中。"袁继忠慷慨陈词，众人都深深叹服，准备和他一起出城迎击敌军。中黄门林延寿等五人还拿着诏书阻止他们，都部署李继隆说："将在外，君命有所不受，可以自专。往年河间没有立即死去的，现在终于有报效国家的机会了。"

于是和袁继忠出兵拒敌。先前，易州静塞骑兵尤其骁勇果敢，李继隆收取来隶属麾下，把他们的妻子儿女留在城中。袁继忠对李继隆说："这些精兵，只能让他们把守城池。万一敌寇到来，城中谁来捍卫，抗击敌兵！"李继隆不听。不久辽朝军队果然前来侵犯，易州被攻陷，精兵们的妻子儿女都被敌人掠走。李继隆又想把这些精卒分别隶属在各军当中，袁继忠阻止说："不可，只要奏请增加军饷数额，给予优厚的供给，使他们竭尽全力就行了。"

李继隆听从了劝阻，众人都很感动欢悦，李继隆趁机请求他们继续在麾下效力。现在，李继隆率领着这些精悍士卒，冲出城去。他们训练有素，个个以一当百，生龙活虎，冲锋陷阵，如入无人之境。左冲右突，把辽军打得慌作一团，溃败下去。李继隆等人奋起追杀，把辽军赶到曹河。捷报传到京师，太宗欣然降下玺书，褒奖有加，赏赐丰厚。

这时，北部边境骚动不安，太宗深感忧虑，向群臣询问边防事宜。右拾遗王禹偁献上《御戎十策》，大略假借汉代的故事来说明本意："汉代十二帝，人称贤明君主的，是文、景二帝；人称昏乱君主的，是哀、平二帝。然而文景时代，军臣单于最强盛，游击骑兵到雍州，烽火照明甘泉宫殿。哀平之世，呼韩邪单于每年来京朝见，纳贡称臣，边塞烽火息警。这是怎么回事呢？因为文、景二帝正当匈奴军臣单于最强盛的时期，而且对外任用贤人，对内整饬政事，使匈奴入侵不能成为深重的忧患，在于实行德政。哀、平二帝正当呼韩邪单于衰弱的时候，虽然外无良将，内无贤臣，但匈奴却来京城朝见，在于时势的不同。现在我们国家的领土广大，不下于汉代，辽朝即使强盛，甚至侵扰边塞，难道有轻骑到雍、烽火照明甘泉的事情发生吗？也是在于对外任用贤臣良将，对内实行德政而已！以臣的愚见，对外则统筹兵力并加强将帅的权力，下诏书感召激励边塞的臣民，使他们知道攻取幽、蓟等中国旧有的疆域，并非是贪恋他人的土地；对内则裁减闲散官员，以求宽松经费支出，贬退文学之士来激励武夫，信用大臣并听取他们的谋划，禁止游嬉不务正业，以求增长民力。"

王禹偁的上疏，要求太宗外用良将，内起贤臣，下放权力，施行德政。尤其指出要抑儒臣而激武臣，切中了太宗边防政策的弊病之一。这也是宋人议论中要求重武轻文的第一篇文章，而且文章出自独步当时的王禹偁的手笔，可知宋太宗时重文轻武达到什么程度了。太宗听后，深为赞赏。

端拱二年（公元 987 年）春正月，辽圣宗诏谕各军挺进易州。满城宋军出兵赶来救援，被辽朝铁林军击退，指挥使五人被擒。辽军齐头并进，东京骑将夏贞显的儿子夏仙寿抢先登上易州城，随后，易州被攻破，刺史刘墀投降了辽朝。其他守城将士向南撤退，辽圣宗率军兜杀，宋军英勇牺牲，无一幸免。随即以马质为刺史、赵质为兵马都监，把易州军民迁徙到燕京，授予夏仙寿为高州刺史。辽圣宗登上易州五花楼，抚慰将士百姓。

宋太宗闻听辽军攻陷易州，非常不安，诏令群臣商议北伐。

户部郎中张洎说："自从对幽蓟用兵以来，到现在已经几年了，为什么攻取不下呢？主要因为中原失去了地利，分散兵力，将帅要受朝中的驾御指挥，而士兵不能用命的缘故啊。

"中原抵御戎狄，只有凭借险阻。朔塞以南，地形重重阻碍，深山大谷，连绵万里，是天地造成来隔离中外的。现在自飞狐以东，重关复岭，塞垣巨险，都被辽朝占有；燕蓟以南，平壤千里，没有名山大川的阻挡，失去了地利的险要，中原遭困。国家抵御外侮，重在审察利害，决策万全。如今河朔郡县，列壁相望。朝廷不论城邑的大小，一律建筑城垒，浚挖护城河，分兵把守。敌人骑兵南下时，长驱深入。而各城只知围守，不敢出战，敌人莞然自得，出入燕、赵，如践踏无人之境。等到敌人因利乘便，攻取城池壁垒，我们是以一城的力量来抵挡敌人一国的兵力，在局部战场上形成敌众我寡的绝对劣势，所以失败相继而来。没有其他缘故，就是因为兵力太过于分散，战斗力削弱。臣请求把河朔一带的兵马全部聚集起来，在沿边境线上建立三个大镇，每镇各自统帅十万大军，鼎足而立，固守边疆；仍然环绕旧城，广创新寨，便于将士兵马出入。然后设立烽火警报，谨防早晚的动静，选择骑术精湛的士兵作为报探，千里之遥，如同监视掌内，敌人有何动向，我们必先知道。仍任命亲王出临魏府，控制河、朔的要害，作为前军后屏；其余郡县，则选出城中壮丁，发给兵甲，由官军统摄，帮助守城。三镇分别对峙，隐约像长城。大军云集屯驻，虎视眈眈。辽朝虽有精兵利甲，终究越不过三十万大军，南侵贝、冀等州啊！制服敌人的方略，都在这里了。另外，《军志》说：'凡是临敌作战，法令不严明，赏罚不信用，士兵不能令行禁止，即使是百万军队，又有什么用呢！''将帅还要听从朝中指挥，没有主动性，军队也没有先锋，必定要失败。'臣最近听说涿州之战，统帅不知将校的能力大小，将校不知三军的勇敢怯懦，各不相管辖，都自作谦谨，没有奖赏一人效命的，也没有杀戮一个违命的。《军志》说：'弩机不能射远，和短兵器一样。射箭不能击中目标，和没有箭相同。射中但不能深入，和没有箭头同样。'臣听说涿州之战，敌人还没来到，万弩已经齐张，敌人还很远,射出的箭已经堆成了山。《军志》说:'三军耳目,在我旗鼓。'意思就是说,军士要听从号令,统一行动。涿州之战,阵场布置完毕后,或者取索兵器,或者迁移部队,万口传呼,声响沸腾喧嚣,最后竟然辙乱尘惊,不知怎么行动。战斗还未进行,阵脚已经败乱不堪。军纪如此散漫,谁能挽救败亡的结果!《军志》讲:'出师临阵,大敌当前,一人不听令就杀一人,一校不听命则杀一校,一队不听令则斩一队。'所以司马穰苴杀庄贾,魏绛戮扬干,诸葛亮斩马谡,李光弼诛崔众,都是能够严格刑律,才成就大略的。臣请求陛下申命元帅,自副将以下有违犯命令的,以军法处置。杀敌人将校所得鞍马财货等物品,全部归个人所有,还要另外加重赏赐。严格刑法,让军队服从命令,加重赏赐,诱发将士杀敌之心,将帅能够自主,决定用兵的策略,必然能够震扬大宋的天声!

"前史有句话说:'圣人以天下为度,不以私怒而伤公义。'现在兵祸联结,请陛下暂且稍微降低一些尊贵,采纳通好和平的策略。辽朝如果悔悟过失,归于仁德,结下大国的欢盟,友好息战,休养人民,那是使天下安宁,家邦巩固的希望啊。倘若敌人贪得无厌,连大邦自甘屈尊也不听从,那是他们理屈,我们没有什么责任!臣知道天下的闺阁妇女也会为陛下拿起武器,效死在战场上,更何况六军的将士呢!"

宋琪这时也上言说:"国家攻取燕、蓟,在雄、霸州直接进攻,这不是我方应采取的战略。如果令大军沿孤山,涉过涿水,直抵桑干河,从安祖寨出兵,这样向东可以俯视燕城,仅有四十余里。这是周德威攻取北燕的路线,居高地而下视孤垒,十天必能攻克。山后八州闻听蓟门失守,必然全部归降,这是形势造成的结果。然而兵为凶器,圣人不在万不得已的时候是不使用的。如果选派使臣往来友好,停止战争,安息人民,也是上策。"李昉、王禹偁也主张与辽朝重归和好，太宗采纳了他们的意见，不再北伐，只命边将固守要塞，以守为战。

二月，宋太宗下诏罪己诏。起初，左正言、直史馆寇准承诏上言北部边事的利害，太宗很器重他，对宰相说："朕想提拔寇准，应当授给他什么官？"宰相请用为开封府推官，太宗说："这个官怎么能对得起寇准呢？"宰相再请用为枢密直学士，太宗沉思了很久，说："暂且让他当这个官吧。"秋七月，拜寇准为虞部郎中、枢密直学士。寇准曾经在殿中奏事，与太宗心意不合，太宗生气地坐起身来，寇准拉住太宗的衣服，让他重新坐下，事情决断之后才退下去。

七月，宰相赵普奏疏，再次举荐被贬到代州的张齐贤。赵普说："国家山河广阔，然而战争还没有停息，防微杜渐，深谋远虑，必需起用通变之才。去年辽朝侵入我北方边境，生灵涂炭，苦难深重。陛下以万乘之尊为国焦虑劳苦，而文武官员却没有分担多少。同僚共事，无非谨小慎微，畏缩怯懦，清廉自守，而在急需他们献计献策的时候，却都保持缄默。臣见工部侍郎张齐贤，几年前特别受到圣上的赏识，升任枢密，公私认识他的，都说人尽其才。没想到岁月不多便贬出外任。臣在邓州的时候，虽然听说这个消息，但不知缘由，先前微有传闻，说是因为奏对失当。凡是言论大事，必须有反对意见。义士忠臣，往往不顾身家性命，犯颜直谏。究竟是奸邪还是正直，要经得起考验，才能见分晓。'路遥知马力，日久见人心'嘛。张齐贤一向蕴含机谋，德义兼备，从来的差遣，还不能让他尽情施展他的才能。如果委付他重任，必定会建立卓著的功勋。"

随后，赵普又上疏说："张齐贤德义兼全，一向被乡里推许，中外卿士没有比他强的。臣惭愧没有辅佐君主的能力，只有向陛下推荐贤能的心志。"太宗高兴地采纳了赵普的举荐，重召张齐贤入枢密院，任命为刑部侍郎、枢密副使。

有彗星出东井，太宗避正殿，减少常膳。司天说："这妖星是灭亡辽朝的天象。"赵普上疏说："这是邪佞的言语，不要轻信。"太宗听从赵普的劝告，斥责了司天。

八月，辽朝听得宋军不出动，只采取守势，又再次进兵。太宗得报辽军复出，立即命令定州路都部署李继隆发镇州。定州大军一万多人，护送数千车军粮赶赴威虏军。户部郎中张泊又一次上奏太宗说："古时建筑城池，聚集民众，是为了控制要害的地势，牵制敌人骑兵的入侵。所以周在朔方建城，汉在河湟之间，唐筑受降、临泾等城，都是为了这个目的。如今威虏军等城建在平原上，地势并不险阻，甲士不满万人，分散兵力，对边防没什么益处！现在敌兵入境，阻绝了粮道，而王师冒进，三镇大军，冒着炎热酷暑，长途跋涉，充当防护军需储备的苦役，本来就没有斗志。用援送怠惰的军队来抗击敌人轻扬的骑兵，边行边战，必定会失败的。一支军队稍有退却，其余大军或许会随之退却。那么威虏军等将士望风而逃，自己就不战而退了。事势安危，已经昭然可观。应该趁这个时机，借着大军的威势。保全军队，把威虏军城垒堕掉返回。如果那样，三镇大军既出师有名，威虏军等城又可免于灭亡之祸。臣以为凡是在边境的军垒，甲士不满三万人以下的，应该一律废置，既可以节省供给，又避免被敌兵侵吞；把这些军垒的军队隶属于沿边境的大镇之下，兵士既然增多了，兵力自然增强。这与分散兵力，驰守边邑，坐薪待燃，怎么可以同日而语啊！"

消息很快被辽军统帅耶律休格侦察得知。耶律休格率领几万精锐骑兵，驰往中途缴截。北面都巡检使尹继伦正好领兵巡查道路，遇到耶律休格的军队。耶律休格不予理睬，继续率兵南下，直接去袭击大军。尹继伦说："辽军明明是看见我们了，竟然不顾而去，也太蔑视我们了。他们这一去，如果战胜而还，便会乘胜驱赶我们向北；如果

不胜，也要拿我们泄怒的。总之，不论他战胜战败，他回军的日子，我们将无一生还！我们现在的计策，应当隐兵衔枚，从后面攻其不意，突然袭击。他们锐气正盛，一往直前，绝对不会顾虑到我们能从后面跟踪而来。我们奋力作战，取得胜利，足可以树立功名，威震边疆；纵使败亡，也不愧是忠义之士。若不然，只能束手待毙，毫无意义地死去，白白做了胡地之鬼！"众人听了这话，无不愤怒激昂，乐于从命。尹继伦当即命令部下喂饱战马，备好粮食，等到黑夜降临，每人手持短兵器，静悄悄地跟随在辽军后面。

走了几十里，到达唐州徐河，天色还没有放亮，只是月落星稀了。尹继伦勒住战马，放眼望去。只见辽军扎营在河滨，炊烟缕缕，从营中冉冉升起，散漫在空中，与晨雾混作一体。再往前面三四里处，又有大营扎着，营前布着阵势，士卒像蚂蚁一样集合在那里，料定是李继隆的大军，准备着迎敌。尹继伦大声命令："时机到了，大家努力杀上去！"

部下听到号令，各挺兵器，一拥而上，捣入辽军营。尹继伦一马当先，杀死辽朝大将一人。辽军惊慌恐惧，四处溃散。耶律休格正在吃饭，惊慌中吓得筷子也失手落地，急忙起身要走，右臂被宋兵砍伤，伤势非常严重。耶律休格不敢争斗，上马先逃走了，其余的辽军也跟着逃走，队伍一阵大乱，自相冲撞践踏，死伤无数。李继隆看到辽朝军队突然慌乱，也驱兵赶来助战。

双方夹击，辽军大败。李继隆与镇州副都部署范廷召追击敌军，一直追过徐河十几里，俘获了很多辽兵。定州副都部署孔守正又与辽军在曹河的斜邨交战，斩杀辽军将帅大盈等人。从此，辽朝闻风丧胆，几年不敢大举南下入侵。因为尹继伦面色较黑，辽军相互告诫："应当躲避黑面大王啊！"

尹继伦徐河大捷，不过是防守中的局部胜利，并不能改变宋朝的战略地位。当然这次胜利，也保证了宋辽之间几年的相安无事。辽朝赏赐功臣，减免云朔一带的赋税，安抚民心。从而把战争矛头转向女真、高丽、党项等族，同时发展内政。

第十四章 赵普入相举荐贤德 徐河大捷边疆无事

第十五章

太宗实行守内虚外　限制武将被动挨打

　　辽朝不来进攻，宋太宗也乐得边疆无事。端拱二年（公元989年）九月，太宗以知制诰王化基权御史中丞，召王化基到便殿，问他对边疆之事有何计策。王化基说："治理天下就像植树，担心的是树的根本不牢固；根本牢固了，枝干就不必担忧了。如今朝廷清明大治，边塞何必忧患什么不安呢！"太宗听后，觉得很有道理。太宗从即位后第二年便开始进行战争，后来经过对辽朝战争的重大挫折，太宗开始厌倦了兵事。他不再高喊什么"为世宗、太祖洗刷耻辱"了，而开始说："朕每读到'兵是不祥之器，圣人不得已而用之'这句话，总是再三地用这句话来规诫自己。王者即使是靠武力攻伐得来的帝业，终究还是要用文德来治理国家。"先前太宗躁动不安的心，只想着如何建功立业，现在也倾向清静无为。

　　端拱二年十二月，太宗下诏省去尊号，只称皇帝。赵普、吕蒙正等人坚持要求恢复尊号，太宗不允许。群臣又上疏请求使用"法天崇道文武"六字，太宗诏令去"文武"二字，其余的采纳了。第二年（公元990年）正月，太宗在朝元殿接受尊号，赦免京城的囚犯，改元为淳化元年，并下诏建清心殿。

　　赵普第三次入相，自己也清楚太宗的意思。李昉、宋琪等人因为雍熙北伐失利，而被罢免，太宗想起用刚刚做官不久的吕蒙正，恐怕他资历威望都太低，骤然升做极品高位，众人也不服。所以特地请出赵普来作为表率，其实是个幌子。

淳化元年（公元990年）正月二日，赵普患病，便趁此机会，三次上表，请求辞去太保兼侍中的职务，退休养老。太宗准请，以赵普为西京留守，仍然授太保兼中书令。赵普又上表恳辞，太宗不答应，赵普只得赴任。赵普罢相后，吕蒙正以宽厚简朴居相位，政事大多由王沔来决断。三月，太宗到西京留守赵普府第探望疾病。

淳化二年（公元991年）六月，潘美死去，赠中书令，谥"武惠"。三年（公元992年）三月，太宗派使者抚问赵普，加授赵普为太师，封魏国公，给宰相的俸禄。七月十四日，太师赵普因病去世。太宗接到哀讣，悲痛哀悼，对近前的臣子说："赵普事奉先帝和朕，是最故旧的老臣了。从前，赵普与朕关系不太好，这是大家都知道的。朕君临天下以来，用特殊的礼节恩待他。赵普也倾竭全力，效命朝廷，老骥伏枥，是真正的社稷之臣，国家栋梁啊！"说着说着，潸然泪下。在场的大臣侍从都非常感动。

太宗因而辍朝五日，派使者监护丧事，丧礼格外隆重，特设卤簿鼓吹。赠赵普为尚书令，追封真定王，谥作忠献。太宗又亲自撰写《神道碑》文，作八分书赐予。赵普起初追从在太祖身边，后来贵为宰相，经常把自己微寒时对他不好的人告诉太祖。太祖说："如果在尘埃中就能认出谁是天子、宰相来，那么人岂不都可以访求察明！"赵普事奉两朝，几次拜相，几次罢出，达三十多年。他刚毅果断，能以天下为己任，宋初在相位的没有人能和他相提并论。然而他性情深沉，好忌刻他人。在赵德昭、赵廷美的死上，赵普也"出力"不少。

淳化三年（公元992年）九月，群臣再次奉表，加上尊号"法天崇道明圣仁孝文武"，太宗说："只要天下和平，百姓安康，朕的尊号又有什么可崇尚的呢！"群臣连续五次上表，太宗坚持不许。太宗又召马步军都虞侯傅潜、殿前都指挥使戴兴等宴饮，纵观群书，是想让武将知道文儒的盛况。

淳化四年（公元 993 年），太宗下诏，令何承矩按视河北各州。三月，以何承矩为制置河北缘边屯田使，黄懋为大理寺丞、充判官，发动雄、莫、霸诸州、平戎、破虏、顺安等军的戍卒一万八千人，在地势平坦、无险可守的地方，开阡陌，挖沟渠，兴建堰六百里，置备斗门，引淀水灌溉。既可以阻限辽朝的骑兵，又可以种植水稻，充实边防。这反映了太宗终于杜绝了北伐的意图，作出了对辽朝的消极防御的决策。十一月，太宗召见吕蒙正，两人谈到征伐的事，太宗说："朕从前兴兵打仗，是为民除暴。如果穷兵黩武，那么天下的百姓就在战火中丧生，不得安宁。"吕蒙正对答说："在我朝以前，中原曾经几次讨伐辽朝，人民不堪奔命。隋炀帝全军陷没，唐太宗身先士卒，然而最终都没有什么结果。治国的道理，在于内修政事，边远之人自然就会前来归顺。"太宗心中很高兴，觉得这话合乎自己的心意。

这时，四川农民起义。为了集中力量镇压农民起义军，太宗在淳化五年（公元 994 年）八月，派使臣前往辽朝，请求和好。九月，再次派遣使臣，向辽朝约和，都遭到辽朝的拒绝。当初太祖命令李汉超等人分别屯驻关南等地，防御辽朝、北汉和西夏；整个太祖时期，边防安宁，没有忧患。太祖时，虽然也"守内"，然而并不"虚外"。

太宗从平北汉之后开始发动对辽朝的战争，开始居于主动，后来战败，转而消极防御，终于到现在妥协求和。从此，太宗的注意力转向内政，开始实行守内虚外的政策。太宗曾经对近臣说："国家如果没有内患，定会有外忧；如果没有外忧，必定会有内患。外忧不过是边疆之事，都可以事先预防。只有奸邪难以觉察，如果成为内患，那就太可怕了。作为帝王，必须常谨记在心。"这段话是宋太宗对他把攻势转向守势所做的解释，也表明他今后统治政策的变化趋向。

在此之后，宋太宗晚年时，宋与辽朝又发生了一次规模较大的冲突。至道元年（公元995年）二月，辽朝大将招讨使韩德威率领一万余名骑兵，引诱党项、勒浪等族，从振武入侵。永安节度使折御卿率领亲骑截击敌军。在子河击败辽军，勒浪等族也乘乱反击韩德威，杀死辽朝将领突厥合利等人，韩德威只身逃走，辽朝军队抛弃辎重，溃散而去。

消息传到京师，太宗对左右大臣们说："辽朝轻装进兵，来去迅速。朕常告诫边关守将，不要与辽军争锋，等他们深入之后，分出兵力，截断他们的归路，必然令敌人无一生还，全军覆没。现在果然像我说的那样。"夏四月，辽朝又入侵雄州。何承矩分条列举子河汉大捷，告晓城中居民，并且在市中张贴了布告。辽朝间谍把何承矩的所作所为报告给辽朝统帅，辽朝将帅羞愧愤恨，一定要袭击雄州，捉拿何承矩，雪耻解恨。当天夜里，数千辽军骑兵悄无声息地直抵雄州城下。何承矩早有准备，整队出城迎敌。天色已近黎明，宋军与辽军猛烈交战，辽军被何承矩击败退走。

太宗听说了这事，并没有奖赏何承矩，反而认为他轻佻惹事，罢免了他的官职。这年十二月，永安节度使折御卿病倒了。辽朝的间谍立即通报消息。辽朝韩德威再次率兵侵犯边境，报子河战役失败之仇。折御卿带病抗敌。韩德威听说折御卿来了，竟然不敢前进。折御卿的病情渐渐加重，他的母亲派亲信来秘密召他归还治病，折御卿对来人说："我世代受国家厚恩，边境敌寇还没有消灭，这是御卿的罪过。今日大敌当前，怎么可以舍弃士卒而自行方便！死在军中，这是我的本分。替我禀告太夫人，不要顾念我，忠孝怎能两全！"说完，热泪滚滚。

第二天，折御卿死在军中，辽朝的士兵也退走了。太宗闻报，痛悼良久，赠侍中，任命他的儿子折惟正为洛苑使、府州知州。折御卿

几代都是边将，熟悉少数民族的状况，常想立功来报答朝廷的恩遇，朝廷也因为麟、府二州逼近外族，也倚仗为一面捍蔽。自从子河汉之战，辽军丧失胆气，不敢深入宋朝边境。而宋朝边将也恪守太宗的旨意，只管镇守，不再主动出击，惊扰辽朝，只是一味地消极防御。

同时，宋太宗从高梁河失利之后，就逐步地、全面地对包括地方将帅、尤其是边关将帅们进行了前所未有的控制。太宗晚年提到这些事情时，对他的这番用心，自我感觉良好。太宗与近臣讨论将帅的事情。太宗说："前代时候，武臣割据，难以防范控制。如果想要移徙武臣，必然要提前发兵，作好防御准备，然后才能降诏迁移。如果对他们姑息迁就，倘稍有不周，那么四方藩镇就像一群狗一样交相吠叫撕咬。周世宗时，安审琦从襄阳来朝见，世宗喜出望外，不由自主，而且亲自到他的府第去看望。现在可不会有这种事了。"吕蒙正说："皇上控驭臣下，就像胳臂驱使手指，这才算恰当合宜。倘若尾大不掉，怎么来处理呢？"太宗说："现在从牧伯到士卒，都理解朕的旨意。假如稍有违反背负，绝对没有宽恕纵容的道理。所以人人各自小心检点自身啊。"

宋太宗继承宋太祖，进一步加强了对武将的控制，的确解决了唐中叶以来藩镇对抗中央皇权这一矛盾关系，实现了专制集权的统一局面。当时，藩方守臣，统制列城，委付给几千里的地域、十万军队。皇帝只要派一辆单车载着使者，宣读一纸一尺见方的诏书，早晨召令，晚上就赶到了，堂堂将帅，立刻变为匹夫。这只是事情的一个方面，另一方面，由于对武将们限制太多，卡得太死，将帅临敌，不能自主，无法统一指挥，无法随机应变、因地制宜，不仅屡次被辽朝挫败，就连对西夏，以及后来对女真，对蒙古的战争，也总是处于被动挨打的局面。

宋朝建立时，在它广袤的北部地区，除了强大的辽朝族之外，在秦陇以北的西北部地区，还存在羌族的一支——党项族。从唐朝开始，历经五代，党项族拓跋氏世代占据着银、夏、绥、宥、静五州土地，一直是地方上的割据政权。唐末黄巢起义时，唐僖宗奔蜀避难，拓跋思恭率领部众前来帮助征讨义军，被封为定难军节度使，赐姓李。周显德年间，李彝兴继立，封为西平王。因为占据夏州等地，又由于后来元昊建国于大夏，所以宋习惯称他们为西夏。

宋太祖建隆元年（公元960年），刚即皇帝位，定难节度使李彝兴入朝纳贡，被太祖加官为太尉。乾德五年（公元967年），李彝兴死，他的儿子李克睿代立为西平王。宋太宗太平兴国三年（公元978年），李克睿又死去，子李继筠继立。四年（公元979年），太宗亲征太原，讨伐北汉。李继筠派他的将领李光远、李光宪率领蕃、汉族士兵东渡黄河，掠夺太原境地，声张军势。五年（公元980年），李继筠也死了，由他的弟弟李继捧承袭了王位。

太平兴国七年（公元982年）五月，李继捧入朝，献出所统辖的银、夏、绥、宥四州的土地，并自愿表示留居在京师。太宗当即派遣使者到夏州，把李继捧的家族亲属全部迎接护送来京。太宗授李继捧为彰德军节度使，对他的昆弟李克信等十二人都授予不同等级的官职。另派曹光实为四州都巡检使。唯独李继捧的族弟李继迁不肯到汴京。李继迁勇敢精悍，颇有智谋。

开宝七年（公元974年）任定难军管内都知蕃落使，留居在银州。六月，李继迁听说太宗派的使者来到，要遣送他前往京师。他便诈称乳母去世，出葬到城郊的时候，便与他的同党数十人奔入地斤泽。地斤泽在夏州东北三百里。李继迁拿出祖先的遗像给大家看，党项各部落纷纷拜倒哭泣，响应跟从李继迁的人一天天增多。李继迁扩大了队伍，便准备以地斤泽为据点，抗拒宋廷，从此成为宋朝的边患。

八年，曹光实见李继迁的声势越来越大，恐怕不尽早剿灭，终会

成为大患，于是领兵袭击李继迁，斩杀五百人，焚烧帐篷四百余，俘获了他的母亲与妻子，李继迁大败逃走。李继迁逃命，东西转徙，连聚豪族，渐渐又强大起来。而且西夏的居民因为李氏世代积有恩德，往往有很多人归服。李继迁因此对众位豪强大族说："我李家世代据有西土，已不是一朝一夕。今天一旦断绝，让给别人，我实在不甘心。你们这些人既然不忘记李家，能够跟随我兴兵谋复兴吗？"众人齐声应诺。

雍熙二年（公元985年），李继迁与弟弟李继冲率领众人赶赴夏州，诈称要归降朝廷。曹光实不知是计，出城迎接受降，被李继迁引诱到葭芦川。李继迁突然反目，乘其不备，把曹光实杀害。然后突袭银州，很快攻陷、占据了银州。随后又攻破会州，焚烧城郭，大肆掳掠后离去。事情上报太宗，太宗不禁大怒，下诏派秦州知州田仁朗等人率领兵马征讨李继迁。

田仁朗接到诏旨，立即檄调集军队，开拔前往。李继迁杀了曹光实后，接着围攻三族寨。寨将折遇也把监军使者杀掉，与李继迁合兵一处，乘胜进攻抚宁寨。田仁朗行军到绥州，上表请求增兵，大军留驻绥州一个多月，等候回报。抚宁寨派人向田仁朗告急。

田仁朗高兴地说："戎人经常以乌合之众侵扰入寇边境，胜利了就继续前进，失败了便返身退走，不能够扫除他们的巢穴。现在，李继迁呼啸聚集了数万人马，倾尽了所有的精锐进攻孤立的堡垒。抚宁寨虽然是个小寨，地势却很坚固，不是十天之内就能攻破的。我们等待他人困马乏时，用大兵临近击杀，另外分派强劲的弓弩手三百人，截住他们的归路，胡虏必然成为我们囊中之物。将他们一网打尽。"部署完毕后，田仁朗故意装作闲暇无事的样子，整日饮酒赌博为戏，不理兵事，准备引诱敌兵。

副将王侁想夺取田仁朗的位子，便借这件事陷害他，密奏朝廷，诬告田仁朗大敌当前，不理军事。太宗听说三族寨已经陷落，田仁朗还饮酒作乐，怒气冲天，立即召还田仁朗，打下御史狱，劾问他无故奏请增兵及三族寨失陷的罪状。田仁朗从容地回答说："臣奉命征讨李继迁，檄调银、绥、夏三州的兵将，都托辞要守城池，不肯派遣军队，所以请求增兵。三族寨失陷，因为距离绥州太远，不是臣接到诏书就能赶救得及的。臣已经定下计策，擒拿李继迁，恰巧这时诏书来到，命我来京，臣的计划没能实现。"

田仁朗叹了一口气，又郑重其事地说："李继迁深得羌戎的民心，愿陛下或是优诏招抚他归顺，或是利用厚利买动部落的酋长，使他们图谋李继迁。不然的话，李继迁有一天必定会成为边境上的大患。"太宗听后，见田仁朗不仅不认罪，反而振振有词，越发怒火上升，将他贬官流放到商州去了。

五月，田仁朗回京后，王侁等人领兵从银川北面出发，连连攻破悉利各寨，斩杀李继迁的党羽、蕃部酋长折罗遇。于是，麟州各蕃部纷纷请求贡献马匹赎罪，协助讨伐李继迁。王侁便发所率士兵入浊轮川，大破李继迁，斩首五千多级。李继迁和折遇也落荒逃遁。王侁派人奏报凯旋。当时，朝廷诏令郡守文到边境，与王侁同领边防事务，郭守文又与夏州知州尹宪共同袭击盐城各蕃族，大获全胜，焚烧一千多帐篷。因此，银、麟、夏三州藩众一百二十五族全部归附朝廷。西北一带，暂时平定。

雍熙三年（公元 986 年），李继迁向辽朝请求投降，辽朝封李继迁为夏国王，任命为定难节度使，都督夏州诸军事务，李继冲为副使。李继迁向辽朝求亲，辽朝把王子帐节度使耶律襄的女儿封为义成公主，嫁给李继迁为妻。从此，李继迁正式与辽朝结援，二者军事联盟的结成，使李继迁更加有恃无恐，或附或叛，反复无常，不断侵扰宋的边境。

四年（公元 987 年）夏四月，夏州安守忠率领三千兵马与李继迁在王亭交战，被李继迁打败，一直追到城门才回去。李继迁屡次来侵犯边境，有人怀疑是李继捧把朝中的事情泄露给李继迁，太宗便把李继捧贬出为崇信军节度使，迁徙他的弟弟李克宪为道州防御使，李克文归于博州。

端拱元年（公元 988 年）二月，调任李继捧为感德军节度使。同时，太宗几次派人带着敕书前往招抚李继迁，李继迁终究不肯投降，反而更加肆虐，频繁地侵扰边境。宋军各将领用兵无功，赵普便向太宗进言，建议太宗重新把夏台故地委任给李继捧，让他图谋。太宗听从了赵普的计谋，把感德军节度使李继捧召回京师。太宗问李继捧："你在夏州，用什么办法制服各部落？"李继捧回答说："羌人凶猛强悍，只能笼络而已，不能制服。"于是太宗再任命李继捧为定难节度使，并赐国姓，改名为保忠，把他原来管辖的五州的钱帛、粮草、田园等一并赏赐给他。赵保忠辞（李继捧）别太宗时，太宗又重重地赏赐他，命令右卫第二军都虞侯王杲送他回夏州，去招抚李继迁。

赵保忠到达夏州几个月以后，便说服李继迁悔过归顺。十二月，太宗下诏，任李继迁为银州刺史，充洛苑使。其实，李继迁并没有归降的真心，不过暂时答应投降，等待机会。

端拱二年（公元 989 年）九月，定难节度使赵保忠因招抚李继迁有功，加同平章事。十一月，镇州都部署、宣徽南院使郭守文去世。郭守文性情沉静，素有智谋。郭守文死后，有中使从北边来京，说："郭守文死时，那么多粗莽的武夫悍卒都为他痛哭流涕，场面令人感动啊！"太宗不解，问道："为什么会这样呢"使者说："郭守文拿到俸禄后，都买成牛肉美酒，用来犒劳军士。他死的那天，家里没有余留的财产。"太宗听后，也不禁被郭守文的忠诚清廉深深打动，他叹惜了很久，命赏赐郭守文家五百万钱，录用郭守文的儿子为官。

李继迁听说郭守文死后，又反叛了宋朝。夏州赵保忠只好率兵攻击李继迁。李继迁不甘示弱，率领人马对抗宋军，但仍被赵保忠打败，狼狈而逃，再次投入辽朝的怀抱。淳化元年（公元 990 年），辽朝再次封李继迁为夏国王。

第十六章

西夏叛服反复无常　冗兵冗官矛盾激化

二年（公元991年）秋天，李继迁率兵侵犯宋朝疆土，气势汹汹，一路上抢掠百姓，尘烟飞扬。赵保忠发兵迥战，两军在安庆泽交锋，李继迁被冷箭射中，慌乱逃走，转而进攻夏州。赵保忠请求援兵，太宗派翟守素率兵前往援助，征讨李继迁，李继迁听说翟守素到来，非常恐惧，连忙奉表请罪，愿意归顺朝廷。于是，太宗又任命李继迁为银州观察使，赐以国姓，称作赵保吉。赵保吉（李继迁）又推荐他的亲弟李继冲，太宗也赐姓赵，改名为保宁，授予绥州团练使。封他们的母亲罔氏为西河郡太夫人。任命李继迁的儿子李德明为管内蕃部使行军司马。

淳化二年（公元991年）十月，赵保忠刚降服李继迁不久，自己又叛变，投降了辽朝。辽朝封他为西平王，恢复他的姓名李继捧，同时授予他推忠效顺启圣定难功臣、开府仪同三司、检校太师兼侍中。两个月后，辽朝又命招讨使韩德威前往招抚已经归附宋廷的李继迁。李继迁借口有事，未予理睬。韩德威在灵州掳掠了一阵便退回去了。

淳化四年（公元993年）冬十月，转运副使郑文宝建议封禁盐池，封锁赵保吉（李继迁）。赵保吉便率领边境四十二族的民众入侵掠夺环州，宋朝边将大多被他打败。过了很久，赵保吉想要迁徙绥州的居民到平夏去，部下将领高文哈等人，利用众人的不满，策动对赵保吉的攻击，赵保吉反而被攻败。赵保吉仍然不甘寂寞，又率兵围攻堡寨。淳化五年（公元994年）春正月，灵州和通远军都派人来京师报告，说赵保吉（李继迁）再次叛变，围攻堡寨，掠夺居民，焚烧积蓄。太宗听说后，盛怒难消，决意讨伐李继迁。于是下达诏书，任命马步军都指挥使李继隆为河西兵马都部署，尚食吏尹继伦为都监，征讨李继迁。

这时，吏部尚书宋琪上疏，进言边境之事说："臣不久前还任延州节度判官，经涉五年时间。边境之事，听知不少，对这些事情比较熟悉。大约党项、吐蕃两族，风俗相似。他们的帐族有生户熟户的分别，接连我们汉族地界的，进入州城的称作熟户，在深山偏远地区居住的称为生户。我们的军队如果进入夏州的境内，应该首先招抚接界的熟户，让他们做向导。他们中间强壮有为的人组成一队，在前面先行，与官军保持三五十里的距离。而步兵多拿着弓弩枪剑，紧紧跟随着。再让两三千人登上山去侦察巡逻，等确定道路坦荡宁静时，可以传号催马，按路行军。我军都严加戒备，以保不出什么差错。党项号称小蕃，不是强敌，就像鸡肋一样。如果他们出山来布下阵势，和我军正面对抗，只需要一次战斗，就能够把他们荡除了。然而如果我军深深入，粮草运输等供给艰难，穷追不舍的话，他们的窟穴深邃幽闭，很难发现。倒不如在沿边境的州锁分别屯驻重兵，等他们进入边界侵扰掠夺，方叫随时攻击。这样不必豢养勇士，照样可以安定边境了。

"再者，臣曾经受任西川数年，经历江山，知道那里的形胜要害。利州是最要害的咽喉之地，往西过桔柏江，距离剑门只有百里，向东南距阆州水陆有两百多里，西北可通往白水、清州，是龙州入四川的大路。邓艾就是在这里攻破了刘蜀的。此外，三泉、西县、兴州、凤州等地，也都是要冲。请陛下选派有武略的重臣镇守这些地方。"

太宗看了宋琪的奏章之后，大为欣慰，密写宋琪所奏的重要情报，旨令讨伐李继迁的李继隆和镇压四川起义军的王继恩择利而行，见机行事。

紧接着，左正言、直昭文馆王禹偁也进言："臣在淳化二年（公元991年）任商州团练副使的时候，原团练使翟守素两次会见夏州驻泊，守素与臣一同看呈上的报文，见到李继迁进奉之事，因而对臣说：'此贼未必由衷归顺，恐怕他终究心怀反叛之意。'又说：'李继迁曾被左右暗箭射中，脸上的伤痕还留存着。'臣自从听到这些话，就记在心上，以为此贼不必费力铲除，自可用计攻取。常言说：'重赏之下，必有勇夫。'希望陛下晓谕蕃戎以及李继迁部下亲近的人，边境上骁勇善战的人，多许诺给他们赏赐，高官厚禄，使李继迁的左右离心，蕃戎并力，李继迁的身首不枭就会被擒。恐怕小蕃力量不够，那么可以派少量官军接应，又何必烦劳圣驾，苦思冥想对敌之策，多余地兴举王师！况且从陕以西，年景收成并不好，加征军饷粮草，恐怕使生产凋残破败。河北即使五谷丰登，也必须修缮边防。更何况李继迁此贼与北敌辽朝通气连枝，朝廷知道得很清楚，周亚夫所谓的击东南而备西北，正是这种情况啊。千万不可忽视这个小人，而不顾长远的计划。"

三月，李继隆率兵进入夏州。李继捧听说宋军要来讨伐李继迁，先行携带自己的母亲、妻子、儿女以及吏卒，在野外坚壁守护，然后上言已与李继迁解除仇怨，贡献马五十匹，请求罢兵。太宗大怒，立即派宫中使臣督促李继隆转兵进军李继捧。等到李继隆的军队大兵压境，李继迁反而袭击了李继捧的兵营，想兼并他部下的兵马。

李继捧刚刚就寝，闻听祸难发生，便自己一人骑马逃脱，回到夏州城。营中的财物器用都被李继迁夺去。逃进夏州城的李继捧，余悸未定，又生事端。当初，李继捧派他的指挥使赵光嗣到宋朝进贡。赵光嗣殷勤诚款，被太宗诏补供奉官，不久迁为礼宾副使。李继捧的一举一动，赵光嗣都报告给宋朝。当李继捧暗暗勾结李继迁时，赵光嗣竟然背地里知道了这事。他拿出家中财产，散发给士卒，发誓效顺。李继捧逃回夏州城之后，赵光嗣便把他抓起来，然后打开城门，迎接李继隆进城。李继隆进入夏州，擒捉了李继捧，打入槛车，拘送到京师，收获牛羊铠甲等物数十万。

李继迁听说李继隆进入夏州抓住了李继捧，慌忙率众逃遁远离。李继隆的副将侯延广等人建议诛杀李继捧，并出兵追赶李继迁。李继隆镇定地说：“李继捧是案几上的肉罢了，应当请天子处置。现在李继迁远远地逃窜。千里沙漠，不毛之地，难以转运粮饷，我们应该养精蓄锐，持重沉稳，不要轻举妄动。”侯延广等人都非常叹服李继隆的远见卓识。

夏四月，太宗听说李继捧在夏州被擒，立刻下诏，以赵光嗣为夏州团练使，高文哈为绥州团练使。削去赵保吉所赐的姓名，恢复为李继迁。太宗考虑到夏州深在沙漠，本就是奸雄窃据的地方，想要毁坏夏州城池，迁徙城中的居民到银、绥二州之间。因此召宰相，询问夏州建置的初始时间和原因。宰相吕蒙正说：“以前代北匈奴左贤王刘去卑的后代赫连勃勃僭越名号，称大夏，蒸土筑城，号为‘统万’，常常成为关西的祸患。如果因此而废毁，实在是万世的福利啊。”于是，太宗下诏堕毁夏州故城，迁徙城中民众赴绥、银等州，分给官地，长吏倍加安抚。李继隆听说朝中议论要堕毁夏州，派遣他的弟弟洛苑使李继和与监军秦翰等人入朝奏事，说：“朔方古镇，虽然是贼人所觊觎的地方，但保存它可以作为依靠来攻破贼兵。同时请求在银、夏两州南界山中增设保戍部队，扼制当地要冲，而且作为内属的蕃部的蔽障，切断贼兵的粮道。”但是，奏章并没有能报奏给太宗。

宋军征讨李继迁时，府州观察使折御卿率领部下兵马前来援助。李继捧被擒之后，折御卿又上言说银、夏等州的蕃、汉民户八千帐族都归附了朝廷，收录贡献出的马牛羊数以万计。太宗欣喜，授折御卿为永安节度使，奖赏他的功劳。李继捧这时也被押送到京师，穿着白色的衣衫，戴着黑色的纱帽，在崇政殿前的庭院中等待降罪。太宗把李继捧狠狠地诘责了一通，李继捧只是一味地顿首，口称死罪。太宗见他俯首帖耳，承认罪过，便下诏赦免了他，还赐给他冠带器币，让他回府听命，同时也慰问赏赐了他的母亲。第二天，任命李继捧为右千牛卫上将军，封他为宥罪侯。

同年七月，李继迁派遣牙校来京师献上良马，并自责罪过，请罪时使用的还是太宗曾经赐给的姓名赵保吉。太宗在答诏时，也顺水推舟，称呼赵保吉，表示准许他重新归顺朝廷。八月底，李继迁又派他的弟弟李延信奉表待罪，而且说自己违叛朝廷，事情都是李继捧教唆的，请求赦免，不要杀他。太宗召见了李延信，当面加以抚慰，赏赐丰厚。十一月，太宗派遣张崇贵带着诏书赦谕李继迁，赐给他器币、茶叶、药草和衣服等物品。

至道元年（公元995年）三月，李继迁派银州五部押衙张浦来京师贡献良马、橐驼，太宗命几百名卫士在崇政殿庭院内射箭，召张浦一同观看。先前，李延信从京师返回的时候，太宗赐给李继迁三张强劲的弓弩，都力达一石六斗，李继迁心想：这只不过是想显示一下威严给我们这些戎人看的，其实并没有人能真正拉得开那种强劲的弓箭。而现在，太宗的卫士们都能把这种强劲有力的弓拉得如同满月，把箭平稳地射出去，还有余力可用，张浦吓得张口结舌，愣在当场。太宗笑着问张浦说："羌人敢与他们比试么？"张浦慌忙答道："蕃部的弓弩力量弱，而箭矢短，只要见到这么高大的巨人，便早已逃遁远去，怎敢和有如此神力的人为敌！"太宗因而对张浦说："羌人没有什么可以留恋的，李继迁为什么不放弃对抗，自行捆绑，前来归顺，可以永葆富贵啊！"太宗留张浦居住京师，派阁门使冯讷持带诏书，任命李继迁为鄜州节度使，李继迁却拒不接受。六月，太宗任命张浦为郑州刺史，充本州团练使。八月，禁止沿边境各州的民众与归属的羌人婚娶。就在这个月底，李继迁再次叛乱，入寇清远军，被守将张延击败。

至道二年（公元996年）三月，太宗命白守荣等人护送粮草四十万前往灵州，李继迁在浦洛河截击，白守荣的部众溃散而逃，丢下的军饷粮草全部被李继迁夺走。太宗得知消息，不由得大怒，厉声骂道："反复无常的贼子，胆敢拦劫粮饷，这一次决不能再予姑息了！"四月，太宗便任命李继隆为环、庆等州都部署，率领兵马讨伐李继迁。恰巧曹璨从河西返京，说："李继迁率领一万多人马正在加紧围攻灵武，城中所派遣的告急使者被李继迁捉拿，所以敌兵在城下攻城不止，不肯离去。"太宗即诏令辅臣陈述灵州事宜。太宗认为灵州孤绝，救援不及。自己又拿不定主意，便令宰相吕端、知枢密院事赵铭等人各自谈论自己对于灵州取舍的意见。吕端等人请求把意见统一在一起。张洎越过班次说："吕端等人身为辅弼大臣，圣上有事征询意见，总是缄默不言，太失谋谟的体统。"吕端说："张洎所进的言论，不过是揣摩陛下的意思罢了！"太宗默然。张洎上疏请求放弃灵州。太宗起初也有这个意思，但不久就后悔了。现在看了张洎的奏章，很不高兴，把奏章又还给张洎说："卿所陈述的事情，朕一句也看不懂！"张洎惶恐不安，冷汗直流，悻悻地退下去。太宗于是召同知枢密院事向敏中，对他说："张洎上言，果然被吕端所料中。"

吕端向太宗进言，请求发兵，由麟州府州、鄜州延州、环州庆州三道攻打平夏，袭击李继迁的巢穴，他必定回兵相救，灵武之围可以自行解除。也有人说："盛夏行军于沙漠瀚海，水泉枯竭，运粮送草艰难，不如静等观望。"太宗采纳吕端的意见，当即布置各位将领，命李继隆从环州出发，容州观察使丁罕从庆州出发，范廷召从延州出发，王超从夏州出发，张永恩从麟州出发，分五路进军讨伐李继迁，直逼平夏。

这时，保安军上奏，俘获了李继迁的母亲。参知政事寇准建议把李母斩首，威胁李继迁。太宗准备听从寇准的意见。吕端上前阻止说："当年项羽抓到刘邦的父亲，想要烹杀，汉高祖刘邦不但不害怕，反倒说：'请送给我一杯肉羹。'凡是举兵造反的人都不顾念自己的亲属，况且李继迁是胡夷当中的反叛之人！斩他的母亲只能是白白地树立仇怨，愈发坚定他的叛乱之心，不如安放在延州，好好地抚养照看，用来牵系李继迁的心。"太宗觉得还是吕端说得有道理，便听从了他的建议，妥善安置李继迁的母亲。

八月，李继隆率领诸将向西进军，约好日期，在乌白池会合。出发之前，太宗还是先授予作战方略。军队出发日期已经定下后，银夏钤辖卢斌还请求太宗召见，恳切地说："番邦部族兵强马壮，来往不定，战败了就逃到别的国境，急速在沙漠上作战，对大军不利。不如坚保灵州，在内地多多聚积粮草，用军队援送，如果敌兵来到，会合军队，首尾夹击。既不会白白浪费人力物力，也不失巩固防御，这是较好的决策。"太宗已经派好兵马，没有听从卢斌的建议，改派卢斌为环庆钤辖，领兵二万，作为李继隆的前锋。卢斌见到李继隆时，对他说："灵州到乌白池，要用一个多月才能赶到。如果从环州走橐驼路，只用十天路程。"李继隆听后眼中蓦地一亮，决定改变太宗安排的路线。他因而派他的弟弟李继和乘驿马飞驰赶回京师，奏请太宗："环州道路迂回遥远，且缺乏饮水。请求准许从清冈峡直捣李继迁的巢穴，不援助灵武。"太宗听后非常生气，在便殿召见李继和，满面怒色地责备说："你哥哥这样做，必定败坏我的大事了！于是手谕严厉指责李继隆违背事先的方略："朕命从环州出兵，是因为李继迁正在围攻灵武。环州与灵武相近，李继迁容易听到朝廷出兵的消息，好使他放弃灵武而驰还平夏。那么灵武的围困也可不救自解了。不得擅

宋太宗赵光义传
SONGTAIZONGZHAOGUANGYIZHUAN

自违背朕的意旨，一定要从环州出发。"李继和领旨，星夜赶路，回报李继隆。又派引进使周莹到军中监督。等他们返回军中时，李继隆已经见机行事，从清冈峡率军出发了。

李继隆出发不久，便与丁罕会合，两军合为一路，行军十几天，一个敌兵也没见到，只好引军归还。张永恩遇到敌兵却不进行袭击，率军回归本部。唯独有范廷召和王超两路进军到达乌白池，与敌军遭遇。当时敌军锐气正旺，两方进行了几场大小规模的战斗，虽然取得些胜利，但其他将领没有按期赶到，范廷召和王超的士卒困乏，也只好持重，不再向前进军。范廷召、王超扎住营寨，只令部下坚守，不许轻举妄动，用弓箭射击敌人。李继迁领兵来攻击了几次，均被乱箭射回，相持了一昼夜，不分胜负。

王超的儿子王德用年方十七岁，任军队先锋，率领部众一万人在铁门关与敌军战斗，杀十三人，俘掠马匹财物数以万计。现在见两军相持，王德用便向父亲请求战斗："愿领兵乘势把贼兵杀退，然后我军才好缓缓退兵。"王超依允，给他精兵五千。王德用立即领兵杀出营寨，与李继迁军激战三天，杀得李继迁身疲兵敝，败退回去。范廷召、王超决定收兵。王德用又禀请王超说："回师时遇到危险，军队必然发生溃乱。"

于是领兵在距夏州五十里的地方先占据要害险峻，并下令说："归途中如有人敢乱行伍的，定斩不赦！"命令下达后，军队整齐肃然，列队出发，井然有序。李继迁的军队又追踪在宋军后面，但是望见队伍严整，不敢逼近。王超抚着王德用的背，欣慰地说："王氏有子了啊！"话音中带着父亲的自豪。范廷召、王超的部队终于安全地退回。不过这次出兵，诸将没有按期会合，终于没能够打败李继迁。

至道三年（公元997年）正月，辽朝派韩德威讨伐党项。宋太宗以步兵都虞侯傅潜为延州路都部署，殿前都虞侯王昭远为灵州路都部

署，户部使张鉴调任陕西诸州军储。张鉴上疏说："臣见关辅的民众，数年以来，赋税劳役繁重，畜产荡尽，室庐储蓄已被掏空，如今如果再有差率，将会增大百姓的流亡。纵使强行驱使逼迫他们上前线打仗，恐怕也会敷衍不前，稍打即溃。愿陛下特下诏旨，不要再兴师劳众，借着现在是初春季节，劝务农桑。况且灵州一带，远在塞外，虽然说是西部边陲的要地，实际上是宋与夏的祸根，竭尽人力物力来供应必备的东西，还要烦劳军队长途护送，从长远考虑，还是应该预防出现祸患。如果等河川决水后才修堤建坝，火势炽盛时才想起扑灭，那么水火焚溺的祸难就很深重了。即使想拯救，也不容易啊！"二月，灵州行营再次攻破李继迁，李继迁狼狈逃走。这时，太宗身患重病，三月中便驾崩了。太宗死后，十二月，李继迁派使臣来归降，并且请求在番邦任职，不来京师。太子刚刚即位，正在守丧，便允许了李继迁的请求，任命他为定难节度使，并且割让夏、绥、银、宥、静五州土地归他管辖。张浦也被送还西夏。李继迁接着派遣弟弟李瑗到朝廷谢恩。但是，时间不久，李继迁再次反复，掠夺边境，叛变了宋朝。

在宋太宗时期，李继捧献四州土地，归顺朝廷。但李继迁发动叛乱，与宋廷作对。从此，宋王朝与李继迁之间便展开了长达十几年的斗争。这期间，李继迁见风使舵，时而归服纳贡，时而叛变交战，但总的说来是以交战为主。在斗争中，李继迁曾经投降过辽朝。但他从来没有真心归降过任何一方。

李继迁发动叛乱，战争连年不断，战火硝烟弥漫，刀光剑影，人马杂沓。这不仅给边境地区的各族人民的生命财产造成严重的损失，也给宋王朝在军事上和经济上带来很大的压力。夏州远在西部边陲，又是汉族与少数民族的杂居地区，这对李继迁的叛乱是一个极其有利的客观条件。但对于宋王朝来说，必须越过沙漠瀚海，长途跋涉，艰苦行军，在汉夷杂居地区同李继迁进行军事上的争斗，在客观上有着很多的不利因素。不熟悉地形，不适应强大的风沙，沙漠之中，缺乏水源，军需供应运输艰难，不能及时补给。同时，李继迁又采取"胜则进，败则走"的策略，有时甚至投奔辽朝，不利的时候可以保存实力，有利时可以侵扰掠夺，使得宋王朝难以迅速消除这一祸患。

另外，宋朝最高统治集团在消除西夏叛乱的决策问题上，意见并不一致，始终未能制定出符合实际的战略方针，使李继迁得以保存实力，即使暂时失利，也很容易东山再起，卷土重来。宋王朝始终没有给李继迁以歼灭性的打击，对于他赖以起兵的巢穴也没有给予重创。

至道二年（公元996年），太宗派五路大军讨伐李继迁，然而各路统帅大多各行其是，违背统一的战略布置，不能协同作战，导致了讨伐的失败。灵武重镇的丧失，也暴露了宋王朝在决策和用人上都存在着严重的问题。太祖时虽然削弱将帅的权力，但对于防备辽朝、西夏和北汉的边防将帅，依然委付重任，发挥他们的主动性，而不多加干预。而太宗进一步轻视武将，限制他们的权力，束缚他们的行动，尤其是对于边防将帅，太宗一反太祖的做法，更加不予信任，而是严加防范，剥夺他们的财权，摧辱边将的权威。

淳化四年（公元993年）时，宿将泰宁节度使张永德为并、代州兵马统帅。有一个小校触犯军法，张永德责罚他杖刑，结果把小校杖打致死。太宗下诏问罪，枢密直学士、同知通进、银台司公事、兼领发敕司马张咏封还诏书，说："张永德正在边境任职，如果因为一名小校就摧辱主帅，臣恐怕下级产生轻看慢上的心，养成不良的风气。"

太宗不听。没过多久，果然有营卒胁持军侯大校的事发生。张咏再次上书，指出先前的事情，太宗这才承认张咏说的正确，当面加以慰劳。太宗如此对待边将，边将的权威从何而立！更加严重的是，太宗在一些边境州县使用文臣，而不用武将。平定北汉之后，河东的边郡，如辽州以臧丙知辽州军事，以马汝士知石州军事。后来，在陕西

沿边诸州军，也出现以文臣知州军事，而一些边坊上的将帅只能屈居副职，在文臣的指挥下活动了，"以文驭武"在太宗时期开端，到继后的真宗、仁宗时候，更加严重。在边境上不任用骁勇善战的兵将，再加上边将权威受到限制，总师出无功，宋军疲于奔命，穷于应付。最后不得不承认既成事实，以妥协而告终。

如果宋太宗在边境上任用的都是像杨业那样的名将，情况将会截然不同。太宗终没能消除西夏叛乱，把问题留给他的后继者们，使宋在对西夏的斗争中也像对辽朝那样消极防御，屡屡遭受侵扰，甚至委曲求全。这个历史责任，宋太宗以及以他为首的宋王朝最高统治集团是无可推卸的。当然，这件事也暴露了宋王朝本身所存在的其他一些问题。他们曾经致力于消除西夏叛乱，但没能做到。但是，绝不能说宋王朝在客观上根本不具有消除西夏叛乱的能力。

战争是流血的政治，宋太宗所进行的战争，平定北汉，接着征伐辽朝，讨伐西夏、交州以及其他族人，取得了一些胜利，夺取了一些城池和土地，扩大了版图，增加了人口。但是，由于决策、用人等多种复杂的主客观原因，遭到接连的几次沉重的失败，极大地消耗了人力物力，严重破坏了社会经济的发展，给劳动人民带来了巨大的灾难。同时，为了应付不断的战争，太宗又大规模地扩充军队，使军队数额急剧增长，到太宗晚年时，军队总数已高达六十六万余人，比太祖末年增加了一倍。冗兵冗官的存在，使冗吏耗于上，冗兵耗于下，尽取山泽之利也不足供应。沉重的兵役和赋税负担，致使社会矛盾日益激化起来，终于爆发了农民起义。

第十七章

王权至上强干弱枝　以史为鉴削弱藩镇

宋太祖赵匡胤夺取后周政权建立宋朝后，就着手重新建立一个封建中央集权的统一国家，他先后发兵灭掉后蜀、南唐、南汉等政权。在政治上，也吸取唐、五代"弊政"的历史教训，将造成封建割据和威胁皇权的种种因素割除。

唐朝中后期之后，藩镇势力一直过重，地方的政、军、财大权都在藩镇手中，尾大不掉，不听中央号令，不服从中央调遣，甚至节度使的承袭也不再经过中央。武将的权力太大，经常发动兵变，致使五代以来，国家屡次易主，干戈不息，动荡不安。宋太祖就是在武将握有兵权，黄袍加身的情况下，夺取后周政权的。而像他这样武将兵变，或美其名曰士兵拥戴的事件已是第四次了。

在宋太祖以前，唐明宗李嗣源、唐废帝潞王李从珂、周太祖郭威都是这样得到政权的。从不断的兵变产生出来的皇帝，终于觉悟到军人执政的危险。李筠、李重进反宋败死以后，宋太祖与赵普从容地议论天下大事，深有感慨地说："自从唐末以来，数十年间，五代十国，共八姓十二位君主，相继超越本分，窃夺帝位，战乱不止，百姓困苦不堪，我想要平息天下的战乱，图谋长治久安的大计，该怎么办呢？"赵普答说："陛下有这种念头，真是天下的福音。以前政局不稳，天下不宁，主要在于藩镇权威势重，君弱臣强。要想巩固君权，必须剥

· 183 ·

夺他们的权力。"

太祖认识到这一弊端，要加强中央集权，就必须削弱藩镇的势力。宋太祖首先解除了禁军主要将领的军权，将他们派往外地，担任节度使的职务。然后，开始削弱节度使的权力。在收取这些有功老将的兵权时，太祖做得十分委婉、圆滑。他从容地在酒席之间，巧言暗示，解除了石守信、高怀德等人的兵权，又在宫廷后苑的宴会上，罢免了王彦超等人的节度使职务，在物质上给予优厚的赏赐，政治上给予"奉朝请"的待遇，没有激起变乱，基本上用"和平"的方式顺利地实现了既定的目标。这样，京城警卫和藩镇上积久难治的弊病，一下子便解决了。

接着，宋太祖起用文臣担任地方知州，执掌一州的军政大事，取代武将任地方行政长官。在各州设置通判一职，凡是军事民政，都必须由通判签署意见，才施行。通判遇事可直接上奏朝廷，与知州的地位相等，监督知州，并分割知州的权力，防止知州专权。大的州还设置两名通判。

唐末五代时，节度使还兼领其他的州郡。支郡的长官听命于节度使，像臣事君一样，严格服从，有碍于中央集权的加强。太祖平定湖南，开始令潭、朗等州直属京师，州官可直接向朝廷奏事，不再从属于各节度使，于是节度使的权力开始减轻。后来，平定后蜀，灭亡南汉，新得的州郡也是如此。但是，原后周统治区，节度使兼领支郡的制度仍然沿袭下来。此外，在各路设置转运使。

自从唐代天宝年间（公元 742—756 年）以来，地方上各藩镇驻守重兵，租税收入都用来自给自足，叫作留使、留州。其中供给朝廷的数量很少。五代时期，藩镇率领私人武装加重征收农业租税，用来归于自己，却很少输送给朝廷。宋太祖命令各州除计划内的经费开支外，凡属金钱布帛全部送往京师，不得侵占留用。每个藩镇节度使人员有缺，便由文官主管税收。凡是一路的财政，设置转运使掌管，即或是节度使、防御使、团练使、观察使，都不许参与签署金钱粮谷簿籍的事务，于是财政收入都归于朝廷。如此，藩镇节度使原有的军事、民政、财政、司法等权全部被收归中央政府。

同时，宋太祖整编禁军，命令各州长官从本道中挑选勇敢敏捷的士兵送往京师，用来补充禁军的缺员，又选择强壮的兵卒定为兵士的样板，分别送往各地，教练兵士。等到训练成功，便送到京师来。随后实行"更戍法"，分别派遣禁军戍守边境城池，并且不断地更换防区，使将领不能够专有自己的士兵，兵卒也不识得自己的将领，也不至于骄逸懒惰。皇帝对军队的控制空前地加强了。但在削弱藩镇的同时，宋太祖并没有限制西部和北部边境将领的权力，仍然让他们享有一定的军权、财权，以保证西北边境的安定，使朝廷尽力平定东南地区。

在中央政权中，宋太祖为了防止重臣专权，实行设官分职、分割各级长官事权的办法。为了限制宰相的权力，设置了参知政事和枢密院。参知政事相当于副宰相，与宰相轮班知印、押班奏事。而且宰相和参知政事一般都不止一人。枢密院统领全国军政，把军权从宰相权力中分离出来。枢密院与宰相办公的政事堂并称为"二府"。每当上朝奏事，枢密使和中书长官先后上殿，所奏内容互相谁也不知道。只有皇帝一人知道他们所说的异同。

另外，枢密院统领军政，有发兵的权力，但是却不掌握兵马。兵马由三衙，即殿前都指挥使司、侍卫亲军马、步军都指挥使司直接统领，但三衙却无权调发兵马。这样天下的行政、军政大权都由皇帝牢牢地掌握在手中。不久，宋太祖又把财政划归三司使。宋初，以宰相提举三司水陆发运使。盐铁、度支、户部合称三司，是国家财政部门。宰相提举三司，掌握国家财权。

开宝年间，以参知政事二人点检三司，继而又重新用宰相提举。后来，沿用五代制度，设置总计使，总领财政。四方贡赋由三司管理，通管盐铁、度支、户部，号为计省。位置仅次于执政宰臣，被称为计相。当时的情况是中书主民，枢密院主兵，三司主财，各不相知，一切都要通过皇帝。用后来朱熹的话说，就是"兵也收了，财也收了，赏罚刑政一切收了"。这就是所说的宋朝的"祖宗家法"。

宋太祖主持草创了许多祖宗家法，加强了中央集权，革除了五代弊政，使基业初具规模。他本来可以有他的"贞观之治"，但却在晚年的一次生病中，不明不白地死于"烛影斧声"之下。宋太宗即位后，为了尽快消弭因即位的神秘所引起的朝廷的动荡不安，也为了继续集中皇帝的权力，他在第一次朝会上就明确宣布，一定要遵照宋太祖的既定做法行事。

宋太宗说："先皇帝创业达二十年，防患于未然，法度已经制定，纪律也已规定，事物也有了常规。我应当谨慎遵承，不敢逾越。"而在行动上，他也的确是这样做了。宋太宗南征北战，统一中原。在中央集权加强的问题上，他继太祖之后，改革官制和行政制度，开始独揽大权。在这些活动中，宋太宗不光是循着赵匡胤生前确定的方针前进，而且学习他借鉴历史经验的态度，以史为鉴，注重总结历史经验。宋太宗认为："国家的兴衰，看中央的权威大小就能知道了。"

五代在经过唐末丧乱之后，权力旁落在藩镇手中。征伐不由朝廷。藩镇仗着日益膨胀的势力，轻侮朝廷。所以王室微弱，国祚不能长久。藩镇割据、混乱的结果，必然是贪污成风，坏人当道，王法不振，百姓遭殃。只有加强权力的集中和统一，废除武人干预政权，严惩贪官污吏，才能保证国家长治久安。这是宋太宗总结历史经验教训所得到的必然结论。这也成为太宗统治的指导方针。

宋太宗即位初期，以少府监高保寅为怀州知州。怀州旧属河阳，当时赵普是河阳节度使。高保寅向来和赵普关系不好，常被赵普压抑。高保寅心中愤愤不平，不愿再受制于赵普，便于太平兴国二年（公元977年）八月向太宗上疏，请求罢废节镇领支郡的制度。太宗也正好有这个意思，补上太祖没有推行完全的这一削藩措施。于是诏令怀州不受河阳节制，直属京师，州官可以自行奏事。怀州直属京师不久，虢州刺史许昌裔又上诉说保平军节度使杜审进的缺失。太宗诏令左拾遗李瀚前往察访核实。

李瀚实地核查了一番，向太宗建言："节镇领支郡，大多让亲信近吏掌管辖区的关市，对往来商贾非常不便，使天下的货物商品阻滞不畅。祈望陛下不要再让节镇有所统摄分割节镇的权力，让他们尊王室，这也是强干弱枝的措施啊。"太宗接受了李瀚的建议，下诏令原先后周旧地的邠、宁、泾、原、唐、邓、宋、亳等三十九州全部直属京师。到此为止全国州郡都由朝廷直辖，节镇领支郡的旧制被罢废。

同时，对于边境武将，太宗也限制他们的权力。禁止他们回图贩易，剥夺他们的财权。禁止武将置备牙兵。每次作战，预先授予作战计划和阵图，武将要服从皇帝的指挥，不能自己见机行事，改变皇帝的旨意。有的边境州郡任用文臣代替武将，命令武将观书向文。

另外，地方的边防、盗贼、刑讼、金谷、按廉等事务都委任给转运使制止知州、通判擅自补迁衙前使、院客司通行官，彻底废除节度使可以补任他们的子弟为军中牙校的做法。诏令路转运使及各州长官擅自举用人来填充本部属官。如果有缺员，立即将情况上奏，这样做，可以有效防止亲党。

宋太宗还几次变动三司机构和职权。太平兴国三年（公元978年）十二月，因为三司所掌握的各种事务当中，以商税、甲胄、酒酿、末盐四案尤为繁剧，太宗下令分别设置推官，命左赞善大夫张仲颐等分别领持。不久，各案事务都设置了推官，或者巡官，一律用京官充当，加强了直接控制。

四年之后，宣徽北院使、判三司王仁赡掌管国家计司几十年，放纵属下官吏作奸犯科，仗着皇上的恩宠，有恃无恐，没有人敢揭发他。左拾遗、判句院陈恕一向做官不畏强暴恶势，亲自入朝，大胆向太宗启奏王仁赡的劣行。太宗责备陈恕无凭无据，陈恕力陈凭据，词辩蜂起，义正辞严，不容置疑。王仁赡无话可说，难以辩驳，在铁的事实面前，理屈词穷，沮丧地垂下沉重的头颅。太宗非常恼怒，把王仁赡罢为右卫大将军。判句院、兵部郎中宋琪，度支判官、兵部郎中雷德骧，盐铁判官、兵部郎中奚屿，一并斥为本曹员外郎。以给事中侯陟、右正谏大夫王明同判三司。

太平兴国八年（公元983年）三月，又将三司分为三部，各自设置使官。右谏议大夫、同判三司王明为盐铁使，右卫将军陈从信为度支使，如京使郝正为户部使。而以右谏议大夫、同判三司宋琪晋升为左谏议大夫，参知政事。太宗对宰相说："三司官吏在朕面前奏报事务，众说纷纭，各不相同；这固然不是为了私事，但也说明他们各自怀有偏见，不肯从长计议。朕每每以理开导他们，如果帝王暴躁，怎么能容忍他们这样！朕对臣下，大多是以奖励维护为主。他们的才能是好是坏，一一可见。朕按照他们的能力，任用不同的差使。他们入朝奏对的时候，无不假以辞色，善恶兼听，从不严厉折挫他们。"

宋琪不失时机地赞颂太宗，算是恭维："人的才能，很少有全面具备的。陛下耳聪目明，体察入微，他们的长处短处都暴露在面前。或者他们初次面见圣上，初见天威，内心怀有慑惧。如果不多加鼓励，怎么能够让他们尽忠尽责呢！先帝晚年，对臣下稍微严厉苛急了一些。陛下圣心深明事理，曲尽物情，臣下真是太幸运幸福了！"分三司为三部，让他们各自奏事，互不统属，皇帝便加强了对三司的控制。

端拱元年（公元988年）十二月，著作郎直史馆罗处约上疏说：

"臣私下听说有人进言，要在三司之中再设置判官十二员，兼领其职，各掌其局。臣认为三司之制不是自古就有的，而是在唐朝中叶之后，兵寇相仍，战乱不止，为了调拨管理赋调拨权等事务，才从尚书省分出三司来的。然而这一弊端犹如户枢中的蛀虫，相沿日久了。以臣的管窥之见，不如恢复尚书省原来的职权旧务，尚书丞、郎、正郎、员外郎、主事、令史等部属，请依照六典旧仪，把现在三司的钱刀、粟、帛、槁榷、度支等事务，均分在二十四司。这样就各自有主管部门存在，可以责令他们集体办公议事。而现在分别管理，互相不通气，仓部、金部，如何能知道储廪、币藏的盈虚，司田、司川谁又能知道屯役、河渠的远近！他们都有名无实，积习难改，案卷堆满案几，又什么时候能浏览过呢！如果在三司当中再设置僚属，那么就离它的本原更远了。"罗处约反对三司之下再加设官职，进而请求将三司取消独立性，重新归入宰相的统辖之下。在此之后，王化基也上疏请求废去三司。

淳化二年（公元 991 年），王化基献《澄清略》，第一件事便是恢复尚书省。他说："三司官员的名额乃是近代权宜之下的产物，都是州郡官司吏局的名称。臣现在请求废去三司，只在尚书省设立六尚书，分别掌管三司事务。废去三司的判官、推官，设立郎官，分掌二十四司以及左右司公事，使一人掌一司。废句院、开拆、磨勘、凭由、理欠等司，把他们归到相应的部以及左右司之中。"

淳化三年（公元 992 年），从盐铁判官、左司谏韩国华开始，三司属官又兼领馆职，可以随从太宗宴游。这年秋天七月，太宗又设置了三司都句院，命右谏议大夫张佖掌判。

淳化四年（公元 993 年）五月，太宗下诏罢去盐铁使、度支使、户部使，三司只设置一员使官、六员判官、三员推官，这是听从了殿中丞马应昌的建议，同时也是回应先前请废三司的罗处约和王化基的

进言。以原盐铁使魏羽为三司使。七月，设置诸路茶盐制置使。冬十月，太宗采纳判三司魏羽的建议，把天下州县分为十道：河南、河东、关西、剑南、淮南、江南东、江南西、两浙、广南。以京东为左计，以京西为右计。魏羽为左计使，董俨为右计使，中分十道，隶属左、右计使，而各道则署判官来领持事务。月底，太宗又设置了三司总计度使，任命陈恕担当这一职务。凡是议论计度，都要让陈恕参与其中。陈恕说："三司机构各自建立，政令互出，难以持久，非常不便。"太宗不听。

直到淳化五年（公元994年）末，才一诏令罢去总计使。三司恢复设置使官一员，仍然命陈恕担任。陈恕出入三司，前后达十八年之久，太宗曾在殿柱上题写道："真盐铁陈恕"。当时要说起官员称职的，都首先指出陈恕。陈恕每次在便殿奏事，太宗有时谴责他，陈恕便停口不说，严肃地退到大殿墙壁，背对着墙壁站立，也不反驳，就像无地自容似的。而等到太宗的怒气稍解，又过来回报刚才说的事情，或者要反复三四次。太宗认为陈恕忠心耿耿，多数情况下都听从他的意见。

至道元年（公元995年）五月，太宗召见三司孔目官李浦等二十七人，在崇政殿询问他们计司钱谷的事务。李浦等人上对，列举了其中利害的几件事，中书参校其中可行的四十四件，写在籍簿之上。太宗时期，变动三司机构及职权，是在各种情况的变化过程中，为了加强中央、特别是皇帝的集权，防止地方和中央权力过于分散或者权力过大的危险，从而使皇帝更有效地掌握国家财政。

不仅三司几经变动，或分散或集中，宰相以及枢密院二府的机构也出现过变动，不过幅度与频率比不上三司的变化。太祖时，为了防止宰相赵普专权，设参知政事分割宰相权力，但不久又罢去。至道元年（公元995年），吕端起初与寇准同列，吕端先任宰相后，考虑到寇准会心有不平，于是向太宗进言："臣的兄长吕余庆任参知政事时，都与宰相一样，愿请陛下恢复旧时的制度。"

太宗听从吕端的请求，也为了安慰寇准，特地下诏："参知政事与宰相分日知印、押班，遇到宰相、使相视事以及商议军国大政，一起都升都堂。"不过，到至道二年（公元996年）七月，寇准罢参知政事后，没过五天，这一权力便取消了。太宗再次下诏："从现在起，中书门下只令宰相押班、知印。参知政事，在殿廷另设砖位，班次在宰相后面，除了商议军国大政，不得升上都堂；祠祭、行香、署敕，都一律以开宝六年（公元973年）六月庚戌诏书从事。"

参知政事押班知印，与宰相分权，从薛居正、吕余庆到寇准，在很大程度上都具有一种因人设事的临时性质。大多数情况下，参知政事与宰相的权力、地位相差悬殊，参知政事往往要看宰相的眼色行事，以宰相的是非为是非。有的参知政事还奴颜婢膝地巴结宰相，以邀宠固位。但参知政事的设立，在特定时期也的确起到了一定的分割宰相权力的作用。

枢密院分割宰相军权，在宋太宗时期执行得较为严格。枢密院本身也有一定的变化。枢密院设有枢密使、副使、枢密直学士。太平兴国四年（公元979年）正月，太宗命枢密直学士石熙载签署枢密院事。太平兴国八年（公元983年）十一月，张齐贤、王沔一起为同签署枢密院事。太平兴国六年（公元981年）九月，石熙载为户部尚书，充枢密使。从石熙载开始，太宗任用文资正官充任枢密使。

淳化二年（公元991年）九月，枢密院又设立知院的官职，任命枢密副使张逊知枢密院事，温仲舒、寇准同知院事。两年以后，太宗急召广南转运使向敏中回京师，暂时任命为工部郎中。一日，太宗御笔，用他最擅长的飞白书法写下向敏中和虞部郎中张咏的姓名，交给宰相，说："这二人是名臣，朕准备重用他们。"

　　七月，大宗任命向敏中、张咏同知通进司、银台司，检阅奏章案牍。十二天之后，又一并任命为枢密直学士。通进、银台司，原来隶属枢密院，凡是内外奏复的文字，必须经由这两司，摘抄事由条目送皇帝阅览。朝外奏章由内官和枢密院官吏掌管，朝内奏章则由尚书内省有司掌管。或者行或者不行，全由他们操纵，其中发生奸邪不轨，皇帝也无法知道。而外司也没有纠察检举的职权。

　　这年八月，枢密直学士向敏中刚从岭南召回时就上书谈到这件事，请求另外设置官署，命令官员专门检校所上簿籍，防止奏疏留滞壅遏。宋太宗很欣赏地接受了这一建议，下诏以宣徽北院厅事为通进、银台司，任命向敏中和张咏同知两司公事，凡是内外奏章，严谨检视其出入，每月将情况向太宗汇报一次。从这以后，事情不论大小，没有敢留滞的了。发敕司原先隶属中书，现在也让银台司兼管了。这样做的目的，原是为了防止奏疏留滞，权臣谋私，不按时上达，但在客观上分削了枢密院的事权。

第十八章

太宗疑心频繁换相 朝廷官员升迁无常

宋初，供奉官、殿直、殿前承旨都隶属宣徽院。太平兴国六年（公元981年），太宗命杨守素等人点检三班公事，考核三班劳逸。到了雍熙四年（公元987年），因为事务众多，另外设三班院。宣徽院的事权也被分割、削弱。为了集中皇帝的权力，太宗分削了重要机构的事权，致使官制复杂多变。

宋太宗还削弱了中书铨选官吏的职权，分割刑部的权力，标志就是审官院、审刑院等机构的设置，官吏的铨选，历代由吏部与中书掌管。七品以下的京官的铨选，最初由吏部流内铨掌管；七品以上的朝官，则由中书除授。建国初期，张昭为吏部尚书领流内铨时，就是如此。张昭以后，派别的官员权判流内铨时，改变了旧有的制度，只掌管幕职官以下的铨选事务。而京官的除授一律出自中书，不再由吏部管理了。

太平兴国六年（公元981年），太宗设置京朝官差遣院。下诏除了两省，御史台等卿监以上的朝官仍由中书选授；从少卿监以下的京朝官，奉命到外地任职期满回京后，令中书舍人考核他们的政绩，根据他们的才能，以中书省下署缺员引对授予职务，叫作差遣院。京朝官差遣院的设置，落实了官吏考核工作，分割了中书省的事权。淳化三年（公元992年）十月，太宗认为中外官吏清浊混淆，不能甄别，

命令王沔、谢泌、王仲华同知京朝官考课和张弘、高象先、范正辞同知幕职、州县官的考课称为磨勘院。

淳化四年（公元993年）二月，梁鼎上言说："《虞书》记载三年考核一次，经过三次考核，进退人才明如日月。夏、商、周三代以前，以此作为常规。唐代有考核功绩的官署，制定考核的法令，下自主簿、县尉，上到宰相，都是每年考核功过，确定优劣，所以人人激励自己，以求功绩显著，闻名当世。五代时期，战乱相继不止，考功法令名存实亡。现在的知州即古代的刺史，政绩显著的朝廷不知道，计谋策略无闻者照旧任用，有失于劝勉惩戒的大体，逐渐形成了苟且偷安的不良风气。所以招致水旱灾害，频繁地到来，狱中塞满了囚犯，人满为患。想要期望天下太平，不是异想天开吗？祈望陛下诏令主管部门，申明考核官吏的法令，争取做到任官得当，民受其福。"

太宗于是改磨勘京朝官院为审官院，掌管审理京朝官，地方长官属吏、州县官吏的管理，则将磨勘幕职州县官院改为考课院。同年五月，废去京朝官差遣院，令审官院总管。以翰林学士钱若水、枢密直学士刘昌言同知审官院，考核官员功过，决定官位的升降。又以判流内铨、翰林学士承旨苏易简和虞部员外郎、知制诰王旦等同兼知考课院。凡是常调选人，流内铨主管；奏举以及历任有殿累者，由考课院掌管。这些官制的改革，基本上扭转了吏治不清的局面，奠定了吏治整饬工作的基础。中书的事权仍被分削。

对于司法机构，太宗对京师讼狱中的疑案，多次亲自决断。对于地方刑狱，淳化元年（公元990年）五月，太宗令刑部设置六员详复官，专门审阅天下所送上的案卷，不必再派人审讯狱吏。设置御史台推勘官二十人，都以京朝官充任。如果各州有大狱，则乘传听候询问。推勘官向太宗辞行时，太宗必定告诫他们说："不要有滋蔓留滞的案子。"他们从各州回到京师，太宗又必定召见，询问所推勘州府的刑狱情况。

淳化二年（公元991年）五月，在各路设置提点刑狱司，两年后废罢，归于转运司。命令管内州府囚帐，限令十天上报一次。二年八月，太宗忧虑大理寺、刑部的官吏舞文巧诋，玩弄法律条文，严峻刻薄，便在禁中设置审刑院，任命枢密直学士李昌龄知院事；同时设立详议官六人。凡有狱状上奏，先送审刑院备案印讫，交付大理寺、刑部审理复核，然后上报，并且下交审刑院详议，复核裁决完毕之后，再交付中书省执行。凡有审刑院驳斥大理寺、刑部判决的，宰相予以过问上报，作出最后的判决。

四年三月，太宗又下诏，规定"大理寺所决断的案卷，应立即送往审刑院，不再经由刑部详细复核"。审问刑狱，本是中书刑房、宰相所领的职责，到此就被析离出来。这些措施，反映了太宗对司法工作的重视，更主要的是司法权高度集中在皇帝的手中。

宋朝为了更有效地监督文武百官，尤其是监督宰相、枢密院、三司等重要机构的官员，设置台谏机构——御史台与谏院，设立御史大夫、谏议大夫、拾遗、补阙。唐代谏议大夫、拾遗、补阙，专管向天子进谏，而御史台自成一局，纠察文武百官的罪恶。到了宋朝，台谏渐混为一体，多以准绳外朝，而很少谏议内廷。御史成了天子的大法官。君主把台谏作为对付宰相的主要工具。只要台谏一有言章弹劾宰相，宰相便要自行停职，上章待罪，要求辨析事实，很多宰相也因此而被罢黜。所以宋朝的宰相的权力被削弱了很多。天子掌握台谏官员的任免权，限制宰相专权瞒上。

宋太宗继宋太祖之后，改革官制和行政制度，进一步加强了封建主义中央集权，彻底解除了地方节度使颠覆中央政权的威胁，有助于社会秩序的安定和社会经济的恢复和发展。太宗曾经对赵普自诩风尚比太祖时好。他说："朕还是晋王时，就常听说朝臣有的不修节操，

不知检点，强词夺理。利舌巧言饰非，谤诽时事，欺压人物。有的奉命出使远方，也不知以大局为重，不成体统，只知道贪图搜刮财用，使国家蒙辱，有失国体。现在我的朝中谁还敢再有这种情况呢！倘若人人自我收敛约束，岂不都趋于尽善尽美了。"赵普也随之附和吹捧说："陛下敦崇风尚，不严而治，轻薄之徒自然就弭息消失了。"

宋太宗为了限制朝臣和武将专权，实行了改革措施。加强中央集权，有效地控制全国，有非常积极的意义。但是，矫枉过正，也产生了许多不良的影响，带来了政治、经济和军事上的消极因素。

宰相的民权、军权和财权分别被参知政事、枢密院、三司分割，三者互不隶属，虽然都无法专权坐大，但也造成了不协同工作。本来是相互联系的系统性极强的事权，却被人为地分割，不能沟通消息，配合行动。国家财政已经匮乏了，而枢密院还在增兵不止，人民已经穷困不堪，三司还在取索赋财。中书了解到人民的困顿，却不知使枢密院减削兵额，不知令三司宽免财赋救济人民的困难。三个机构相互牵制。宰辅不能过问军事，中书，枢密互不通令，往往措置乖异，产生许多弊端。军政分立的弱点，一遇到战争便暴露无遗。

知制诰田锡目光敏锐，曾在太宗端拱二年（公元989年）正月总结雍熙北伐失败原因时，向太宗进言："现在抵御敌人进攻，应以选择将帅为先。选出将帅后，就请委付他军权，让他全面负责，不必交给他阵图，也不需授予他方案，让将帅因地制宜，随机应变，没有不成功的。以前汉朝老将赵充国还说过百闻不如一见。何况现在委任将帅，却每件事都想从中降诏，授予方案，或者赐予阵图，遥控指挥。将帅无所适从，依照皇上制定的计划吧，却不适合敌情；自己专断吧，却又违背了皇上的旨意。这怎么能够克敌制胜呢？臣伏地乞求火速命令宰臣各自举荐良将，并且命令有威望的宿旧武臣，自我举荐，同时举荐他所了解的有能力的人。

"臣听说前年出师（雍熙北伐），命令大将曹彬攻取幽州，是侯莫陈利用、贺令图等人蛊惑圣聪，而宰相李昉等人却不知道。去年招置义军，札配军分，宰相赵普等人也不知道。如果宰相没有才能，那么就可以把他罢废了。既然宰相可任，怎么会有这种怪事，商议边防大事，征发军队，而不让宰相知道呢！常言说得好：'偏信生奸，独任成乱。'陈利用、贺令图等人已经延误了陛下的机宜在前，以后不要让像他们两个一样的人再贻误陛下的大计。

"凡是征发军士，储备粮草，也应该镇静，不要喧哗烦躁。臣听说去年在户税上折变征收马草，以及官中和买，正应当买纳不足的时候，即有使臣催督，贫下户妇女有行校科的。臣又听说汴河干浅，准备分南河水，添注汴河，以便顺通漕运河道。国家的计度到哪儿去了，却临时抱佛脚，慌乱仓促到这种地步！臣既不知道国家的军事储备能支持几年，如果没有九年的粮草，实在就算是没有准备；若是没有三年的粮食，实在称得上是窘急了。如果不是窘急，为什么以科校妇女而纳马草，用临时添注河水来通漕运呢？

"从前，吴起为将，为士卒吮吸脓疮。霍去病为将，汉帝要为他建造府第，霍去病说：'匈奴未灭，何以家为！'现在的将帅，有像吴起、霍去病的吗？若以臣的看法，就是将帅中实际上没有能人。将帅不具备帅才，就没有威信名望，怎么能让敌人望风而恐惧！

"以臣所见，小事不必劳烦陛下用心；如果考虑社稷江山的大计，为子孙长远打算，那么就要举用具有雄才大略的人才，访求得力的将相，维持帝王的大体。假如人要理修自身，先修养内心，心中没有邪念，那么身自然就正直；要治理外，先治理内部，内部清明治理了，外部自然安定。臣的意思是，边境要发动战争，就由朝廷先发动；要使边境安静，就先使朝廷安静。在朝内任用贤明的宰相，那么纲纪就严正。在外部委任良将，那么边境就安定了。"

　　田锡的进言，指出了当时宰相、枢密、三司之间的互相牵制，工作脱节的毛病，朝廷发兵，只与枢密院商议，宰相却不知晓。准备发兵打仗了，三司才临时准备粮草，通顺漕运。彼此之间，各自为政，不能协调，致使战争失败。另外，太宗限制边将，将从中御，没有机动性，不能灵活地打击敌人。

　　针对这种弊端，田锡提出两条方案：内用贤相，外任良将。可惜太宗并没有很好地采纳。这与他个人的一些性格有很大关系。太宗自从即位以来，养成了多疑的性格，不相信任用的大臣，尤其是宰相、枢密这样的重臣，怕他们权力过大，威胁自己的统治。所以他对宰相等大臣的行动非常敏感，稍有风吹草动，便疑心猜忌，终会寻找借口，罢免了去才放心。

　　太宗一朝，宰相的任职都不太长久，他们一任一任地更换，像走马灯似的，又像舞台上出来亮了像就下去的小角色。太宗初即位时，卢多逊有功，被太宗拜为宰相，楚昭辅任枢密使。到太平兴国六年（公元981年）六月，卢多逊因为赵廷美被废，被罢免宰相，南迁崖州。赵普再次入相，楚昭辅一月罢去枢密使，石熙载任枢密使。

　　同时，太宗于第二年起用曾在自己幕府中的窦暜、郭贽并为参知政事，分割赵普的权力。起用自己的幕僚、揭发赵廷美有功的柴禹锡为枢密副使。太平兴国八年（公元983年），从开宝九年二月就任枢密使，战功赫赫，也忠心耿耿。在枢密院八年的曹彬，因为弭德超的诬告，太宗就起了疑心，罢去枢密使，后来果然查出曹彬无罪而昭雪，但太宗仍心怀芥蒂。王显被任命为枢密使，他也是太宗任开封府尹时的幕僚。而郭贽尽管是太宗的心腹，但因为替曹彬辩解，太宗便以饮酒过量的罪名罢去了他的参知政事，只做了荆南知府。接着任用李昉为参知政事。太宗与赵普关系曾经一度紧张，却召赵普入相，利用他搬倒自己的政敌赵廷美和卢多逊，一旦使命完成，太宗便又怕赵普专权，急忙寻找理由，冠冕堂皇地把赵普的宰相又给罢免了，真应了那句话"兔死狗烹，鸟尽弓藏"，再粗野点，就是"卸磨杀驴"了。十月赵普罢相，十一月，执政才半年的李昉与原是太宗心腹的宋琪一并由参知政事拜为宰相。宋琪在太宗任开封府尹时，曾经与赵普交往过于密切，太宗劝太祖把他贬出京城。

后来，宋琪向太宗承认错误，才获得太宗的谅解。现在他从一名庶僚仅一年时间就拔为宰相，速度也太快了。一来宋琪在告发廷美一案中立功，主要还是太宗旧僚的缘故。同月，太宗任命翰林学士李穆、吕蒙正、李至三人并为参知政事。枢密直学士张齐贤、王沔并同签署枢密院事。

太宗自己也说："现在两制之臣有十几名，都是文学适用，操履方正清廉的。"可见，宰相与枢密的权力分割多么严重。李穆、吕蒙正、李至这三人，也都是太宗即位之后，科举考中的进士，是太宗的"天子门生"。

宋琪任宰相刚两年时间，雍熙二年（公元 985 年）被太宗罢为刑部尚书。同时柴禹锡也被罢免了枢密副使职务，降为左骁卫上将军。起因是广州知州徐休复密奏广南转运使王延范图谋不轨，而且说他在朝中有大臣做靠山，没人敢动摇他。王延范是宋琪的妻子高氏的远房亲戚。正好宋琪和柴禹锡入朝奏事，太宗问宋琪："王延范是什么样的人？"宋琪不知道王延范被人密告，就大加称赞，说王延范精明能干，忠心为国。柴禹锡也这么说。太宗就以为宋琪和柴禹锡都与王延范有勾结，欺瞒朝廷。

太宗又不想治他们谋反的罪。他俩都是自己的心腹近臣，若说他们不轨，自己脸上也不光彩，便找了个借口，说宋琪"身为宰相，不端谨，只是诙谐，没有大臣的体统。于朝章政典也没有明智的建议"。说柴禹锡"不能诚恳奉公"。所以罢去他俩的职务。太宗又对李昉诋

毁宋琪说："朕对大臣怎么会轻易地进退！宋琪作为宰相，而请求居住卢多逊的旧宅，不避讳恶名，与钟离意相差多么的遥远啊！中书、枢密，是朝廷出台政令的机构，关系着天下的治乱根本，应当各自竭力为公，忠心为国，不负任用。人谁没有姻亲故旧的情谊，如果他们的才能不足任用，不如送给他们金银布帛呢。朕也有旧亲，如果真的没有可取之处，也不曾任用为官。你们要以此为戒！"

其实，太宗任用的大臣，除了循默守成的，大都是他的心腹。像宋琪、柴禹锡这样有功的心腹之臣也不放心，只用了很短时间便罢免了，雍熙三年（公元985年）正月，参知政事李至因为上言，反对征伐辽朝，拂逆了太宗的心意，只执政两年，便以眼疾被罢为礼部侍郎。六月，辛仲甫为参知政事。八月，任命王沔、张宏并为枢密副使。

有意思的是，大名府知府赵昌言因为上书请求斩北伐失败的将领曹彬等人，替太宗开脱了在雍熙北伐中的过失，得到太宗的赏识青睐，不久召拜御史中丞。第二年，即雍熙四年（公元987年）四月，又让他和张宏互换了位置，升任枢密副使，而张宏才在枢密院不到一年时间，迁为御史中丞。太宗互换两人，主要是张宏在雍熙北伐时没表示赞成，也没敢提出反对意见。而赵昌言则几次上言北伐利害。但请再想一想，便不禁会为太宗的这种任免理由发笑。张宏循默不言，罢了他的枢密副使的军政，却又让他担任负有监督进谏责任的御史中丞。

一个不愿发表意见的人怎么可以来担任能说善辩的言官呢？皇帝要提升、罢免哪一个官吏，总能找到一个理由的。这个并不难。但有些理由经不起推敲，有的甚至是欲盖而弥彰。也是因为不对北伐辽朝发表意见，宰相李昉在端拱元年（公元988年）二月被罢为尚书右仆射。但这罪责应该划在李昉身上吗？太宗决意北伐，只与枢密院商议，一天之中六次召见。唯独宰相李昉，不让知道，更不必说让他参与了。

李昉见军机大事，太宗都不让他这个总揆百官的宰相知晓，心中的苦恼可想而知，是不言自喻的了。他只是饮酒赋诗，观赏女乐，或许正是为了借酒、诗与女乐来排遣胸中的失意和不满，并非不留意边疆战事，而是恼于皇帝不让他留意。然而现在却成了他被罢相的理由，真是荒唐、滑稽，可笑之至！

李昉被罢相的同一天，赵普再次拜相。这已经是他第三次入相了。而这次难道是太宗不怕烦劳这个已经衰老了的元老了吗？太宗终于信任赵普，要把国家大任交付给他吗？其实不然。与赵普同时被拜为宰相的还有太宗的"天子门生"——年轻的吕蒙正。太宗要拜任吕蒙正才是真正的用意所在。只因为他太年轻，是新近科举的进士，属于年轻派的后辈，骤然掌握机要重任，怕群臣不服，便把赵普这位宿臣重新搬出来，与吕蒙正同为宰相，以作表率。

同一天任命的还有王沔为参知政事，先前因循默不言而与赵昌言互换位置的张宏也再次被任为枢密副使。张宏复任，并不是太宗觉得他不适合御史中丞的工作，而是对曾经一度青睐的赵昌言又产生了怀疑，罢去他的枢密副使，责问他的罪名是："早先以微薄的才能，拔居重任。本应效命朝廷，出谋划策，然而却不见他怎么尽忠。相反，却听说他危险邪僻，行踪诡秘，树立朋党，交结小人，玷辱清洁的朝廷。按照刑律，应该杀戮，朕特地宽赦，不深追究，以表示包容。"

赵昌言在枢密院只一年时间。不过也的确有勾结朋党的事情。赵昌言与田锡、胡旦、董俨、陈象舆等人都是同一年的进士，因为同年的关系，交情非同一般。赵昌言晋升为枢密副使。立列二府大臣之后，在他的推荐下，田锡和胡旦终于在雍熙四年先后当上了，知制诰。而董俨和陈象舆也分别在第二年（公元988年）二月出任度支副使和盐铁副使的三司要职。以赵昌言、胡旦为首，这一群在京的太平兴国三年（公元978年）登科的同年进士，从端拱元年（公元988年）开始，公开地结为朋党。

这个"同年党"的核心成员包括赵昌言、胡旦、董俨、陈象舆，还有赵昌言的门生兼在大名府的幕僚、雍熙二年榜的状元梁颢。田锡虽然与胡旦和赵昌言交好，但他素来不群不党，所以并未参加他们的"夜半之会"。赵昌言、胡旦等五人，常常在京师赵昌言家作长夜之饮。他们不避人耳目，所以京师的人有"陈三更，董半夜"的说法。他们以清谈自命，抨击朝政，而他们也很有野心。

李昉被罢，有北伐期间饮酒赋诗的过失，而直接原因还是赵昌言、胡旦等人的"同年党"指使翟颖击登闻鼓，讼告李昉失职。胡旦向来文笔较好，讼词便是他起草的，天花乱坠，终于把老好人李昉给赶下了台。没想到接着上台执政的竟然是他们的老对头，善于打击报复的赵普。

赵普再度入相后，直接就对付曾经上《河平颂》痛骂过他，同时又极力主张进攻辽朝的胡旦一伙，在刚晋封许王的赵元傅的帮助下，找到他们结党以及其他一些"不法"罪证。结果太宗大怒，把赵昌言罢为崇信节度行军司马，陈象舆、董俨和胡旦分别贬为复州、海州、坊州团练副使，梁颢责为虢州司户参军，至于胡旦指使上书的翟颖更被决杖流放海岛。

赵昌言被罢后，端拱二年（公元989年）七月，张齐贤因为宰相赵普的极力举荐，由代州知州升任刑部侍郎，又任命为枢密副使。以盐铁使张逊为签署枢密院事。赵普三次入相，自己心中也清楚太宗并不真心任用他，现在自己任相又两年了，为太宗打击了朋党，举荐了张齐贤，目前也没有什么大事，太宗又该怀疑他了。以前几次就是这样，用完了他便一脚蹬开了事。这次年纪也确实太大了，不如识趣地自行引退，还能保住富贵平安。

于是在淳化元年（公元990年），赵普称病连续三次上表，请求退休。太宗也顺水推舟，答应了他的表章，罢为太保兼中书令，任河南尹、西京留守。两年之后，赵普故去，太宗竟然也兔死狐悲，落下了眼泪，称赞赵普是"真正尽忠国家的社稷之臣"。同时也公开说赵普与他关系曾经不好。

赵普罢相后，吕蒙正以宽简居相位，辛仲甫从容其间，政事多由王沔决断。王沔敏捷善辩，擅长敷奏。然而性情苛刻，不以诚待人，喜欢听人家说好话奉承他。淳化二年（公元 991 年）三月，从容自守的辛仲甫以足疾名义被罢为陈州知州。四月，张齐贤、陈恕并为参知政事，张逊为枢密副使。

起初，王沔与张齐贤同掌枢密院事务，两人关系不和。张齐贤被贬出为代州知州，王沔为枢密副使。参知政事陈恕管盐铁，性情苛察，也曾经与王沔忤逆。现在，张齐贤与陈恕一起进入中书，王沔感到心中不安，担心中书有人会把中书旧事告诉他两人，这时，左司谏王禹偁上言："请从今以后众官侯见宰相，同时必须朝罢于政事堂，枢密使参与接见，用来杜绝私下的请托。"

王沔一听自己能与宰相一起听政，非常高兴，赶紧向太宗请求尽快施行。左正言谢泌上疏驳斥这种做法："臣看到诏书，不许宰相、枢密院二府接见宾客，这是怀疑大臣有私行。《尚书》说：'任用贤臣不要有二心，除去奸邪不要有迟疑。'张说称姚元崇对外粗于接物，对内谨慎事君，这才是大臣的法式。现在天下无比广大，事务万机繁杂，陛下以聪明寄托给辅佐大臣，自己并非直接接见下臣，怎能全部知道外边的事情？如果使令在都堂等候接见，那么众官请见议事，没有半点闲暇。幸亏依赖当今世道清明，朝廷上没有巧言取宠的人士，地方上少有姑息养奸的大臣，为什么怀疑执政宰相，做出衰乱之世的事情来！如果任用的人不称职，斥退就行了。既然所用适当，交付政事，又有什么可怀疑的呢！这不是陛下推心置腹对待大臣，大臣展四肢报答陛下的做法。"

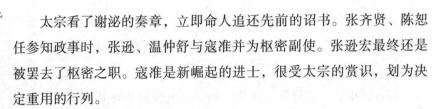

太宗看了谢泌的奏章，立即命人追还先前的诏书。张齐贤、陈恕任参知政事时，张逊、温仲舒与寇准并为枢密副使。张逊宏最终还是被罢去了枢密之职。寇准是新崛起的进士，很受太宗的赏识，划为决定重用的行列。

淳化二年（公元991年），太宗因为天旱，蝗虫成灾，召集近臣询问政事的得失，群臣认为这是天命，与政事无关。唯独寇准说："《洪范》讲天命和人事，就像响之应声，影子随形一样。大旱一事表明，刑罚有不公平的地方。"太宗生气，起身进入宫中。不一会儿，又召见寇准，询问刑罚不公平的情况，寇准说："愿召见中书省、枢密院二府的人前来，臣当即述说。一府的人来到后，寇准才说："近来祖吉、王淮都违法受贿，祖吉贪赃较少被杀，王淮因是参知政事王沔的弟弟，守财自盗多达千万，却只施以杖刑，仍恢复原任官职，这不是刑罚不平还是什么！"太宗就这件事问王沔，正沔当场承认，叩头请罪。

于是太宗产厉地责备王沔，而认为寇准可以重用，便由枢密直学士破格任命寇准为枢密副使。寇准曾在殿中奏事，因言语不合，太宗生气地站起身来，寇准便牵动太宗的衣角请他再坐，直到事情决定后才退朝。太宗嘉奖说："朕有寇准，犹如唐太宗有魏征一样。"王沔因为弟弟王淮的事，几次被寇准诋毁，太宗也觉得王沔心术不正，便将他在淳化二年（公元991年）九月罢去参知政事。

同一天，参知政事陈恕也因为泄露禁中的谈话与王沔一起罢免。不久，太宗特地提拔为宰相的吕蒙正也只做了四年就被罢为吏部尚书。这主要是因为吕蒙正的妻族左正言宋沆等人上疏请求立许王元僖为太子，词意狂率，触怒了一直不愿立太子的太宗。宋沆是吕蒙正的妻族，又是经他提拔任用的。所以太宗就怀疑此事也一定与吕蒙正有关系，说不定还是他指使的，便以匿瑕藏垢之名罢去吕蒙正的宰相。

温仲舒与吕蒙正是同年登第的，情谊笃密。温仲舒任汾州知州时，与监军的家中婢女私通，被削官为民，穷困潦倒了几年。吕蒙正在中书，极力引荐他，恢复官职，又做了枢密副使的要职，这时却也恩将仇报，落井下石，反攻吕蒙正，致使吕蒙正雪上加霜，终于被罢免了宰相。

　　吕蒙正罢相后，李昉再度出任宰相，同时入相的还有刚被提为参知政事不久的张齐贤。这时，太宗一改先前对李昉饮酒赋诗的斥责，而称他有贤相之风，可以师长庶僚，为外延的表率。说张齐贤遇事能当机立断，好谋而成。同日，贾黄中、李沆并为参知政事。

　　王显从太平兴图八年（公元 983 年）兼枢密副使，六月任枢密使，到现在已经八年了，算是在枢密院时间待得较长的了。在这期间，辽朝屡次侵扰边境，黄河也多次决口，事务繁多急促，王显朝夕不得休息，急得团团转，无可奈何，太宗就认为他不称职，淳化二年（公元 991 年、九月罢免，以副使张逊知枢密院事，温仲舒、寇准同知院事，殿中丞朱贻业是参知政事李沆的姻亲。

　　淳化四年（公元 993 年），朱贻业有个同僚叫王延德，托朱贻业向李沆请求补外官，李沆看在姻亲的面子上，告诉了宰相张齐贤，张齐贤又把这事告诉了太宗。哪知道这个王延德曾经是太宗为晋王时的幕僚，这一来把太宗惹火了，太宗生气王延德不自己来向他请求，却要通过执政大臣。把王延德召来大骂了一顿。王延德这时却矢口否认，说没有过什么请求。麻烦更大了。太宗又叫来张齐贤质问他，张齐贤没说是李沆的关系，而说是朱贻业介绍的，朱贻业也不认账了，张齐贤不想再牵连李沆，便说是自己干的，承担了一切责任，被太宗罢去宰相，为尚书左丞。

　　而他任宰相仅仅有两年的时间。不过当时张齐贤使李沆摆脱了干系，赢得了人们的赞美。这是六月的事情。紧接着，枢密院也不甘寂

寔。张逊与寇准关系不和，几次在太宗面前争执不休，互不相让，面红耳赤。太宗实在看不下去，准备罢免他们。一天，寇准与温仲舒一同从宫中出来，在路上突然遇到一个疯癫的狂人，迎着他们的马头，大叫"万岁"。右羽林大将军王宾与张逊交往深厚，又知道张逊与寇准有矛盾，因而立刻把这件事向太宗奏报。

寇准自我辩白说："我实在与温仲舒同行，而张逊令王宾单独奏报臣一个人。"张逊又拿着王宾的奏言斥责寇准，声色俱厉。于是两人又在太宗面前争吵起来，互相揭发各自的隐私。太宗越听越生气，大声呵斥住他们，把张逊贬为右领军卫将军，寇准罢守本官。

同一天，任命柴禹锡为知枢密院事，刘昌言为同知院事，吕端为参知政事。六月张齐贤罢相后，十月，李昉再次被罢相。去年夏天，旱情蝗灾很严重，终于有一天下雨了，李昉等人前去拜贺，太宗严厉地责问李昉说："时雨久久不下，是什么原因？"李昉、张齐贤、贾黄中、李沆惭愧恐惧，上表待罪。

后来，李昉以私家哀戚，请求辞去宰相职务，太宗不许。到了现在，还是罢免了。翰林学士张泊起草罢相的制书，张泊上言说："李昉职责在于调和阴阳，却使阴阳乖戾，而没有归咎引避的意思。应该加以黜削，以做效尤。"太宗认为李昉也是老臣了，不想罢黜他，把制词改为"久雍化源，深辜物望"，仍让李昉春朝秋请。同时被罢的还有贾黄中、李沆、温仲舒。贾黄中小心谨慎，但许多政事多稽留不决，而且当时名士都出自他的门下，所以引起太宗的不满。

而李沆是因为王延德的事。温仲舒是因为吕蒙正和寇准被罢的事，都牵涉到他，而且扮演了不光彩的角色。而温仲舒曾经恩将仇报的吕蒙正又得以复出，再入拜为宰相。外似坦率、中有城府的翰林学士任命为给事中、参知政事。以太宗旧僚赵镕、向敏中并同枢密院事。苏易简从知制诰为翰林学士承旨，年不满三十，在翰林八年，受到太宗的宠遇无以伦比，有时一天之中就三次召见。

太宗本想遵从旧制，也想让他的名望慢慢积累，最后再重用。而苏易简因为亲人年迈，急于进用，太宗召见时，苏易简极力上言时政的得失。李沆罢免后，太宗便以苏易简代替他，任参知政事。五天之后，曾被赵普打击的赵昌言再次被起用为参知政事。

第十九章

机构臃肿人浮于事　广开言路采纳谏言

　　这时，四川王小波、李顺农民起义发展得如火如荼，气势炽盛。太宗见堂堂几十万官军竟然拿不下没有经过训练的农民军，心里非常失望和恼火。赵昌言主张发兵剿灭农民军。后来王继恩攻入成都后，便整天饮酒作乐，赌博下棋，不思战事。太宗使命参知政事赵昌言领兵讨伐农民军。结果有人对太宗说赵昌言鼻折山根，必定造反。太宗又开始对他产生了怀疑，追令赵昌言停止进军。新任参知政事不可靠，太宗又开始想起他一直欣赏的寇准来。

　　一年前，寇准被罢知青州。太宗认为寇准淳厚，寇准走后，太宗很挂念他，常常闷闷不乐，对左右臣下们说："寇准在青州快乐吗？"得到的回答却令太宗失望："寇准在一个富饶的地方做地方官，当然会快乐。"几天后，太宗又问同样的话，回答也与先前一样。后来，有人揣摩出太宗想重新召用寇准，便离间太宗说："陛下思念寇准，难以忘怀。听说寇准每天摆酒豪饮，不知是否也挂念陛下呢？"

　　太宗听后，默然无语。但是始终不能忘怀寇准。现在，参知政事赵昌言受到怀疑，太宗便对宰相吕蒙正说："寇准遇事明敏，现在重新起用，想必更加尽心尽力。"于是在淳化五年（公元994年）九月，召任寇准为参知政事。至道元年（公元995年）正月，太宗便罢去赵昌言的参知政事，出知凤翔府。月底，翰林学士钱若水为右谏议大夫，同知枢密院事，而一度受宠的同知枢密院事刘昌言因为有人说他把母亲妻子留在乡下十年不迎接而被罢为给事中。

其实，这还不是刘昌言被罢的真实原因。刘昌言受到太宗的宠遇，不可能因为这件事而被罢。赵昌言被罢，应该与赵赞有着密切的关系。度支都监赵赞奸诈狡猾，被告伏法。刘昌言在任河南通判时，常常保举赵赞，两人交情深厚友善。赵赞被逐之后，刘昌言便感到心不能安。太宗说："近侍中也有与赵赞勾结通气的。"刘昌言吓得立即站出来，连称死罪。太宗说："卿不必担忧。"然而终于还是怀疑他，找了这个不迎母妻、另娶旁妻的罪名，罢去了他的枢密职务。

吕蒙正再次入相只过了一年，至道元年（公元995年）四月，太宗又将他罢为右仆射，任命吕端为宰相。太宗对吕蒙正说："仆射也是师长百官。朕以为中书事务繁多，与卿分均劳逸罢了。"吕端做官四十年才得到重用，他做宰相，老成持重，识得大体，清廉简朴，太宗恨任用吕端太晚了。一天，太宗出示手写的札子，戒谕说："从现在起，中书事务必须经过吕端详细斟酌，才能奏给朕听。"

知枢密院事柴禹锡也在这时罢为镇宁节度使。参知政事苏易简受到与他不和的翰林学士张洎的多次攻击，被罢为礼部侍郎；而张洎把苏易简整下去之后，取代了他升任参知政事。张洎攻击苏易简，自己也被太宗疑心。太宗想任用张洎，但知道他在江表时，常诋毁善良的人，李煜杀潘祐，张洎曾经预谋。太宗心中疑忌他。

幸亏翰林待诏尹熙古等人也都是江表人，张洎曾经对他们不错。太宗偶尔召尹熙古等人在宫中侍读，顺便问起潘祐得罪的原因，尹熙古说："李煜愤恨潘祐进谏言词太率直，不是张洎的阴谋。"太宗这才洗去心中对张洎的不信任。这时，寇准年轻新进，想找老练的文人依附自己，张洎日夜坐班工作，每每衣冠整齐地在省门等候寇准出入，作揖之后退下，却不与寇准交谈，一句话也不说。

　　寇准更加看重他，极力向太宗推荐。太宗终于让张洎代替苏易简担任参知政事。张洎对寇准更加恭谨，政事一切都由寇准来断决，张洎不加参与，专修《时政记》，说好听的话而已。吕端这时也请求与寇准分日押班知印，权力相等。寇准算是受尽皇恩，逞尽风流了。不久，赵镕知枢密院事。

　　至道二年（公元996年）二月，太宗以李昌龄为参知政事。几个月后，太宗举行郊祀庆典，中外官吏都加官晋级。寇准凭着自己的实权，任意决定。他平常喜欢的，大多得到台省清秩，嘉奖褒进；而他憎恶的，或者不了解、不熟悉的当即斥退。广州左通判、左正言冯拯被转为虞部员外郎；右通判、太常博士彭惟节转为屯田员外郎。冯拯曾经与寇准有仇，寇准所以压抑他。彭惟节觉得自己平时就在冯拯官职之下，现在上奏章按官衔排列时，仍旧像以前一样排在冯拯的下面。寇准大怒，用堂帖的形式把彭惟节升在冯拯之上。

　　太宗严厉责备冯拯，但特地宽免了他的罪责。冯拯恨死了寇准，就向太宗说："寇准专权，肆意妄为。对岭南官吏有矛盾的，或是不熟知的，都给贬退了，其他官员的进退也不均平，全凭着寇准的爱恨来决定，请陛下明察。"冯拯的上司，岭南东路转运使康戬也上言支持冯拯说："吕端、张洎、李昌龄都是寇准引荐上去的。吕端清静无为，张洎曲意移承寇准，李昌龄怯懦怕事，都不敢和寇准对抗，所以使寇准为所欲为，没有顾忌，扰乱朝廷定制，任意进退命官。"

　　太宗一听，怒火上升，立即召见吕端、张洎和李昌龄，斥责他们纵容寇准，而不及时向皇帝报告。吕端说："寇准性情刚毅，自我感觉良好，臣等不想和他争执，恐怕伤了国体。"说完再拜请罪。不久，寇准前来奏事，他还不知道自己已经被人告发，一副踌躇满志的模样。太宗对他说起冯拯报告的事情："冯拯说你恃权放纵，任意进退官吏，可是真的？"

寇准急忙辩解，矢口否认，说冯拯怀恨在心，纯属诬蔑。太宗不高兴地说："你在朝廷上辩争，实在是有失执政大臣的体统。"寇准还力争不已，太宗厌恶地看了寇准一眼，叹息着说："鸟雀老鼠还知道人意，何况是人呢!"第二天，寇准还不识趣地抱着中书籍簿，非要把这事争出个是非曲直，太宗更加不乐意了，便在七月罢去寇准的参知政事，以给事中出知邓州。至道三年（公元 997 年）正月，太宗又以温仲舒、王化基为参知政事。当时太宗还想罢去吕端的宰相，任命温仲舒为相，而赶上身体不适，没有进行。只把张洎罢为刑部侍郎。任命李惟清同知枢密院事。不久，太宗便病重驾崩了。

太宗为了集中权力，在主要权力机构之下层层增置新的机构，并任命多员官吏执掌，从而分割重臣的权力，防止重臣权力过大，威胁皇帝权威。同时，太宗还不能高枕安眠，动辄怀疑大臣，一点风吹草动，蛛丝马迹，便不能释怀，屡屡罢免大臣，致使宰辅等重臣没有常任，即使是太宗最宠信的宰臣任职也不过四五年，大多两年一换，有的甚至只有几个月，刚接任不久，屁股还没坐热就被赶下去了。所以，登上相位和枢密的官员，都不敢太过于放纵，终日小心翼翼，唯恐稍有不慎，便有把柄抓在皇帝的手里，丢掉这个位子。

相继做宰相的李昉、吕蒙正、吕端等人，都是这样，崇尚清静无为，宽简自守，循默守成，少有建树，使得领导集团组织平庸，倾向保守，缺乏积极性和创新精神。锐意进取被看作是轻薄浮躁，而宽厚谨慎则被赞誉成君子美德。太宗曾告诫臣僚应小心翼翼，"如果太过分就失去大臣的体统"。太宗这样规范大臣，使"守道的人以急功躁进为耻，有才能的人以自我炫耀为非"，否则就会受到诽谤和排斥，成为孤立打击的对象，难以在领导集团中立足。而且，官吏任命朝令夕改，乍升便降，不停变换，即使是有志有识的杰出人才，也难以施展抱负。

刚被任命，席不暇暖，还未熟悉政事，还没有实行自己的治国大计，便被驱下台，严重破坏了施政方针的连续性和稳定性。所以，各位大臣索性不再抱有什么鸿图大志，乐得清闲。太宗对此现象有所察觉，有一次曾问宰相李昉说："朕观察在位的人，没有进用之前，人人都以管仲、乐毅自许；等到登上官位以后，都变得争相因循沉默，不积极为朕出谋划策。朕日夜操劳，没有一点空闲。难道臣下与君主的关系，竟然是这个样子的吗？"

李昉等人惶恐不安，不敢接言，只是拜伏在地上，静听太宗发脾气。太宗接着说："朕处置事情不当的地方，和你们谈一谈，希望我们君臣，上下谁也不要隐瞒！"太宗只知责怪大臣因循守旧，却不知道正是他日夜操劳，不愿放权，才导致这种变化发生。错在自身而不知，却去纠责他人，岂不悲哀！李昉等人深谙为官之道，不去触怒太宗，而许多真正敢为的人，例如田锡、谢泌都曾上书说过太宗对大臣"任而疑之""疑而用之"。王禹偁文章独步当世，遇事敢言，封奏无辍，为文著书，多有规谏讽喻。所以不容于流俗，被太宗认为是无德，虽然几次在翰林任职，都时间不长就被罢黜。难怪他感叹自己生不逢时："我若生在元和年间，与李绛、崔群同朝为官，就无愧于这一生了！"

太宗设置了众多机构，使官僚机构臃肿不堪，人浮于事，办事效率低下。许多事情都需要他这个皇帝做主。权力集中在皇帝手中，而太宗在对待国家政务上，还是非常清廉和勤奋的。这固然与他独揽权力分不开，但更主要的，太宗还算是一位有志的、勤于政事的皇帝！

为了有效地控制群臣，集中皇帝权力，宋太宗改革了官制和行政制度，朝廷事务，大小巨细，皇帝都要插手，几乎达到事必躬亲、独揽一切的程度。有人说中国的独裁统治就是从宋太宗起真正开始的，这种说法其实有失公允。虽然有些事情，太宗最后决断，但他并没有像独裁君主那样，一意孤行，闭塞人言。恰恰相反，宋太宗正是以广开言路为契机，开始他的治国大业的。

在宋太宗即位的第一年，即太平兴国元年（公元 976 年），太宗下诏："群臣有论次评定朝政是非的，应立即引对。"太宗的这种做法，在一定程度上是受他的兄长宋太祖的影响。宋太祖在建隆三年（公元 962 年）二月时曾发布诏书说："自从现在起，翰林学士、常参官每五天内殿起居，按次序听候皇帝征询、从实对答，并且必须陈述时政的得失利弊，朝廷目前的紧急事务，或者刑狱是否有滥判冤枉的现象，百姓的疾苦，都要仔细采访报告，一定要直言事实，不要拿些闲慢的无聊事来应付。事关急切的，允许不按定时，立刻到阁门上章，不必等候引对的日子。"

这年七月，太祖又下诏说："朝臣出使，回到京师后，要把所到地方的民间利弊详实地汇报上来。"太祖还对地方官员的言论颇为重视。他亲自召见牧守、令录，询问他们对地方、中央政事的看法和建议，然后才让他们离开。宋太宗即位后，继续贯彻宋太祖的这一方针。而且，他即位后，要争取人心、了解人心，就必须首先让群臣讲话。言为心声的道理，太宗有较深的理解。另外，他加强皇帝的集权，也必须广泛听取各方面的消息，详细了解天下的大小事务，必须依靠群臣的奏对。宋太宗深知兼听臣下意见的重要性，依靠领导集团的群体智慧来治理国家。虽然有些事情独揽专断，也是在让大臣表达过看法之后。

太平兴国四年（公元 979 年），太宗准备亲征太原，先召枢密使曹彬，问他："我现在举兵，卿以为怎么样？"曹彬说："国家兵甲精锐，人心拥戴，如果讨伐太原，如同摧枯拉朽一样！"太宗于是决定起兵。

这时宰相薛居正等人提出反对意见，说太祖以前兴兵，太原依靠辽朝支援，我军没有什么收获。不要轻易出兵举事。太宗并不生气，说："此一时，彼一时。"后来，在太原攻下后，又转而进攻辽朝，有军队没有按时来到，太宗气极，要处以军法。赵延溥进言："陛下巡幸边陲，本来以契丹为心中大患，现在敌人未灭，却要先诛谴将士，谁还为陛下奋力杀敌呢？"太宗听从，不再严加追究。而对赵延溥的及时进言提醒，大加褒奖赞誉。

太宗非常重视臣民的谏言，并积极创造条件，鼓励臣民讲话，对于言辞不当的，也不加罪。太宗认为君臣同心，才能享国长久。而要达到同心，君主就必须礼接群臣，听卑纳谏。太平兴国八年（公元983年），太宗曾对新任命的参知政事李穆、吕蒙正、李至等人说："朕阅览了以前历代书籍，大抵都在讲君臣之间，情通则道合，上下都没有隐私，大臣进言，必定值得听取。朕励精图治，使我朝清明强盛。你们这些人都是朕的股肱耳目，辅佐朕治理天下。假如朕处理政事、行为讲话有缺失的地方，应该诚恳地用心进言，替朕指出。朕每做一件事，如果不适当，只有扪心自问，咎责自己而已。决不会身在尊位，有恃无恐，让人不敢讲话指责！"

太宗认为，一开言路可以扩大自己对民情政事的了解、掌握，分辨群臣善恶，并能集思广益，是认识事物和寻求治理国家办法的源泉。他说："做君主的门道，主要在于能广泛地听闻朝外的事务，分别好坏善恶。朕经常担心天下广阔无垠，而朕却深居九重皇宫大内，民情不能全面真实地送达上来。如果不听取采纳，官吏的才能是优是劣，为官是廉是贪，万民的生活是福是苦，凭什么知道呢。"为此，太宗多次下诏，令朝廷大臣大胆直言。

雍熙元年（公元984年）春，太宗对宰相说："卿等所奏的簿子书札，这是半常奏事。但只要有处置不当，可以直接进言，但说无妨，不必隐瞒，朕会斟酌裁夺。即使有说的不对的地方，朕也不会加罪责备的。"地方上原先只有转运使以及知州、通判能直接上书，而州县官吏不行。这年夏天，太宗又下诏，命令"天下幕职，州县官上疏言事，凡有关民俗的利弊优劣，政令的适当乖背，都可以一并从本州用驿传送到京师，上报朝廷"。太宗的这道诏书，拓广了言路，避免了下情的壅塞。

太宗非常注意吸取前代帝王的教训，他对宰相说："前代帝王很多以尊极自居，颜色凛然不可侵犯，左右没有人敢进一言。朕经常与你们婉言相待，让你们言论时事，就是想通畅君臣上下的联系。"太宗虽然有时猜疑大臣，但也竭力表示对宰相、群臣甚至一般的民众，都采取降情接纳的和悦态度，重视不同的意见。他经常与大臣们讨论国事，并与群臣一起观书、赋诗、赏花、钓鱼，提倡上书言事。他曾经向大臣们列举楚文王听从保申的谏言，停止打猎，专心治理国事的例子。太宗说："自古以来君臣之间，不志同道合，又怎么会出现这种情况？如果君不信用大臣，即使有直言不讳的臣下，也无法施展他的抱负和计划。"

太宗非常重视大臣们的谏言，他亲自阅读臣民的言事奏章，并奖励言事中肯的人。左正言谢泌曾上奏章，评论时政的得失，太宗嘉奖他的忠诚，提拔他为左司谏，赐金紫，赏钱三十万。即使上书言辞狂率的，太宗也不加罪。

雍熙元年（公元 984 年）八月，有一个布衣平民用黑色囊袋，装着奏章献上来。奏章中言辞狂妄。太宗看完后，对宰相说："近来上封事的，大多不知道朝廷的次第，所言的事情又都孟浪。本想下情上达，庶事无雍，所以，虽然言辞狂妄悖谬，朕也能容纳。"宰相宋琪说："陛下广纳言路，如果能有百分之一可用的，也是国家的好处啊。太宗还告诫皇子们说："帝王的子孙亲王，先必须克制自己，听言纳诲。朕礼接群臣，无非是为了求得启发。你们切不可鄙视别人的短处，更不能仗恃自己的长处，才能永久富贵，终生受益。先贤有句话说："逆背我的是我的师，顺从我的是我的贼。'这不可不谨记啊。"

太宗鼓励臣民们进言，又不以言罪人。同时，他还重用敢于直言的臣僚，让他们担任要职。太平兴国七年（公元982年）四月，太宗以左正谏大夫、枢密直学士窦偁、中书舍人郭贽并守本官，任参知政事。太宗对窦偁说："你自己揣摩一下，为什么会让你任参知政事？"窦偁原来曾在开封府做过太宗的幕僚，便说："陛下是顾念藩邸的旧臣，让我担任要职。"太宗笑着说："错了，朕任用你是你曾经当面斥责贾琬，赏识你的正直敢言啊。"

窦偁在宋太祖开宝末年时，任开封府判官，与推官贾琬一同供事太宗。贾琬思维活跃灵敏，能先于别人意会太宗的意思，窦偁常常感到妒忌。在太宗任晋王时与各位亲王宴射，贾琬在其身旁侍候，连连称赞晋王仁德，箭法高超，用词矫饰造作，奉承溢美。窦偁实在听不下去，心中厌恶至极，上前厉声呵斥贾琬："姓贾的小子巧言令色，阿谀献媚，难道不感到心中羞愧吗！"在座的所有人都大惊失色，被窦偁的大胆震呆了。

晋王也感到十分扫兴，悻悻不乐地散了宴会。然后，晋王告诉太祖，把窦偁贬为彰义节度判官。太宗即位五年后，又想见窦偁，派人召他回京，任为比部郎中。当时正议论北征，窦偁又力排众议，极力主张"不要北征，还师京都，休整军队，蓄养战马，然后再谋划攻辽"。太宗认为他说得很有道理，非常高兴，升任枢密直学士，又任参知政事，可见太宗对窦偁敢于直言的赏识。当然这其中日也不乏任用旧僚亲信的因素，尽管太宗本人否认这一点。

太宗对直言的鼓励，对进言人的赏识和重用，使朝廷上下涌现出一批敢于讲话，甚至敢于当面顶撞太宗、直言不讳的大臣。例如左拾遗田锡、左正言谢泌、张齐贤、枢密直学士寇准，以及李畴、吕蒙正等人，他们敢于犯颜直谏，宋太宗也能够虚心地采纳他们的意见，嘉奖他们敢于谏诤的精神。

张齐贤在太祖时就直言上书，而且坚持自己认为正确的意见。太祖巡幸西京时，张齐贤向太祖献上十条治国大计。下并汾，富民，封建诸王，敦促孝悌，举用贤人，建立太学，实行籍田，选用良吏，惩办奸恶，谨慎刑狱。太祖认为他说的有四条可用，张齐贤却坚持其他各条都很好，触怒了太祖，命令卫士把张齐贤强行拉出行宫。不过，张齐贤的胆识给太祖留下深刻的印象，其实太祖心里很欣赏他。

等回到汴京后，太祖对太宗说："我到西京，只得了一个张齐贤，但不想马上给他官爵，你以后可以收用他作为辅臣。"太宗即位不久，张齐贤参加科举，太宗就准备把他放在高等，特地多收了科举的名额。张齐贤果然在以后的政治生涯中不断向太宗进言，太宗也非常重视他。

太平兴国五年（公元 980 年）末，宋太宗在高梁河败给辽朝之后，退回京师，又有很多，人说应该尽快攻取幽蓟地区。张齐贤进谏，反对攻取行动："圣人举事，动在万全周密，百战百胜，不如不战而胜。自古以来，疆场兵难，并非一律是由戎狄引发的，也有很多是因为边疆将吏骚扰人家导致的。如果沿边各军，任用得人，只使修筑险峻堡垒，挖掘深沟，养精蓄锐，以逸待劳，那么边境就安宁了，河北的民众也能休养生息了。臣又听说以天地四方为家的，要以天下为心，怎么会只在乎争夺尺寸的土地。所以圣人先本后末，安内攘外。尧舜的大道没有什么神秘可言，就是广泛地推布恩泽给天下的民众罢了。人民安居乐业之后，戎狄就会相继前来归附了。"

太平兴国八年（公元 983 年）三月，为江南西路转运副使的张齐贤察访到饶、信、虔三州山谷中出产钢铁铅锡，又求得前代的铸法铸钱。其中只有饶州永平沿用唐朝开元年间的钱料，铸出的钱坚

实耐用。因此决定取用这种铸法，每年铸币五十万贯，共用铜八十万斤，铅三十六万斤，锡十六万斤。张齐贤亲自到京师，当面向太宗陈说此事，太宗听从，下诏三州每年卖铅锡为钱。有人说新法增加的铅、锡太多，张齐贤坚决地引用唐代旧法为证，议者无话可说。然而，唐代永平钱法，质地好，轮廓精致，张齐贤铸的钱，虽然每年增加几倍，但稍微有些粗糙。雍熙三年（公元986年），张齐贤又进言，没想到忤逆了太宗的心意。便自请出守边境，用计大败辽朝。后来，张齐贤晋位宰相。

太平兴国三年中进士的田锡更是以说直敢言出名。他有时连太宗的脸面也不顾及。太平兴国六年（公元981年），田锡任左拾遗的言官。自从卢多逊专政以来，群臣的上表奏章，都要先送禀给他，否则不敢通报。谏官上章，也必定令阁门吏依照固定的格式，写上"不敢妄陈利便，希望恩荣"。田锡写信给卢多逊，请求免去这一套，触怒了卢多逊，把他贬为河北南路转运使。

田锡在入朝向太宗辞别时，还把自己被贬的事搁置一边，直接向太宗进言军国机要一条，朝廷大体四条。军国机要是要及时行赏，驾驭武将。朝廷大体之一是修德政来招抚远方的人，停止交州用兵。二是请皇帝召询谏官。现在谏官废职，给事中不敢封驳，拾遗、补阙也不献直言，起居郎、舍人不能升堂言事，御史不能弹奏，中书舍人不曾资访政事。请让他们各司其职。三是请整治省寺官署，充实职官。四是请求废除刑犯戴用铁枷。当初，唐太宗观看《明堂图》，见人体的五脏都附着在背上，便禁止行刑时鞭打背部，减轻徒刑刑期。况且升平时代，将要置刑法不用，铁枷的使用又不见于法律条文，可以省去不用。

太宗看了田锡的奏疏，优诏嘉奖。有人对田锡说："现在应该少说话，远离谗忌。"田锡却说："事君忠诚，唯恐不能竭尽全力；况且我天生这个脾性，岂能是一次赏赐就能改变的！"

田锡被贬到河北之后，还不忘进谏，又通过驿传上书谈论边事。请求太宗申饬边将，谨封固守，送还俘虏，允许互相交易，使人民务农积粮。

太平兴国八年（公元983年）十二月，任右补阙的田锡上疏，指责政事的失误，甚至对太宗提出严厉的批评。他说："现在对于商贸货财，纲利太密。陛下躬亲机务，发布的旨意过于频繁。前者是指酒曲的利益，只要增盈，商税的得利，只求能有剩余，每年递增，把得利的源泉要穷尽枯竭了。请陛下确定税利的定额，颁布遵守的常规。就像州县征科，农桑税赋，年景丰收也不曾增加，年岁歉收就答应拖欠，自然合乎情理，民众知道该做什么，民心稳定不乱。后者是指君主当政要简约，简约之后，号令精审，人们容易听从。做大臣的务必要勤奋，胜任职责，使事务没有滞留。臣看到陛下早晨受百官的朝见，中午还要日理万机。或者是进呈兵仗，或者是检阅军人，或者是亲自问狱，或者是亲自观看战马。上书谈事的，或者详细审视它的词理；击鼓上堂奏事的，或者询问他的冤情。陛下还在忧虑耳目四聪有达不到的地方，日理万机也有不知道的事情，实在是太勤奋，也太疲惫了。然而，为什么不把这种勤劳转移到勤于访求贤才上，为什么不把这种专心改变到专于选择良士上面！谏官就安排在左右，御史就委任他纠察弹劾百官，给事中有才的就让他封驳诏书，起居郎有文采的，就命令他记录言行。百官都能各负其责，各得其人，那么还忧虑什么事情办理得不公允，还担心人民不受赐吗！何况，宫阙乃是庄严的地方，宫殿朝堂应站列清切的官班，怎么合适让押来的囚犯。患病的军人，或者虚词越诉之徒，侥幸受恩之辈，引进便殿，面见天子容颜！陛下遇事都要指挥，临时定夺，其间有突然受皇帝的顾问，惧悸天威的，或者偶尔有所陈说，稍微令圣上满意；怯懦迟钝的，口中虽然奏说，但却不能表达真正的心意；而那些奸诈狡辩的，言语虽然适当，但未必就有道理。陛下或者施布恩泽，或者处以罪名，即使聪明睿鉴，周密通全，固然没有冤枉轻滥，但朝廷清静严肃，怎能喧嚣杂乱！《尚二书》说：'处理事务要简约。'还说：'统御众臣要宽容。'希望陛下审查。

"此外，臣还有请求。中书是宰相处理政事的机构，相府是陛下优待贤才的地方。现在却在中书外廊设置磨勘院这个部门，检校朝臣有没有功过是非，审查州郡官吏是否真的勤劳能干。这个部门的职责原本属于考功司，考功的职责不修治，而磨勘的名义互出，实在不合政体。以往诸侯犯错，百姓有冤，必定命令台官，委任制使，以宪府刑曹，专管此事。现在却大多差遣殿直、承旨，使他们做制勘使臣，他们实在不是处理公务的材料，突然委任。他们鞫问罪人，有的根本不通晓刑律，而妄自加以严厉弹劾，又亲自起草制书，人们都畏惧这些人的威严，谁敢抗拒，难道就没有把人陷于无辜，而违背了陛下仁慈的意旨的吗！臣每当读史书，凡是匹妇贞廉，野人孝行，还旌袁门间，或赏赐束帛，激励民俗。现在国家官僚在远方任职，不能搬去家眷，父母要去世了，得到消息也不能离任，穿着黑色的丧服处理政务，怎么会安定孝子的心呢！清明的诏令没有下达，严重地损害了圣人的教寻。"

田锡言词犀利，直言不讳地指出太宗在官制、行政制度和用人方面的一些弊端，触动了问题的症结，毫不客气地批评太宗独揽权力，要求他统治宽简，宏观控制就行了，不必事必躬亲。田锡进言，从来不考虑自己可能遭遇到的可怕后果，只要看到对人民、对朝政有害的事情，马上向皇上上疏指正。有时对于自己能够容忍的事情，出语也毫不收敛，言辞苛刻，一针见血，不害怕会触犯到谁。即使皇帝宋太宗本人有错，也会受到田锡的指责，甚至方向格外明确，直呼陛下如何如何，不在乎宋太宗是否承受得住，也不想君主一怒会有罢官杀头的危险。当然，宋太宗确也有时脸上挂不住颜色，会沉默无语，怒气上升。但他还是能够控制自己，控制情绪，不加罪于进言的人。

第二十章

太宗开明励精图治　大臣直谏政治清明

雍熙元年（公元984年）八月，宋太宗改谏院机构的名称，以利臣民进谏，开拓言路。右补阙田锡再次上疏，指出这一改革的不完美的动机。

他说："现在陛下有一定原因，才渴望听闻真话直言；有一定行动，才善亲直谏，引咎自诚，修德弥新。臣认为这个责任应由近臣承担，而不在圣躬；罪在谏官而不在陛下。近来陛下有朝令夕改的事，由制敕所行时有不妥当之处，却没有人封驳。给事中如果任用良才，制敕如果准许他封驳，那么下达的敕文就不会不妥当，要做的事也不会不精，编成一定格式，又怎么会有朝令夕改的弊病呢！这就是臣所说的责在近臣而不在圣躯。臣又见陛下有舍近求远的事，言语行动不合道理，却没有人敢谏诤的，这是左、右拾遗、补阙的过失。再加上近来国家安定，天下统一，使陛下以升平自得，功业建树很多，自我感觉良好。却不知四方虽然一时宁静，然而，刑罚还没有置而不用，水旱还没有格外调和，陛下说天下太平，谁敢不说天下太平！陛下说天下治理很好，谁敢不说天下治理很好！陛下正要为民求福，报答天的功劳，准备封禅泰山，向上帝献礼。人的计划虽然定好了，然而天意不从。禁中失火，就是要使英明的君主有所警悟，诏书下达海内，遍告国人。这是臣所说的罪在谏官不在陛下。"

田锡慷慨陈词，指明太宗一些错误做法，说他朝令夕改，舍近求远，自诩太平，有事才纳谏。田锡把罪责推到近臣与谏官身上，是在给太宗找台阶下，其实矛头所指就是太宗本人，一目了然，无须避讳。田锡就是这样，并不怎么给太宗留情面，尤其是那句"陛下说天下太平，谁敢不说天下太平"，用词相当严厉，等于公开批评太宗专权太过，这一番话，给沾沾自喜的太宗猛地泼了一盆凉水。一个谏臣，竟敢如此严厉地指责皇帝，恐怕古今罕有吧。

端拱二年（公元989年）正月，田锡任知制诰，又上言指责太宗不信任将帅，事先授予阵图方略，束缚将帅的手脚。不让宰相参与军事，偏听偏信侯莫陈利用、贺令图。国家储备不足，边关没有名将。请求太宗举大略，求将相，安定边境。田锡的这些意见都非常深刻，言辞掷地有声，力透纸背，确实是一位忠心耿耿、刚正无畏、远见卓识、思维机敏的名臣，是不可多得的人才。像田锡这样敢于谏诤的大臣，还有几位，都对太宗的一些言论、行动提出意见，使太宗能够及时知道自己的过失。

吕蒙正任宰相后，淳化五年（公元993年）正月十六上元节，太宗在御楼赐从臣宴饮。席间，太宗感慨地对宰相吕蒙正说："晋、汉兵荒马乱，生灵凋敝沦丧殆尽，当时以为没有恢复天下太平的时候了。朕亲自览阅庶政，万事粗加治理，常感念上天的恩赐，使我朝如此繁荣昌盛，朕才知道天下的治理和动乱完全在于人啊。"

吕蒙正一听太宗又沉浸在个人的功德之中，洋洋得意，急忙起身离席，语意深长地向太宗进言："皇上的乘舆到的地方，士人庶民赶来云集，所以繁盛空前。臣曾经看见城外不几里的地方，因为饥饿寒冷而死的很多，所以繁盛未必都是像眼前的这种情况。愿陛下不仅看到近处，还要看看远方，如果那样，真是天下苍生的万幸啊。"

太宗兴致正高，陶醉在自己的功绩中，没想到宰相突然说了这番

话，犹如在头上击了一闷棍，脸色不禁由红变白，由白变灰，不再说话了，刚才那股洋洋自得的劲头顷刻间消失得无影无踪。吕蒙正也清楚自己的话使太宗十分扫兴，但毫不后悔。他就是要在太宗忘乎所以的时候才唱个反调，好一言惊醒梦中人。吕蒙正坦然自若地坐到原来自己的席位上去，席上的同僚都说他太耿直了，不该在太宗兴头上说那样的话。吕蒙正却不以为然。他有时就是能坚持己见，为宋朝尽忠尽力，不顾皇帝是否高兴喜悦。

有一次。太宗命令中书选派一个人出使朔方，吕蒙正退朝之后，送上人选名单，太宗没准许。过了几天，太宗连续三次问人选好了没有，吕蒙正连续三次举荐同一个人。太宗气极了，把吕蒙正的上书狠狠地扔在地上，厉声说："吕蒙正也太固执了吧！"吕蒙正不慌不乱，慢慢地回答说："臣不是固执，是陛下没有谅解臣罢了。"他进一步解释，说明选派那个人的原因，"这个人可以胜任出使朔方。其他人都比不上，他是最恰当的人选。臣不想只为向皇上献媚邀宠，就毫无原则地顺遂君主的心意，却损害了国家大事。"

当时在场的朝臣们都吓得大气不敢喘，像雕塑一样站着，不敢动弹。吕蒙正把笏板插进腰带中，弯腰俯身，拾起地上的书表，慢慢地整理好，放进怀里，退下殿去。太宗退朝之后，对左右的近侍说："这个老头的气量真大，朕赶不上他。"最后，太宗终于任用了吕蒙正举荐的那个人。使命完成后回京复命，那人果然出色地达到太宗的目的，使太宗称心如意。太宗也从此更了解吕蒙正能任用人才。吕蒙正小时候非常落魄，备尝艰难困苦，所以为官秉正敢言，很能顾惜民间的困苦，当然，这与太宗对直谏的鼓励分不开。

李昉为官虽然清静，却也是个善于讽谏的人。太宗曾经对侍臣说："朕比唐太宗怎么样？"参知政事李昉并不直接发表意见，他只是隐微地朗诵白居易的《七德舞》词："怨女三千放出宫，死囚四百来归狱。"太宗听后，急忙站起身说："朕比不上，联比不上，卿的话对联是很好的警戒！"

淳化二年（公元991年），右谏议大夫王化基也献《澄清略》，进言五件大事：

一是恢复尚书省。"请废去三司，只在尚书省设立六部尚书，分掌事务。废判官、推官，设郎官分掌二十四司及左右司的公事，使一人掌一司。废孔目、句押、前后行为都事、主事、令史。废句院、开拆、磨勘、凭由、理欠等司，旧事比部以及左右司。"

二是谨慎公平科举。"朝廷连年下诏，以类求人，只听说按故例举荐了官吏，却不见选择举官的人。希望从今以后，另立名册，先选择朝官当中有声望的，分别令他们保举自己知道的人才，如果被举保的人贤能，就连同举荐的人一起赏赐；甬则连同举主一并治罪。"

三是惩治贪官污吏。"蛀虫多了，木头就会被掏空，官吏贪婪，百姓就困苦。希望命令各路转运使副兼采访的工作，让他们察觉职责范围内州、府、军、监长官。"

四是省裁冗官。"臣先前任扬州职官时，见添置的监临事务的朝官及使臣，有的超过本州官吏好几倍，恐怕天下其他各州也是这种情况。如果这些官员都廉洁清白，只是耗费公府的钱财；如果他们个个贪婪，刮取民间的官吏又增加了几倍啊，能不害国耗民吗！请求命令各部转运使与知州共同商议，裁减多余的官员，各县令、主簿、县尉等官也让他们考虑，适当废去一些。"

五是择用远方官吏。"犯过罪的人，大多不是好人。授予他们远方亲民的官职，他们纵情自任，仗着偏远，作威作福，百姓遭殃，却不能上诉。希望从今开始，凡是犯罪的人，不许出任四川、广南的长官。"

王化基的上疏，明确清晰地指出了当时太宗政治中的主要弊病，

机构臃肿，官吏冗杂，吏治不饬，意见都非常中肯，博得太宗的赏识，当即晋升为御史中丞，准备重用。

寿正言谢泌也敢于上疏，驳斥太宗诏书中失当的决定。淳化二年（公元991年）四月，左司谏王禹偁上言："请自今以后众官候见宰相，同时须朝罢于政事堂，枢密使参与接见，不得在本厅接见宾客，防止私下的请托。"

太宗听从这个建议，下诏准备实行。谢泌立即上疏，说："看到诏书，不许宰相、枢密使接见宾客，这是怀疑大臣有私行。天下如此广大，机务繁重，陛下把耳目聪明寄任给辅佐大臣，如果不让他们接见宾客，怎么能全面了解外面的事情呢！有人说：'不放心就不要任用，若用就不要怀疑。'如果现在处于二国家命运的衰弱季节，强臣擅权，您的这一做法，还算合适。然而现在陛下的权力鞭挞宇宙，总揽天下豪杰，朝廷没有巧言令色的人士，地方上也没有姑息养奸的臣民。礼乐征伐都从天子而出，为什么还这么怀疑执政大臣，做出末世的荒唐事来呢？"

谢泌竟然说太宗怀疑执政大臣，做出衰乱之世的事情，指出了太宗性格中最大的弱点：多疑。一个人如果没有宽容谦虚的胸怀，没有主动听取批评的度量，一旦被人指明自己最大的最不愿人知更不愿人谈的弱点，必定会暴跳如雷，恼羞成怒。如果这个人身处至尊之位，无所顾忌的话，怒气勃发，进言人或许脑袋搬家。尤其是皇帝更难以忍受被臣下指责，而且是冒大不韪。

宋太宗恰恰就能听进这样逆耳的指责。太宗阅读完谢泌的奏章后，立即追回前日的诏书，仍以谢泌的奏章交给史馆存档。宋太宗的确是一位虚怀若谷的君主，这种胸怀勉强不来，更装不出来。尤其是宋太宗还鼓励、褒奖臣下这样去做，并且创造便利的条件。一个心胸狭窄、目光短浅的皇帝是绝对做不出这类事情的！

宋代历史上举足轻重、赫赫有名的寇准，也以敢于犯上进言的精神出名。寇准曾在殿中奏事，因言语不合，太宗生气地站起身来，寇准便牵动太宗的衣角，请他再坐，直到事情决定后才退朝。寇准曾在淳化二年就天旱蝗灾向太宗进言刑罚不平，气得太宗起身回宫。不一会儿，太宗又回来召见寇准，询问刑罚怎么不平，寇准便说王沔的弟弟王淮守财自盗多达千万，只处以杖刑，又官复原职，而贪赃较少的祖吉却被处死。太宗一听，认为寇准可以重用，便破格提拔为枢密副使。太宗嘉奖寇准的这种耿直精神，说：

"朕有寇准，犹如唐太宗有魏征一样。"

太宗时，像田锡、谢泌、寇准、吕蒙正这样的有胆识有气魄敢于进谏的官吏还很多。比如左史兼起居郎梁周汉，上书要求申明考核官吏法令的梁鼎，上言信用大臣、少度僧尼、劝务农桑的王禹偁，批评太宗限制武将、将从中御的张洎，力主班师养精蓄锐的李至，进谏米贱害农、请增米价的李觉，还有不留情面、讦直好谏的姚坦。

其中姚坦的谏诤非常突出。姚坦曾经是益王赵元杰的王府翊善，是专门辅佐亲王为善的官。为人刚直，好直言不讳。益王曾经命匠人在府中制作了一座假山，以供观赏。这座假山耗费了大量的财物。假山落成之后，益王召集王府僚属，摆设酒宴。边喝边一同赏玩。假山的确造型优美，很有气势，挺拔峭立，竟让人有巍峨险峻的感觉。假山上还有泉水，汩汩而出，顺流而下，形成一段瀑布，倒也水花四溅，犹如飞雪。景致确实不错，构思巧妙，益王府有了这座假山，显得十分优雅，还多了些自然的情趣。大家异口同声，都赞叹假山做得好。

而只有姚坦一个人硬是低着头不看，益王强令他抬头观看，姚坦说："臣只看见血山，哪里有什么假山！"益王十分惊讶，不解地问姚坦："你为什么这么说？"姚坦回答说："姚坦在农村田舍中做百姓的时候，见到州县督催赋税，里胥官差到百姓门上，抓了人家的父子兄

弟，送到县里，鞭打逼税，被打的百姓血流满身。这座假山都是用了百姓的赋税才造成的，不是血山又能是什么呢？"

当时，太宗也正在制造假山，还没有完工。有人把姚坦的话告诉了太宗，太宗醒悟地说："这么伤害人民，做假山干什么！"急忙命令停止修造，立即毁掉已经做好的部分。益王一旦有过失，姚坦从来不会放过，必定指出规正。宫中除益王以外，人人都不喜欢他。益王的亲信给益王出主意，教他假装生病，不去上朝。

太宗派太医每天都来给益王检查，过了一个月还不好。太宗非常担忧，便召见益王的乳母进宫，询问益王的病情以及身体状况。乳母说："益王本来并没有病，只是因为翊善姚坦对益王的生活起居检束得太严厉过分，益王不能随便自在，闷闷不乐，所以就得了病。"太宗听后，不禁大怒，说："吾选派品行端直的良士作为诸王的僚属，就是为了辅佐各王行善的。现在，益王不能听用姚坦的规谏，反而又诈病不朝。想让朕驱逐端正的人，给他自在随便，想得倒美！益王年纪还小，不一定想到这种做法，一定是你们这些人为他出的馊主意。"

于是命人把乳母拉到后园，打了几十杖。然后，太宗召见姚坦，安慰他说："卿在益王宫中，被一群小人嫉恨，实在不容易，卿受委屈了。卿只管这么做，不要担心别人的谗言，朕绝对不会听那些人的话！"不久，太宗便提掺姚坦为考功郎中，专门考课群匝的政绩好坏，使姚坦的正直发挥更大的作用。

这些敢于进谏的人的言语行动，反映了太宗善于纳谏的胸怀，群臣进言，如同触动龙鳞，如果帝王没有纳谏的心胸，殿堂之上是很难有诤臣的。太宗曾经向吕蒙正说："朕如果有什么过失，卿不要表面顺从。"对李穆等人也说："即使批评朕的错误，哪怕是浮泛的话，也要说给朕听。"又说："或者所说的不一定就对，也应当共同商议、改正，这才对政治有帮助。太宗的这种态度，消除了大臣的顾虑，能让大臣畅所欲言。就像谢泌淳化二年因几次评论时政得失受到太宗的奖赏时，对太宗说的感谢的话："陛下从谏如流，所以臣能够竭尽忠诚。以前唐代末期，有一个人叫孟昭图的，早上向君主进谏，晚上便失踪了。前代这样做，怎么会不衰乱！"

太宗谦虚地鼓励臣民上言直谏，也虚心听取逆耳的批评。另外，太宗还进一步把进谏制度化。从制度上提供条件和保证，是太宗广开言路，听卑纳谏的又一个重要措施。

在宋太宗时期，定期召集百官集体商议军国大事，已经成为一种制度。行政典礼这些重要大事，有应该集议的，太宗先下诏都省，省官然后传达给应该参加议论的官吏，到时都会集在都堂。参加议事的官员，根据议事的内容，也有不同。但规定不能无故缺席。为了提高议事的效率，也作出一些规定。太平兴国八年（公元 983 年）六月，右散骑常侍、判尚书都省徐铉向太宗建议："应该在召集议事的三天前把要集议的文稿先送给参加集议的官员，让他们提前阅读。事先考虑，然后有所准备地集会议事，并且在会上展开辩沦，能够提高集议的功效，促使事情愈辩愈明，拿出最佳的解决方案。"

徐铉的提议立即获得太宗的批准，依照他的方法实行。百官集议，并不能左右宋太宗对事情的个人独断，但对发扬群臣参政议政的风气大有好处。尽管太宗集中皇帝权力，朝廷的事，大小巨细都要过问，大臣的集议，也能够促使太宗全面深入真实地了解朝政，参考集议官员的各种意见，作出比较公允合理的选择，有利于朝政的公正清廉。

太宗还加强和完善了臣民举报案件的机构。雍熙元年（公元 984 年）秋天，太宗下诏，改从唐代以来就设立的匦院为登闻鼓院，东延恩匦为崇仁检院，南招谏匦为思谏检院，西申冤匦为申明检院，北通玄匦为招贤检院，仍令谏院依照旧例，差谏官一员主判。

从这几个改变后的名称看，便晓得太宗要施行仁政，思贤若渴，

虚心纳谏，清明政治。善于进言、敢于直谏的臣民再次受到鼓舞。端拱元年（公元988年）二月，太宗认为补阙、拾遗的官名只表明官员查缺补漏，拣拾遗忘，都是因循墨守，不修职业的意思，下诏把左、右补阙改为左、右司谏。左、右拾遗改为左、右正言，使他们的任务更加明确，要求他们勤于进谏，敢了正言。

淳化三年（公元992年）五月，太宗又下诏设置理检司，以右正言、知制造钱若水领持，并且在禁门之外设置一面大鼓，让臣民敲鼓升堂，陈述下情，名叫鼓司。至道三年（公元997年），又命太子中舍王济勾当鼓司这也就是后来终宋一代的登闻鼓、检院的前身。登闻鼓、检院的任务是："接纳文武官员以及世人百姓的奏章疏表。凡是言论时政得失、公私利害、军情机密、请求恩赏，上告冤滥以及奇方异术，都要收受，通达皇帝。"

宋太宗把登闻鼓及其所设的机构，作为厂解下情的一条重要渠道。他的兄长宋太祖就曾经多次亲自处理过登闻鼓的案件。宋太宗在健全了这一机构之后，更是亲自处理击响登闻鼓的案子。

太平兴国八年（公元983年）五月，汝阴令孙崇望到京师，击起登闻鼓，太宗立即召见，孙崇望诉讼颍州曹翰："曹翰在任上苛刻残酷，搜刮聚敛民脂民膏，不理政事，擅自挪用官府卖盐得来的钱银，以及百姓每年交上的租粮丝棉绢帛的剩余，又仗势侵占与官地，作为自己的蔬圃果园。"太宗一听曹翰如此霸道贪婪，下诏严加惩办。经过百官集议之后，太宗诏令削去曹翰的官爵，御史台派官吏押送曹翰到登州，加以禁铜，曹翰盗用的官物以及他侵占的土地和挪用的赋敛，一并没收。

端拱元年（公元988年）闰五月，翰林学士、礼部侍郎宋白主管贡举。录取进士程宿以下二十八人，其他各科一百人。榜文张出之后，议论纷纷，各种诽谤纷至沓来。有人击登闻鼓，请求别试，对录取的进士和诸科不服。宋太宗知道后，立即召落第的人在崇政殿复试，又录取了进士马国祥以下及诸科共七百人，避免了遗漏人才。

有一次，竟然还有京城的百姓击响登闻鼓，太宗急忙宣召上殿，和颜悦色地问他："你有什么紧急事情禀报？"谁知那人却说："我的一头公猪丢失了！我指望它发家呢，这下完了。"宋太宗和群臣哭笑不得，但太宗并没责怪这人，下令赏赐他一千钱，偿还那头猪的价值。然后。太宗笑着对宰相说："琐细的事也要让朕来听决，实在太可笑了。不过，用这样的心情来御临天下，也可以没有冤民了。"

宋太宗在淳化四年（公元993年）恢复了封驳制度。封驳，在唐王朝时建立。就是"封还诏书，不即下行；驳正台议，然后奏闻"。也就是说，仿照唐朝传统做法，职臣（给事中、中书舍人等官）对于皇帝下达的诏令，如果认为不妥，可以退还。退还时又分缴奏、封还、缴驳等，有的是直接封还诏书，不向下传达；有的是退还时提出理由和建议。田锡在太平兴国六年就曾上言说谏官废职，给事不敢封驳。淳化四年六月，太宗命左谏议大夫魏庠，司封郎中、知制诰柴成务同知给事中。太宗对魏庠等人说："凡是制敕诏书有不恰当的地方，应该按照以往旧例，封驳诏书。"九月，又以给事中封驳隶属独立出来的通进、银台司，一切诏书制敕，都要令向敏中、张咏详细斟酌，然后向下发布。当时，泰宁节度使张永德为并代两州都部署，有名小校犯法，张永德一时气愤，竟把小校鞭笞致死。太宗诏令把张永德治罪。张咏便行使封驳权力，把太宗的诏书封还，并且说："张永德正在边境领兵，如果因为一名小校，摧辱主帅的权威，恐怕会引起军队的混乱。"

淳化元年（公元990年），太宗命令对上书人的意见分门别类，责成中书、枢密、三司复奏处理，改变过去交由一个单位集中处理的一揽子做法，以此来防止积滞和推卸责任的弊端。又规定皇帝在内殿

第二十章 太宗开明励精图治 大臣直谏政治清明

起居日，复令常参官两人次对，使群臣的意见不因皇帝的生活秩序变化而壅塞。这两项制度外的规定虽然不经常执行，但在一定时期起了作用，这也是太宗重视群臣言论的措施。

宋太宗在位期间，发布过不少纳谏诏书，完善了进谏制度。他重视臣民的言论，更好地俭省自己，纠察百官，在政治上取得很大成绩，称得上是一位虚怀纳谏的开明贤君。宋太宗广开言路，并不是对一切言论都表示接受，对于进言者也并非都不介意。他宣扬的不罪言者，只是对有利于巩固自己皇位的建议，或者其他特定时间特定问题，也有不少时候是做样子给世人看的，也是为了笼络人心。当然更大目的是为了更加有效地控制百官，加强权力。广开言路，只是维护皇帝绝对专制的一种手段。

在宋太宗统治的初期和中期，他还能虚心听取一些批评和直谏。渐渐地，日迁月移，太宗变得骄傲自大起来，以为自己的一言一行可以与汤、武、尧、舜相比，更自比为唐太宗，实际相差太远。忘乎所以，听不得不同意见。有些甚至关系到国家治乱兴衰的重大谏言，太宗却置若罔闻。更不必说庞大臃肿的官僚机构，使信息层层传递，中间环节太多，造成大量损耗和失真。太宗有时还固执己见，刚愎自用，上下之间仍存在着沟通障碍。太宗还多疑忌大臣，使得直言敢谏的大臣与繁冗的官员相比仍占极少数。大多数臣僚或者墨守成规，或者歌功颂德，报喜不报忧。虽然四方不宁，刑罚不当，水旱未调，但"陛下说天下太平，谁敢不说天下太平"。太宗的广开言路起到一定作用，也存在严重的局限性。其实，封建专制的皇帝是不可能做到真正的政治民主的！

第二十一章

任用官吏注重品德　扩大科举笼络人才

从唐代末年，战火纷纷，经过五代，朝政废弛。官府腐败，吏治凋敝；刑罚无常，狱满为患。吏治的好坏、司法的清浊，关系到国家强弱荣衰。所以，历代有志有识的明君都格外重视吏治的整饬，司法的公平。宋太祖建立宋朝之后，便开始注意吏治与司法问题，采取了一些措施，严惩贪官污吏，废除繁刑苛法。宋太宗继续宋太祖的政策，整顿吏治，清明刑狱。

宋太宗把吏治的整饬放在突出重要的位置上。认为官吏尽职尽责，清正廉洁，勤政爱民，奉公守法，才是称职的好官。而一个王朝倘若贪官污吏充斥朝廷，国家必然衰乱，百姓必定困苦。所以，官吏要选任品质端正、有才能的人，并加强对官吏的监督和考核，奖励清廉尽职的好官，惩治贪官污吏，同时加强对各级官吏的控制。

太宗重视选择贤良的人才，任用为官。为了实现政清人和，民众归心，太宗刚即位，便下诏令各道转运使察举部内知州、通判、监临物务京朝官的能力、品德的优劣，提拔政绩优良的官吏。太平兴国二年（公元977年），太宗为了扩大统治基础，笼络贤才，决定扩大科举名额。他对侍从的大臣说："朕准备在科场中广泛征求贤才，不敢指望十个当中有五个，只要能得到十分之一二，也可以成为治理天下的栋梁啊。"为了便于科举选拔人才，特地设立了试衔官。

从这以后，太宗通过科举，录用了大量人才，其中像后来成为宰相的吕蒙正、张齐贤、寇准等人，做过参知政事的赵昌言等人，都是直接通过科举，登上政治舞台的。他们之所以能位极人臣，执掌政事，不但因为是"天子门生"，更主要的是他们都身怀治国的才能，贤良端正。吕蒙正品质厚道宽简，遇事敢言，很早就显示出不凡的气度。太平兴国八年（公元983年）十一月，吕蒙正刚被任命为参知政事的时候，有人指着他说："这小子也是参政吗？"吕蒙正假装没听见，若无其事地从那人身边走过去了，并不责怪。

同僚们为他不平，要责问那人的姓名，吕蒙正立即制止说："如果一旦知道了他的姓名，就会终身不能忘记。不如不知道的好。"当时人们就敬服他的气量大。后来连太宗本人也承认不如他的气量大。吕蒙正向太宗荐举人才，三次荐举，太宗都不同意，并且生气地把荐书扔在地上。吕蒙正还是不更改，直到太宗任用了那个人选。寇准也是这样，与太宗言语不合，拉住太宗的衣角，让他重新坐下，直到事情有了眉目才退下去。

太宗平日对官吏的任命也十分注重条件。他大多依据政事的不同类别，选任能力不同的人才为官。吕蒙正、李昉、吕端、寇准等人，品质宽简，能控制大局，有气度，能容人谅事，逐步提拔，拜为宰相。像吕端，太宗认为他这个人"小事糊涂，大事不糊涂"。

对于敢于直言上谏的，例如谢泌，太宗任命为谏官。谢泌曾经奉诏发解国子学举人，黜落了许多徒有虚名的人。那些被他黜落的人聚在一起，诽谤辱骂谢泌，怀里揣着砖头，等着他出来。谢泌知道后，悄悄地从别的路进入史馆，几天几夜不敢回家，见到太宗后，向他汇报了情况。太宗听后，问左右大臣："什么官职在路上走时严肃安静，京都的人纷纷害怕回避？"有人回答说："侍御史知杂事。"于是，太宗任命谢泌为虞部员外郎兼侍御史知杂事。

太宗常常亲自选择官吏，他曾向近臣说："朕每日在后殿亲自选择清廉正直的官吏，等到二三百人，天下州县，还愁治理不好吗？"自从端拱年间以来，诸州司理、参军，一般都是太宗亲自选用的。

太宗非常重视内外制的任命。每当任命一个大臣，必定向宰相咨询访问，寻求名副其实、才德兼备的人才，先召见与他交谈，观察他的见识能力，然后授予官职。太宗曾经对左右近臣说："朕早先曾听人说，朝廷任命一个知制诰，他的姻亲都赶来庆贺，谚语说这是'一佛出世'，怎么容易啊？郭贽，曾经是南府（开封府）的门人，朕刚即位的时候，因为他喜爱捉笔弄文，所以任命他掌制诰。后来朕常听说制书一出，人们都嘲笑不屑，原来他平素没有声望，不能胜任这一职务，朕也为此感到脸红。虽然已经进用，也最终没有让他进入翰林。后来，朕阅览唐书旧事，见其中有很多从低卑的地位升做翰林学士的，于是命令杜镐检阅录唐朝学士，不必拘泥品秩高低，自校书、正字、畿尉到尚书，都可以任用。"

不久，光禄丞尹少连上疏，引用马周遇唐太宗的事，言词捭阖，很有见地。太宗欣赏他的文才，召试他如何处置刑狱，尹少连的论文道理通畅，太宗想立即提拔任用，向宰相征询，却没有人知道尹少连这个名字。太宗担心他声望不高，就没有任用尹少连。

太宗还下令宰相、枢密等重臣举荐自己了解的人，有才干且贤德的，经过考察确实无误，再加以任用。吕蒙正认为合适的人选，坚持向太宗举荐，也不怕触怒太宗。赵普也曾向太宗举荐张齐贤，说他素蕴机谋，德义兼全，如果委以重任，一定建立特殊的功勋。太宗曾下令礼部解贡举人，要遵照吏部选人的律例。每十人为保，如果有行为逾越违逆的人，是别人告发的，同保连坐，不得应举。苏易简有一次向太宗举荐吴人浚仪尉周亨，说他才俊挺拔，可以任用。

太宗令周亨考校，亲自与他谈话，观察他的器量能力。又通过苏

易简，要来周亨写的文章。呈上来的是一篇《白花鹰赋》，这是依照张茂先《鹪鹩》仿作的文章，文章还较为流利。太宗认为他成不了什么大器，就对苏易简说："姑且令他做个京官，再慢慢地观察吧。"于是任命周亨为光禄寺丞，一个月后，周亨得了暴病死去。

有时，官吏的举荐还有特定的范围和条件。淳化三年（公元992年），太宗命令两个常参官各自举荐京官一人，充任升朝官。命令宰相以下到御史中丞，各举荐朝官一人为转运使。接着下诏说："所举荐的京官，除了三司三馆的职事官，已经提升的不在举荐范围之内；只有那些身怀才能，派为外任，而不被朝廷所知的人，才具有奏举的资格。"

端拱二年（公元989年）九月，太宗还曾下诏，让朝官上书自荐。做"朝宫中有精通律令格式的，允许上书毛遂自荐，加以测试询问后，补任为刑部、大理寺官属，三年以后，迁其官秩。"王化基曾经上疏自荐，经中书考试后，任左拾遗。

太宗渴望贤才，特地将北通玄瓯改名为招贤检院。有一次，太宗对近臣说："朕亲自选择良士，几乎忘记了饥饿和干渴，召见选出的士子，亲自问话，观察他们的才干，然后提拔任用，而使山野中没有遗漏的人才，朝廷中多添些君子。朕每当见到布衣百姓和缙绅贵族，只要他们中间有端正优雅的被众人推举赞誉的人，就由衷地替他们的父母欢欣喜悦。如果要召拜为近臣，必定精心挑选良辰吉日，也好保证他们能善始善终。对于士大夫，朕可以说没有亏待他们。"

尽管太宗思贤若渴，但他在官吏的选择和任用上还是非常谨慎的，不仅自己亲自考察，而且多方面咨询访问。另外，太宗不但注意对选择对象本人加以考察，同时也加强了对举荐人的选择和控制。

太宗在太平兴国八年时对宰相赵普说过："唐朝设置采访使，大概是要纠察官吏的善恶、人民的疾苦。然而任命的采访使，如果此人官位很高，权势就太重，一手遮天，掩盖下情；如果此人官位低卑，就没有权威，命令难以行通。而且，采访使经过的州郡，承迎不暇，怎么能审察利害，不过徒有虚名罢了。倘若慎重选择群才，分别任为使官，有功有过，赏罚分明！并且国家精选人才是最主要的事务，皇帝深居九重宫禁，怎么能全面地了解，必须依靠采访使。如果说好的多，就是品德行为没有污点。倘若能选用到这样一个人，就会受益无穷。古人说：'得到一匹良马，不如得到一个善于相马的伯乐；得到一柄利剑，不如得一名善于铸剑的欧冶。'朕孜孜不倦地寻访查问，只求得到良才，充任使官啊。"赵普说："帝王进用良善，实在是使天下太平的好办法，然而在采用选择方面，重要的是找到地方。君子小人，各有党类。先圣说过，考察一个人的过失，就到他的同党之中寻求。这不可不谨慎啊。"太宗连连点头，认为赵普说得很对。

淳化二年（公元994年），王化基献上《澄清略》，专门就吏治方面提出五点意见，其中第二点就说："朝廷连年下诏，以类求人，只听说按例举荐官吏，不见对举主的选择。请求今后另立名册。首先选择有声望的朝官，各令他们保举所知道的人。如果被举荐的人贤明可用，就连同举主一同嘉赏，否则就连同举主一起治罪。"对于举荐人的选择，也保证了人才的质量。

太宗在任用官吏方面，着重官吏的品德、能力、文学、胆识等各项。但仍以品德为重。像吕蒙正等重臣，都是突出他们的德行高尚，简约忠诚，大度宽容。太宗任用李穆、吕蒙正、李至为参知政事，张齐贤、王沔为同签署枢密院事时，太宗对李穆说："现在两制的大臣十几名，都是文学适用，操履方正清廉的。"不久，李穆病死，太宗哭着说："李穆品行纯正，正要重用，却突然沦丧，这不是李穆的不幸，而是朕的不幸啊！"

贾黄中廉洁不贪，出知升州时，曾经按行府库，见有一间房子门

环锁得非常坚固，命人打开锁钥一看，得到几十柜金元宝，估计价值高达几百万。原来这些财宝是前代李氏宫阁中遗物，因为没有造册登记，所以遗落在这里。面对这批遗存的巨额财宝，贾黄中当即上表，报告朝廷。太宗得知后称赞他说："如果不是贾黄中廉正恭谨，亡国之宝将要使法律玷污，害人不浅了。"

后来，太宗任用贾黄中为给事中、参知政事，太宗亲自召见贾黄中的母亲王氏，特地赐座，对她说："夫人教出了这样的儿子，真是孟母再世啊！"太宗高兴地作诗赐给贾母。与贾黄中同时被任用的还有李沆。李沆起初判吏部铨选，侍宴结束，太宗目送他，感叹地说："李沆风度端庄凝重，真是贵人啊！"不久便重用。相反，翰林学士张洎文学清丽，善于逢迎。他知吏部选事时，曾经向太宗谈起选任官吏的事情。太宗对近臣说："张洎辞藻丰富华丽，至今苦心读书，实在是江东人士中的冠首。然而为官应当首先以德行为主，假如空恃文学，也没有可取的地方。"

吕蒙正赞同地说："裴行俭不取用王勃、杨炯、卢照邻、骆宾王初唐四杰，正是因为他们没有德行。"雍熙二年（公元985年）五月，中书门下，奏说被流放的官员经过赦免的，要让他们回京城，以观后效。太宗没有批准，对宰相说："朝廷要想治理，应当委任贤良；君子小人，理该明确辨别。如今海岛穷崖僻远险恶的地方，太多流窜被驱逐的臣子。若小人得志，重新培植朋党，纵容毁誉大臣，如同害群之马，怎么能轻易议论让他们回京任官呢！"端拱元年末，少府监上言："本监发配的役人郭冕等人，都曾是京朝官，遇到大赦，请继续录用。"太宗坚决不同意："这些人都贪赃受贿，只能赦免他们的刑狱和劳役，不能再入朝为官。

太宗注重官吏的选择和任用，严格要求人选的德行和能力，并加强对举荐者的监督，从官吏的来源上入手，整饬吏治，应该说是抓住了根本。同时，太宗还加强对官吏任用后的管理，通过各种渠道，制定了各种法令，多次下达诏书，严肃官场纪律，经常注意考察官吏的勤奋怠惰，廉洁贪婪，将官吏的奖惩升黜与政绩的优劣挂钩，完善官吏考核制度，推行廉政建设。

太宗刚刚即位，便下诏令各道转运使各自察举部内知州、通判、监临物务京朝官，以三科划分能力的等级。政绩优异突出的为上等；恭谨自守，不求有功但求无过的为中等；疏于政务，为官粗滥的为下等，一年结束的时候上报朝廷，决定官职的升降。新科进士离京赴任时，太宗也常常意味深长地告谕他们说："到了官衙，有不利于人民的事，立即上书报告。"

太宗励精图治，太平兴困二年（公元 977 年），再次派遣使官分别前往各道，考察官吏的廉贪，并下诏说："《虞书》上说，考察政绩，至于三年。汉代官吏考核，分为九等。应当对各道、州、府曹掾及县令、簿、尉，由主管部门详察，区分优劣，这也是旧有的制度，执掌这件事的官吏应申明这一制度，不要蒙蔽或欺骗朝廷，紊乱国家的制度。"

太平兴国六年（公元 981 年）二月，太宗下诏说："朝廷申明劝免惩罚的道理，定立永久的规章，使群臣掌管外州官吏，一律发给御前印纸，贵在善与恶都不要隐讳，优与劣都要书写，在任职期满的时候，用来作为考核官吏的依据。近来听蜕官吏很多人紊乱纲常律条，结党营私，排斥异己，相互包庇，烦琐细碎，无有指责宣说，错失虽然巨大而不予显明，功劳虽微小而有事必录。应进行告减晓谕，用来警戒因循旧习自今日起，凡出使在京城以外的臣僚，他在任期间的劳绩，不是格外不同的不得批点评判，曾有劣迹的不得隐藏不书，其余经常的事不在批点评判的范围之内。"

三月，太宗诏令诸路转运使："察访部下官吏，有疲软不能胜任

怠惰不亲政事和贪污财货、扰乱百姓的，把他们的劣迹详细列举，上报朝廷。朝廷会派使官前往按问拘拿。而清白自守，为官仁厚不苛的人，也报上姓名，必定加以特殊的奖赏。"太平兴国七年（公元982年），太宗又对出使的京朝官作出纪律规定："凡京朝官出使，也一律发给印纸，委任本属按实情写状，不得任意增减功过，阿私欺上。如有写状涉及本人的事件，一律署上姓名，违背的论罪。"

太平兴国八年（公元983年）四月，太宗颁布《外官戒谕辞》。一戒京朝官受任在外的，二戒幕职、州、县官史。令阙门使在官员朝辞之日，宣旨劝勉鼓励，然后又命人把戒辞写在他们办公府衙的屋壁上，让官吏时刻遵守为戒。到了雍熙四年（公元987年）二月，再次申命严格考核官吏政绩："天下知州、通判，先发给御前印纸，让他们写上自己的政绩，作自我鉴定。并逐条列举自己的事迹：共决断几件重大案件；共有多少次发现政策不便于人民，及时改正，使人民获利的；以及公事治理不好，曾经遭到殿罚的。一律详细记录，并让同僚共同署名作证，不得隐瞒缺漏。任职期满，上交中书，考校核查。"另外，太宗在派使者按问各州刑狱及其他事务时，也常令同时查问官吏的为官勤惰情况。

对于京朝官，原来属于吏部管理，宋建国以来都出自中书省。太平兴国六年（公元981年）九月，太宗设立京朝官差遣院，诏令京朝官奉命到外地，任职期满回京后，令中书舍人考核他们的政绩，根据他的才能，以中书省下署缺员引对授职。

淳化三年（公元992年）十月，太宗担心内外官吏清浊混淆，不能分别，命令王沔、谢泌、王仲华同知京朝官考课，张弘、高象先、范正辞同知幕职、州县官考课，设立专门机构，号称磨勘院。又命令魏廷式与赵镕、李著共同考核三班院殿直以上官员的功过。到淳化四年（公元993年）二月，梁鼎上言说："《虞书》记载三年考核一次，经三次考核，进退人才，明如日月。夏、商、周三代以前，以此为常规。唐代有考核功绩的官署，制定考核的法令，下自主簿、县尉，上至宰相，都是每年考核功过，确定优劣，所以人人激励自己，以求功绩显著闻名。五代时期战乱相继不止，考功法令名存实亡。现在的知州即古代的刺史，政绩显著的朝廷不知道，计谋策略无闻的照旧任用，有失于劝勉惩戒的大体，逐渐地形成了苟且偷安的风气。所以招致水旱灾害的频繁到来，狱中塞满了囚犯，想要期望天下太平，怎么能得到呢！望陛下为此诏令主管部门，申明考核官吏的法令，争取做到任官得当，民受其福。"太宗采纳了梁鼎的建议，改磨勘院为审官院，掌管审理京朝官；地方长官属吏、州县官吏，另外设置考课院来主管。

　　差遣院、审官院等机构的设立，落实了官吏考核工作，扭转了内外官吏清浊混淆的局面。

第二十二章

整顿吏治推行廉政　严于律己勤俭兴国

太宗整顿吏治，不仅严格考核，同时注意奖善惩恶，对于政绩突出的官吏，给予奖赏和提升；对于贪官污吏，一经发现，从严从重加以惩处。推行廉政，从而也巩固了政权。

贪赃受贿是官风腐败的根源。要肃清官风，反对腐败，就必须惩治贪官污吏。太宗继太祖之后，进行了不懈地努力，严厉打击贪污腐败，成为太宗推行廉政的主要措施之一。从宋太祖建隆元年（公元960年）到太宗淳化五年（公元994年），有关惩治贪赃受贿的案例多达五十八起。对于贪官污吏，轻则革去官爵，发配边远险恶的地区，或者杖责，削职为民，重则处决弃市。仅太宗在位二十二年之内，就诛杀贪赃不法官吏十七人。

太平兴国二年（公元977年）三月，曾经做过陕州通判的侍御史任惟吉被人告发，查问属实，并获得赃物。三月五日，太宗下诏削夺任惟吉的官爵，发配到汝州。五月，江州知州张霁，接受商人的贿赂，纵容商人强占百姓的田宅，百姓上诉此事，太宗核实之后，将张霁杖责，流放海岛。

太平兴国七年（公元982年）二月，杖杀长道县尉张俊，因为他部下受贿，贪赃钱五百七十贯。不仅贪赃受贿的官吏本人要受到严惩，而且对接受馈赠的官员也要责罚。纵容属下为奸的官员同样受处治。

宣徽北院使、判三司王仁赡，掌管国家计财几十年，纵使下属官吏行奸，有恃无恐，后来被陈恕奏告，王仁赡屈伏，太宗将他罢为右卫大将军。

为了惩办贪官，推行廉政，太祖时期曾经准许近亲、奴婢、邻里告发官吏的不法行为。太宗沿袭了这一政策，并在实际实施中扩大。只要是贪赃受贿的不法行为，一律允许邻里、亲戚、部下、奴婢告发，并且有重赏。

太平兴国三年（公元978年）九月，内品王守忠弃市，罪名是监管酒库，却监守自盗官酒三百瓶，是由王守忠的匠人王景能告发的。太宗赏赐给王景能紫衣、银带和五束绢帛。詹事府丞徐迁因在督催漕运濮州军队储粮的过程中，收受贿赂，被馆驿吏诉讼，审问属实，太宗命令将徐迁杖杀。馆驿吏因告奸有功，受到奖赏。

贪官污吏事发被治罪后，太宗还颁布诏令，即使遇到朝廷大赦，这些人也不在赦免范围之内。太平兴国三年（公元978年）六月，太宗下诏："自太平兴国元年十月十二日以后，京朝、幕职、州县官因为贪赃受贿被除名发配到各州的，纵使遇到皇恩大赦，所在地方不得放还，已经放还了的，有关部门不得录用。"

雍熙二年（公元985年）几月，边境暂时平安，没有战事，太宗下诏，减降刑罚，但是因贪赃入狱的官吏不能减刑。端拱元年（公元988年）正月，太宗改元，大赦天下，官吏犯赃的不赦。淳化五年（公元994年）四月，赦各州刑犯，贪赃犯不在赦免之内。九月，再次大赦。赃官犯法的不赦。太宗严惩贪吏，注意治本，可见他倡行廉政的决心。

太宗在严惩贪官污吏的同时，还注意用实例来教育、警戒各级官吏。太平兴国三年（公元978年）四月，侍御史赵承嗣监督郑州市征时，与当地官吏勾结为奸，贪污了数以万计的官钱。事发之后，太宗

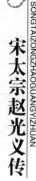

特命斩首，连同协犯官吏七人，一律斩首弃市。然后，一诏令诸道转运使布告州县，以儆群吏。将告示张贴在官舍的墙壁上，随时可以看见。

淳化二年（公元 991 年），御史中丞王化基在他向太宗进献的《澄清略》中指出贪官污吏的危害性。他说："贪吏临民，损害太大。或者屈枉法律，或者滥施刑罚，或者因公逼私，或者因事行虐，使人民受苦难比蛀虫还要厉害。蛀虫盛多，木头就被蛀空；官吏贪婪，人民就会蒙难。如果不对他们的劣迹加以公开，不把他们绳之以法，那么，夷、齐不能守正廉的规定，颜、闵不能坚持德行。对于贪官污吏的危害，宋太宗深有同感，王化基受到太宗的赏识和重用。

太宗正是认识到贪官污吏像蛀虫一样，腐蚀政治，所以深恶痛绝，严惩不贷。同时，为了引导鼓励官吏清廉奉公，太宗秉着惩恶扬善的原则，对那些廉洁不贪的官吏大加奖赏。

贾黄中面对价值数万的金宝，无动于衷。上报朝廷，受到太宗的称赞和重用。白州知州蒋元振平日生活清苦，节操高尚，亲属大多贫困，不能赡养。听说岭南东西便宜，价格低贱，便请求岭南使官把家属寄养在潭州，自己做官的俸禄全部留下，供养亲人。而蒋元振本人只好吃豆子饮水，缝纸做衣裳。他为政简易，宽容地对待百姓，得到人民的拥护。任职期满，转运使请求他能留任，七八年没动地方。太宗听到采访使的汇报之后，特地赏赐给他绢三十匹，米五十石。

姚益恭开始在兴国军任判官，为政清廉能干，太宗召他到京城，男女老少一千多人阻住道路，不愿让他离去。姚益恭只好在夜间悄悄地打开城门，离开兴国军到京城。后来，姚益恭又被派任到郓州须城县，他在须城，鞭扑之刑不用，境内治理得井井有条，人民安居乐业。在快要离任的时候，有好几千人纷纷向转运使请求让姚益恭留下。采访使也把他的事迹详细报告朝廷。太宗非常欣慰，赐给姚益恭绢二十匹，米二十石。

李虚己的父亲李寅，考中进士时已经六十多岁了，因为母亲年老，请求退休，李寅有词学，为著作郎，操行清苦。李虚己也纯孝笃谨，任殿中丞，家中极贫。淳化五年（公元994年）八月，李虚己用发给的御前印纸，上表献诗一首，诗中说道，祖母八十多岁了，听说孙子被列入奉公守法的循吏名单，非常高兴。

太宗看了李虚己的诗，心情喜悦，在印纸末尾，提笔批示道："朕得到一个好的二千石啊！"随后，赏赐李虚己五品服，改为遂州知州，又额外赏赐五十万钱送给他的祖母。第二天，太宗兴犹未尽，对宰相说起这事，并且说："朕已赏给他五十缗了。"吕蒙正说："陛下先前赐给他的大概有五百缗。"太宗笑着说："哦，那是给错了，然而也不能再追要回来。"这事传开以后，人们都说李虚己得皇上误恩，是靠了天赐。

太宗推行廉政，打击贪官污吏，奖赏廉洁奉公的官吏。同时，也注重官吏的勤政。下诏罢免那些不称职、不做事的怠惰官吏。渝州知州路究、开州知州郐士尧、达州知州张元等人，都是因为荒于政务，被太宗给罢免了，太宗诏令诸路转运使考察部下官吏，对那些不胜任的、怠惰不亲事的予以罢免，而对勤于政事的则给以重奖。太平兴国六年（公元981年）八月，罢免王德裔的两浙东北路转运使职务，仍削去两任，追回先前赐给的白银千两，因为王德裔简慢不亲政事，致使部内混乱不治。

为了督促官吏勤政廉政，太宗以身作则，勤于政事，节俭爱民。太宗曾经向赵普说："前代乱多治少，都是帝王的行为造成的。"雍熙二年（公元985年），太宗说："人君应该先正其身。就与治家一样，身不正则家乱。"淳化五年（公元994年），太宗对宰相吕蒙正说："晋、汉兵乱，生灵涂炭，当时都说不可能再恢复太平的日子了。朕

亲自处理庶政，日理万机，每念上天恩赐，使得天下繁荣昌盛，才知理乱在人啊。"太宗认识到帝王的勤惰，关系着国家的治乱兴衰，影响着朝廷上下的文武百官，帝王的形象是天下万民的楷模。所以他在位勤于王政，努力学习，不嗜游猎，节俭爱民。勤俭兴邦，是他的口头禅。

历史上有两个重要人物，经常在宋太宗的口头上反复念叨。正面人物就是创下贞观盛世的唐太宗。唐太宗勤于政务，政治开明，纳谏如流，俭约惠民。宋太宗把他作为自己为政的榜样，处处以唐太宗的做法反省自身，拿他与自己作比较，决心在政治清明、勤俭兴国方面胜过唐太宗。他曾经问李昉："朕与唐太宗相比，谁贤明一些?"他赏识寇准，也说："朕得寇准，就像唐太宗有魏征一样。"宋太宗还曾经指出唐太宗的不足，说："唐太宗每做一件事，必然大张旗鼓，搞得沸沸扬扬，远近皆知，故意显示自己的英明，其实徒有虚名。"他这样说的目的，是为了表明自己要比唐太宗强得多。

反面人物是后唐庄宗李存勖。唐庄宗昏庸无知，亲信宦官和优伶，自己涂脂抹粉，与戏子同台演出，得了一个名号，叫"李天下"。有一次，他演戏时，连声叫了两次"李天下、李天下"。一个戏子上去打了他一个大嘴巴，大家都很惊骇。这个戏子却说："理（李）天下的人只有一个，怎么叫两个。"

唐庄宗挨了打，还很高兴。这些优伶出入皇宫，侮弄朝官，许多官吏争相贿赂他们，让他们在唐庄宗面前说好话。唐庄宗又骄傲自大，残害民众，搜刮人民，荒淫无道。他沉湎于声色犬马之中，吏治腐败，君臣离心，最后终于败亡。

宋太宗读史书，处处以唐庄宗的教训警戒自己。他曾经对侍臣说："听断天下政事，必须耐烦，才能让臣下尽情。以前唐庄宗可算得上百战得中原之地，然而守文之道，可就懵然无知了。他终日豪饮，听郑卫靡靡之音，与胡家乐处合奏，从黄昏到黎明，通宵达旦。半醉之后，带着酒去打猎。醉意深沉时，仍不断地拉弓射箭，到夜里还不罢休。人都看不清了，旁边报靶的侍者用硬物敲击银器，发出响声，就说庄宗射中了。庄宗与俳优戏子结交，拜了十个把兄弟，每当兴致来了，与近臣商议政事，必定捎话给伶人，解释自己与他们相见来晚的原因。庄宗带领军队外出打猎，十几天不回。于优倡猱杂之中，再来矜写春秋，不知当时行政如何呀？"

苏易简上书说："皇上自即位以来，多次详请故旧老臣，询问前代兴衰的缘由，铭记在心，作为鉴戒。"

还有一次，宋太宗处理朝政，对左右说："作为人君，要勤于政务，就能感召和气。像后唐庄宗，不恤忧国事，只知道游乐打猎，一去便是十几天，每次外出，大伤禾苗庄稼。回来后，才蠲免被践踏了禾苗的地方的租税，这太不像一个人君做出的事啊。"张宏说："唐庄宗还迷于音律，自我放纵，恣意饮酒，任用伶官。"太宗说："大凡人君，要以节俭为本，仁恕为念。朕在南衙（开封府）时，也曾留心声律，现在不是朝会，从来不曾张设乐舞。每次服药，都是用盐汤代酒。鹰犬游猎这种娱乐活动，平时就不怎么爱好，而且过多杀戮飞禽走兽，天理不许。朕常常以此为戒。"宋太宗励精图治，学习明君唐太宗，以昏君唐庄宗为鉴戒，勤俭兴国，严格要求自己。

第二十三章

太宗勤勉处理政事　砥砺臣下约束子女

雍熙二年（公元 985 年）十月，太宗亲自检录囚犯，处理事务，直到天色已晚。近臣进谏说："陛下今天太劳累了。"太宗不以为然地说："我今天虽晚点儿，倘若能惠及无辜，使狱讼公允，不至于枉法，朕也感到很舒适，有什么劳累的呢？"

他又转身对宰相说："有人说各部门的细碎事情，帝王不应当亲决，朕的看法却不同。朕如果以尊极自居，那么下情就不能上达了。而且，国家设官分职，本来为了治人，如果受任外居，都能尽公，勤于决断，哪有治理不好的事呢？古人主宰一个城邑，一个州郡，治理得飞蝗远避，虎渡凤集。臣下为政，尚且能使天地感应，如果帝王也用心惠爱人民，申理冤狱，勤于王政，岂不更能感召和气？朕孜孜不倦，追求天下治理，现在天下安泰，也是朕勤政的功效啊。"

宰相宋琪趁机说："天下治乱，在于帝王一人。陛下御临十年，勤劳致治，使得阴阳和顺。寰海静谧安宁。每天前殿谈论的，只有刑政；退朝后就只管观读古书，究察历代兴亡善恶的事由，以往古为鉴，上资助于圣神。能做陛下的臣民，真是太荣幸了。"

淳化二年（公元 991 年）二月，监察御史张观上书说："臣私下见陛下天慈优容，经常与近臣议论时政，德音往复，颇有些烦劳。官署的职官，只知承顺旨意，琐细之事，也要报知陛下。怎么能一味衮渎至尊，也实在轻易紊乱国体了。愿陛下在听断的间歇，休息之余，礼待大臣，把事务的大概告诉他们，让他们沃心造膝，参与思索。陛下怎么能和那些计算钱粮，剖析毫厘，把有限的光阴消耗在无止境的细碎事务中的人同年而语，相提而论呢？"

张观进谏太宗太过于注重琐细事务，但也反映了太宗的勤政。十二月，右谏议大夫张洎上疏说："臣听闻古代帝王，躬勤庶务，他们临朝的次数，往往要看政事的繁简。唐朝初期，每五日一朝，景云年间开始仿照贞观时期的旧例。自从天宝年间，兵乱兴起以后，四方多事，肃宗之后都是单日临朝，双日不坐。单日如果遇到严寒或盛暑，阴雨泥泞，也给百官放假。双日宰相应当奏事，特开延英殿，令官员奏对。或是蛮夷进贡，或是勋臣归朝，也特开紫宸殿引见。陛下自临政以来，十五年了，没有一天不是鸡鸣而起，听天下政事，临朝次数太频繁，处理政务也太多，希望依照唐代的旧制，单日视朝，双日不坐。单日遇到严寒酷暑，阴雨泥泞，也放假休息。双日在崇德殿、崇政殿召对宰臣以及常参官以下，其他时候，除了蛮夷入贡、勋臣归朝，特开上阁门引见之外，一律请按前代旧事处置。"张洎的奏章说宋太宗每天鸡鸣而起，处理朝政，可能出于臣下对皇帝的溢美，但他所说宋太宗十五年如一日，这种勤奋作风，确实难得。

太宗孜孜不倦地处理政事，每天早晨，升长春殿受朝，听断政事，完毕之后，立即到崇政殿决断，常常是到了正午，还没有吃饭。金部员外郎谢泌进谏："请从今往后，前殿听政完毕后，先吃饭，然后再升便殿处理事务。"

不久，太宗对宰相说："文王从早晨一直到太阳偏西，也顾不上进食，这早就有先例了。然而谢泌的这一奏章，也是臣子爱君的一片忠心啊。"太宗还对左右说："寸阴可惜。假如终日为善，百年之内，也做不了多少，能不勤勉些吗？"太宗本人也曾表示说："朕每每自勤不怠，此态必定不会更改。朕虽然不如前代帝王，然而对政事也不敢怠惰。"朝廷事务繁杂，大小巨细，太宗都想过问。他说："联运用耳目四聪，仍担心有不知道的事；终日勤于四肢，也担心有照理不到的事。"勤政，的确是太宗的一大特点。

太宗贵为天子之尊，常常俭约自持，不敢流于骄奢，以此教育百官，视为传国之宝。在勤俭节约的习惯上，太宗同样受到其兄宋太祖的深刻影响。太祖决定戒醉酒，他说："沉湎于酒，怎么做人？朕偶尔在宴会上喝醉，过一夜之后，就非常后悔。"太祖平时饮食、衣服极为俭朴。宋太宗还在即位前任开封府尹时，有一次在宫中陪侍太祖饮宴，曾对太祖说："陛下的穿衣用具都太粗糙了。"太祖听后，严肃地批评皇弟说："你不记得我们住在甲马营时的生活了吗？"太宗怎么会不记得呢，那时，生活困苦，缺农少食，年轻的太宗在寒风呼啸中，单薄的身体瑟瑟发抖。太祖的节俭和他这番语重心长的话，深深地打动了太宗。从此，太宗也注意节约朴素起来。他说："人君要以节俭为宗，仁恕为念。"

每当退朝以后，太宗就换下龙袍和帝冠，头上戴着华阳头巾，穿着粗布农服，束着缯制的带子。内衣也是一般的绢布制成，都经过多次洗刷晾晒。乘舆和生活器具，也从不有所增添。

有一次，在"长春宴"上，枢密使王显等人，总是不停地低头凝视太宗穿的裤子。原来太宗一时粗心，存宴会之前没来得及更换，穿的仍是旧裤。太宗笑着解释说："朕没有穿新衣。这件衣裤虽然有点窄小了，但朕怜念织工机杼的劳苦，想表示淳朴，为天下先啊。"淳化四年（公元993年），有关部门说油衣帐幕破损了的有几万段，准备毁弃，另换新的。太宗说："我们要以爱民惜费为本。这些损坏了油衣帐幕，不要轻易就丢掉了，可以煮洗之后，染上杂色，制成几千面旗帜呢。"

太宗认为玩物丧志，无益于政治，淳化元年（公元990年）八月，下令把左藏库所掌的金银器皿全部销毁。当时有关的官员觉得可惜，说："其中有些制作精巧的，想留下来，以备进御。"太宗说："我用不着这些东西，不必献给我。你以奇巧为贵，我以慈俭为宝。"终于把它们全毁掉了。还有一次，太宗命人修缮正殿，施用了一些彩色绘图，谢泌进谏，太宗立即命人除去彩绘，用赭垩色涂抹。姚坦在益王元杰的假山造成展览会上说："假山是用人民的赋税建成的。臣只见血山，不见假山。"这句话传到太宗的耳里。当时，太宗也在苑中建造假山，尚未完工，太宗立即令人停工，将建好的部分毁掉。太宗说："这样伤害人民，做假山干什么？"

太平兴国八年（公元983年），日本国僧滽然来到中国，说他们国王传袭了六十四世了。文武官吏，都是世代相传。太宗对宰相等人说："日本是蛮夷之国啊，然而嗣世良久，臣下也世传官位，很有古时的世风。中国从唐朝末年，海内分裂，五代王朝更替，越发急促匆匆。大臣的子孙后代，也很少有人能够继续祖父基业。朕虽然德行比不上先圣，然而孜孜求治，从来不敢自我放纵，寻求安逸闲暇，深以游猎声色为戒。希望上天明鉴，也为了子孙长久之计，使皇家命运永久，臣僚世袭禄位。卿等一定要尽心辅佐朕，不要使远方蛮夷独享这种美好的世道。"

有关部门请太宗举行冬狩之礼，太宗答应，对左右说："捕捉禽兽要有戒律。朕现在顺应时节，举行春搜冬狩，是为民除害，不敢以此为乐呀！"端拱元年（公元988年）八月，太宗对侍臣说："朕经常念着古人有狩猎的戒条，要按节令，有始有终。从现在起，除了有关部门顺应时令，举行春冬搜狩之礼以外，都不许在近郊游猎。五坊养蓄的鹰犬，全部解放。"接着，又下诏书，令天下各地不要再来进献鹰犬。

太宗这样做，在于倡导俭约，杜绝奸佞之辈的歪门邪道。他说："人君应当淡然无欲，不要让嗜好显现在外，那么奸佞之徒就无孔可入了。"有一次，太宗到玉津园观赏金鱼、宴射，对近臣说："朕看到五代以来，帝王开始还能勤俭，最终却忘了艰难困苦。之所以灭亡得快，都是自己造成的。为人君的，不可不以此为戒。"

太宗用自己的言行砥砺臣下，树立敦厚风尚。太平兴国七年（公元982年）六月，太宗下诏各州长官说："现在粟麦就要成熟丰收了，应该及时储藏。告谕乡民，丰收之后，不得用粮食喂养猪狗，也不能耗费太多粮食，酿造酒醪。嫁娶丧葬的器具，一并从简节约，少年无赖之徒相聚赌博酗酒的，邻里共同把他们抓起来，送交官府。"淳化二年（公元991年）二月，太宗也下诏："京城无赖聚众赌博，开设柜坊，屠杀牛马驴狗食用，熔销铜钱，制成器用杂物，令开封府戒绝坊市，谨严追捕。违犯的斩首，藏匿不报的以及把住人的邸舍租给恶少开柜坊赌场的，处以同样的罪责。"

盐铁使张平起初监管秦陇一带的木头交易。他改建新的制度，计算水陆运费，在春秋两季，联结巨筏，从渭河到黄河，经过砥柱，在京师开封会集。一年之间，上好的木材堆积成山。太宗奖赏他的功劳，升他为供奉官，监管阳平的木材事务和造船场。以前的官吏，在舟船造成之后，一艘要调派三户人家守护着，因为河流湍急凶猛，防备漂失，每年要劳役几千人。张平到任后，穿池引水，把舟船系在池中，不再调遣人民来守护了。有一伙强贼，以杨拔萃为首，往来关辅之间。朝廷派几州的兵马征讨，没有成功。

张平派人说降杨拔萃。张平在阳平做官九年，共计节省官钱八十万缗。太宗升他为盐铁使。几个月后，陕西转运使李安告发他曾经有过不光彩的事，张平愤怒忧郁，积怨成疾，很快死去。太宗仍然不忘他的勤俭节约，一天没有上朝，追赠张平为右千牛卫上将军，官府为他举行丧葬。

淳化五年（公元994年），太宗亲自写了一张条幅，用他得意的飞白书法写道："勤公洁己，奉法除奸，惠爱临民，始可称良吏。本官有俸，并给见缗。"共手写了三十几幅，命有关部门，选择京朝官有政绩的，赏赐给他们。

太宗在砥砺臣下的同时，还严格要求自己的子女，教诲亲王、公主节俭自律，遵纪守法，做天下的表率。这一点尤其难能可贵。当然，他的做法不乏太祖的影响。

有一次，太祖的三女儿永庆公主穿着贴绣铺翠的裙襦，进宫看望太祖和皇后。太祖看到了，对公主说："你应当把这件衣服送给我，今后不要再用翠羽来装饰了。"公主笑着说："这才用了几片翠羽啊？"太祖说："话可不能这样讲。君主家里穿这种衣服，宫闱亲戚必然效仿。京城翠羽价格高昂，小民见有利可图，必然辗转贩卖。那要使多少生灵惨遭伤害，实际上却是从你这里引起的。你生长在富贵之家，应当惜念福气，怎么能制造恶事的开端呢。"

公主与皇后曾经说："陛下做天子日子这么长了，难道不能用黄金装饰一下肩舆，也好乘着它出入啊？"太祖语重心长地说："我身为天子，以四海的财富，就是把宫殿令部用金银装饰起来，也能办得到。但想到我是为天下守财的，怎么能妄用。古人说：以一人治理天下，不可以天下奉养一人。假如我执意以天下奉养一人，天下人又仰靠什么呢。你们不要再说这样的话了。"

太宗即位后，也常常用"创业不易，守成也难"的话来告诫子女。端拱元年（公元988年）二月，开封府尹陈王元僖晋封许王。韩王元侃晋封襄王，冀王元份晋封越王。太宗手诏，告诫元僖等人说："朕即位以来，十三年了。朕坚持节俭朴素，在外杜绝游玩观赏之乐，在内远离声色之娱，这是真实的话，没有任何虚假文饰。你们生在富

贵，长在深宫，庶民百姓的稼穑艰难，人群性情的善良丑恶，恐怕一点也不知晓。略微说一下其中的根本，怎能全尽我的心怀。帝子亲王，必须首先克制自己，励精图治，听卑纳谏。每穿上一件新衣，就要怜悯辛苦养蚕抽丝的农妇；每吃一顿美餐，就该念惜勤劳耕田种地的农夫。至于听断政事，不要先放纵自己的喜怒爱憎。朕经常亲临庶政，怎敢害怕焦劳。礼接群臣，无非是求得启发帮助。你们不要鄙视他人的短缺，也不要仗恃自己的长处，才能永葆富贵。先贤有言说：'逆我的是我师，顺我的是我贼。'不可不明察呀！"

太宗以自身勤俭为天下表率，严格要求子女，砥砺大臣，勤俭兴国，实行廉政，恤怜百姓。对于一些鱼肉百姓、残暴成性的官员，严惩不贷。同时打击豪强，为民除害。

太平国二年（公元 977 年）二月，斩杀右监门卫率王继勋。王继勋分掌西京，是一个出名的恶官。他强买民家子女，供自己使唤，稍有不如意，就杀死吃掉，用便宜的小棺材盛了残骸，抛弃到荒郊野外。女人贩子和卖棺材的，在他家络绎不绝，当地人民深受其害，却不敢告发，太宗在即位前就知道此事，即位四个月后，立即在洛阳市将王继勋斩首示众，严惩了这个有一百多条人命的罪犯。还有八名女贩子，一并处死。长寿寺的广惠僧常与王继勋一同吃人肉，太宗令先折断腿骨，然后杀死。人民都拍手称快。

秦州长道县酒场官李素益，家中财富丰饶，拥有数百僮仆，李益善于勾结官吏，用银钱贿赂，关系网很大，与朝中权贵都有交情，有恃无恐，敢谈论官吏的短长，郡守以下的官吏都害怕他。百姓欠李益债息的有几百家，官府为他督促，比征收租调还急。

唯独观察推官冯伉不屈从他。冯伉有一天骑马外出，李益派家奴一把将冯伉从马上扯下来，拳脚相加，污言秽语，把冯伉侮辱了一番。冯伉两次上奏章，为自己鸣屈，都被邸吏藏匿不报。后来，冯伉通过马匹交易的翻译官带着奏表，上诉京城。太宗阅览了冯伉的冤屈后，雷霆大怒，他拍案而起，厉声说："殴辱命官，鱼肉百姓，这还了得!"立即下诏，抓捕李益。哪知太宗的诏书还没到，权贵已经派人抢先一步，把太宗要抓他的消息告诉了李益，让李益赶紧逃跑了。太宗更加恼怒，再次下急令，严加搜捕，无论如何也要把李益抓到。几个月后，终于在河内富人郝氏家里抓获，上了枷锁，押到御史台，经过审问，李益伏罪招认。

雍熙四年（公元987年）六月，将李益斩杀，没收一切财产。李益的儿子李士衡，考中进士，任光禄寺丞，诏令削除官籍。秦州人民听说李益被处死了，都凑钱喝酒，互相庆贺。对李益的打击严惩，大快人心，也振奋了朝廷的权威。太宗不仅惩贪除暴，而且禁止官吏经商与民争利。官吏经商，有三个主要的弊端：一是称制免算，二是强买硬夺，三是贩运国家禁商物资，倒买倒卖。

说穿了，官吏经商者都是权商"官倒"。他们利用手中的权力，官职的便利，畅通无阻，牟取暴利，而且从不交税。一般商人无法和他们相比，更无法抗衡。"官倒"权商，既与民争利，又腐败吏治，危害社会，损害政权的稳定。宋太宗把官吏经商定为非法，严禁官吏从事商业活动，或变相从事商业活动。

太宗即位后不久，果断诏令："中外臣僚，今后不得乘驿传出入，携带轻货，邀得厚利，并不得令人在各处回图贩易，与民争利。有不听命的，州县长官奏报姓名。"严禁官吏经商。发布诏令后，太宗又迅速审理了一些官吏经商的案件。右千牛卫将军董继业在任辰州知州时，私自贩盐赋于民，每斤换布一匹。盐只给十二两，而布必须量四十尺。强买硬夺，百姓遭殃受害。后来有人到京城告状，经御史狱查实，把董继业责降为本部中郎将。

太平兴国五年（公元980年）八月，太宗亲自处置了一桩牵涉甚

广的特大官商案。当时，太宗接到宣徽北院使、判三司王仁赡的密奏："近臣、国戚里有很多人派遣亲信在秦陇一带贩运竹木。联结巨筏，运到京师，所过关卡渡口，一律谎称官办，免交税金。竹木运到之后，贿赂主管官员，全部由官府买下，获利超过竹木价值的好几倍。"秦陇一带的竹木，在宋朝是禁止采伐和贩运的物资，太宗一听有人胆敢私自贩运，而且还是三令五申严格禁止的官商，不由得火冒三丈。

太宗立即处罚了当事人以及与此案有关的许多官吏。三司副使范曼、户部判官杜载供认是他们把竹木买入官的，开封府判官吕端是为秦王府亲吏乔琏请托主管官的。太宗把范曼贬到房州，杜载贬到归州，吕端去商州，都贬为司户参军。并且下诏："今后文武职官不得轻易进入三司公署，也不能用书札往来请托公事。"这件案子甚至牵连到驸马都尉王承衍、石保吉、魏咸信。魏咸信的母亲是昭宪皇太后的妹妹。同时，太宗也处罚了纵容私贩竹木的京西转运使和陕西北路转运使。处置这件涉及皇亲国戚的大案，震动很大，起着一种震慑作用。

太宗告诫自己的子女勤俭节约，遵纪守法，也严格要求官家子弟，包括皇家子弟，禁止他们胡作非为。官家子弟犹如一面镜子，他们是否遵纪守法，直接反映了官风和社会风气的好坏，也是太宗整饬吏治的一个方面。

太宗沿袭太祖的法令，官家子弟如果违法犯罪，要追究其父的责任。太宗后来下诏申诫臣庶，如果有官家子弟凶险不法，应该即刻报告官府处置，隐瞒不报的，就要追究治罪。过去，五品以上官任子都摄太祝，太宗认为这是弊政，应该革除，诏令只赐学究出身，依照例律赴选，取消了五品以上官任子过高的特权。另外，地方节度使可以补子弟为军中牙校。这些子弟因为他们父兄的势力，横行霸道，放纵豪奢，民间深受其苦。太宗即位后，诏令各州府，登记这些子弟的姓名，送到京城，大约有一百多人。太宗将这些衙内全部补任殿前承旨，以贱职来羁縻约束这些人。

　　严律官家子弟，最突出地反映在对待大官僚、世家子弟的科举上。科举，是朝廷网罗人才的国策。官家子弟如有真才实学，参加公平竞争，本来无可非议。在雍熙二年（公元 985 年）三月的一次科举中，宰相李昉的儿子李宗谔、参知政事吕蒙正的从弟吕蒙亨、盐铁使王明的儿子王扶、度支使许仲宣的儿子许待问参加进士考试，都入等级。可是太宗却说："这几个人都是权势人家的子弟，与孤寒人士竞争，纵然是凭靠才艺晋升，人们也会说朕有私心啊！"把他们的及第资格全部免掉了。

　　应当说这些人的落第有些冤枉，他们是凭自己的考试成绩入第的，并不是靠了父兄的势力。太宗免掉他们，可见对官家子弟的约束相当严厉，以此推行廉政，防止官吏以权谋私。防止官吏以权谋私，培植势力，除了严律官家子弟，宋太宗还实行禁官本贯的回避制度。禁官本贯，就是说官员申报本人的乡址籍贯，本州本县的人不能回本地做官。从根本上说，这种官员避亲避籍的任职回避制度，是防止地方割据、加强中央集权的一种措施。同时，这又与推行廉政密切相关，因为官员在本籍贯做官或者在一个地方任期过长，容易形成一种错综复杂的关系网。这种社会关系网是导致贪赃枉法、政治腐败的温床，会影响官员的廉洁，助长不正之风。要推行廉政，消除这种盘根错节的关系网，首先要从禁宫本贯做起。这一制度的实施，确实起了很大作用。以后各朝，基本上沿用，就是在今天，也值得借鉴。

　　吏治腐败，贪官污吏存在，也与财政管理上的漏洞有关。严格财政管理，杜绝财政管理上的漏洞，是防止官吏贪赃、推行廉政的重要方法。太平兴国二年（公元 977 年）正月，太宗将左藏库按照货泉、金、帛分为三库，任命廉洁不贪的得力干臣贾黄中、程能、冯瓒分别掌管。并且指出，其他的事都按照旧制办事，只有财货一事，必须马上改制，不容延缓，进一步加强控制内库的积储。太宗还经常视察左藏库。

七月，有人反映说各州官吏护送官物上供，守藏库的人在秤砣和秤钩上耍奸谋，致使外州官吏亏欠官物，有的竟然破产不能偿还。太宗针对这一弊病，诏令："左藏库以及其他各库收纳各州上供，一律输金、银、丝、棉及他物，监临官谨慎监视主秤官，不要让他们欺骗多取。如果违犯，主秤和守藏吏都要处斩，监临官也要治以重罪。"

官吏贪赃受贿，大多是欲壑难填，但也有的确是囊中羞涩，不能维持实际生活，意志不坚定的，一旦有机可乘，便走上贪污之路。宋太祖已注意到官吏俸禄收入的多寡与廉政的关系。他实行减少官吏、提高俸禄的办法来推行廉政。

开宝三年（公元970年）七月，太祖下诏说："吏员杂多，难以求治，俸禄鲜薄，不能让官吏廉洁。与其存在多余的官吏，耗费庞大的开支，倒不如减少官吏，增加俸禄。西川管内州县官，应以户口的比率，差减官员，在原来俸禄基础上每月增加五千。各州凡是有二万户的，依旧设曹官三名；户不满二万的，只设录事参军、司法参军各一名，司法兼司户；不满一万的，只设置司法、司户各一名，司户兼录事参军；不满五千的，只设司户一名，兼司法及录事参军事。县一千户以上的，依旧置令、尉、主簿，共三名；不满千户，只设令、尉各一名，县令兼主簿事；不满四百户，只设主簿、县尉，以主簿兼知县事；不满二百户，只设主簿，兼县尉事。"天下各州依照西川的例子省减官吏。

太平兴国二年（公元977年）四月，太宗承认既定的州县官员的编制，下令："西川各州幕职官还维持平常的俸禄之外，更增加钱五千。"雍熙四年（公元987年）十一月，太宗又下诏："帝王设班爵，统驭权贵，差禄秩蓄养贤才，所以责成他们廉洁奉公，勤勉政务。给官吏的俸禄，应该从优从厚。百官的俸钱、供给的其他物品，以八分充十分的，从今以后都要给实数。"官吏俸禄，屡有增加，太宗还不断地赏赐官吏钱、帛、米等物，都十分优厚。尤其对清苦的官吏，更格外地照顾。

宋太宗即位后，决心整饬吏治，推行廉政，他发布了许多诏令，出台了一系列的措施，以身作则，砥砺臣下。严惩贪官污吏，重赏清官循吏。经过不断地整顿治理，官场廊败现象得到一定程度的控制，官吏大多能尽职尽责，奉公勤廉，出现了一批政绩显著、颇有廉名的官吏，如贾黄中、李虚己、姚益恭、蒋元振、张平等人。出现了一批贤德的大臣，如吕蒙正、李昉、吕端、寇准、张齐贤。他们的出现，带动了更多官员趋向清廉，官风有了明显好转，政治上也呈现出清明的景象。

但是，吏治的整顿过程中，仍然存在很多问题。虽然发布了诏令，举荐贤人，包括宋太宗本人在内，谁也避免不了举用亲信的人。原来太宗的幕僚心腹，都以旧恩晋用，骤升显贵。比如做过参知政事和宰相的宋琪，枢密院任职的柴禹锡、赵镕等人。

在官吏的考核过程中，主管考核的转运使接受地方官员的巴结贿赂，不一定将实情汇报中央。像王小波起义打击的青城县令齐元振。秘书丞张枢出。使蜀地，向太宗奏报了不法官吏一百多人，都被太宗下诏罢黜。张枢唯独说齐元振清白强干，太宗特地赏赐他玺书奖谕。其实，齐元振贪婪残暴，搜刮百姓。受到奖赏诏书后，他更加得意放纵，受贿得来的金钱绢帛，很多寄存在百姓家中。后来，王小波领导四川人民起义，袭杀齐元振，剖开他的肚子，塞满钱币，表示齐元振贪婪无厌。

在对贪官污吏的处置上也不尽公允。参知政事王沔的弟弟监守自盗巨额金钱，只处以杖刑，又官复原职；而同犯祖吉贪赃较少，却被

杀死。开国元勋、功臣将相贪赃不法、胡作非为，即使受到惩处，往往也从轻发落，有时给予特赦，实际上是庇护起来。

倡导勤政，太宗本人对朝廷政事大小巨细，都要过问，独揽大权，使得一些机构和官吏成为太宗传旨的工具。许多大臣清静无为，宽简自守，对政事无所发明，不求有功，但求无过。

增俸养廉，并不是治本的灵方，没有杜绝官吏贪污盗窃。而且冗官冗员的存在，使俸禄赏赐的开支越来越大，给国家财政带来沉重的负担。

但就当时来说，太宗实施的这些措施，取得的成果远比问题大得多，对当时的政治、经济以及社会风气都有很大的益处。太宗整顿吏治，推行廉政，具有进步的意义。

太宗在推行廉政时，注意把吏治的整顿与国家的司法工作结合起来。处理案件的能力也作为官吏政绩的一个方面。同时也可以考验官吏是奉公廉正，还是徇私枉法。

第二十四章

太宗断狱公正廉明　减轻刑罚废除苛刑

　　太宗非常重视国家行政的治理。行政的清廉公正与否，以及刑罚的宽严轻重，直接影响着社会风尚的淳朴与险恶。行政的清明是政治清明的重要内容。宋太宗有志做一个开明君主，勤于政事，也就包括对行政的关心和建设。

　　宋太宗主张减轻刑罚，废除苛酷之刑。他即位才六个月，就下诏恤刑。从此，减刑每年经常举行。太平兴国六年（公元 981 年）九月，左拾遗田锡上密封的奏章，进言"军国要机"和"朝廷大体"。最后说："朝廷大体之四就是治狱的法令、刑具都有一定的规格，从没听说用铁做枷的。臣在街上见到囚犯带着沉重的铁枷，非常惊讶。当初唐太宗观看《明堂图》，见人体的五脏都附着在背上，便禁止行刑时鞭打背部，减轻徒刑的刑期。况且现在升平时代，将要置刑法于不用，铁枷的使用更不见于法律条文，完全可以省去不用了。"

　　太宗阅览了奏疏后，下诏嘉奖田锡，并下令废去铁枷。原先，各州的罪人都要禁锢押送京城，在道路上被折磨死的，十个当中常有六七个。张齐贤在太平兴国六年十二月向太宗进言："罪人来京后，请选用精明强干的官员审问断案，如果明显是受了冤屈，就量罚本州官吏，令只遣正身，家属另外等候朝旨。"接着张齐贤又说："刑狱的繁简，乃是治道张弛的根本。于公阴德，子孙就有兴旺的，何况六合之

广，能使刑狱中无冤屈的人，岂不使福泽流布万世！州县胥吏，都想多抓禁人，有的以根穷为名，恣行追扰，租税所欠很少，然而抓禁关押，累日不放，终于使人家破产。请从今开始，外县罪人，命五天一次把释放犯人的数额报告给州府，州狱另外造立名册，长官检查，三五天引问梳理一次，按月奏上刑部，阅视审核。捕押人多的，命令朝官驰往决断，遣返放还。如果事关冤枉诬告，故意掩藏留滞不问，一经查出，立即将本州长官降职罢黜。如果终年没有冤狱滞案，刑部发给官牒，任职期满，考核成绩，给予表扬奖赏。"

七年，桐庐县知县，太常寺太祝刁异上疏说："古时候，都是把奸恶凶险的小人流放到四裔边远地区；现在相反，远方的囚犯却要全部押送京师，分配给劳役，非常不合适。京城是神灵和天子居住的地方，怎么能让囚犯在这里聚集劳役！今后外地的罪人，请不要再让解送上京，也不要留在各衙充当劳役。《周礼》记载：'刑人在市，与众弃之。'可知金碧辉煌的皇宫之中，不是行法用刑的场所。乞求今后，御前不行决罚之刑，杖刑不论大小，一律交付御史、廷尉实行。

另外，有犯劫盗财物后逃命，罪情严重的，刖足钉身，在国门布告命令。这是愚民不知刑律，为了衣食生存所迫，偶然作恶，义不及他，惨遭毒害，实在有伤风化，也希望能减除。至于酷刑苛法，不是法律条文规定的，一并诏令天下，全部禁止吧。"太宗先后接到张齐贤和刁异的两个奏章，都是请求禁止将边远囚犯长途押送到京师的，并且请求适当减轻刑罚。太宗阅后非常欣悦，相继降诏奖赏二人，并听从了他们的建议，免去了囚犯在长途跋涉中的非人折磨，减轻了一些刑法，废止了一些残酷的肉刑。

太宗还诏令给予囚犯基本的人权。夏天，气温高，人容易发病。在牢狱当中，生活条件差，卫生更差。通风不好，天气闷热，牢房内散发着霉味和恶臭，很多犯人都得了病。太宗于是在雍熙四年（公元

987年）四月下诏，令各州在暑期当中，五天派人清洗一次牢房，消除臭味和脏物，给犯人供应饮水，让他们消暑防病。犯人得了病，命令医生治疗。罪行轻的，当即决断。

太宗尤其重视司法公正清明，担心官吏舞文弄巧，徇私枉法，致使冤狱出现，或者滞狱不决。他对京城讼狱有疑问的，多次亲自决断。太平兴国七年（公元982年）五月，宰相赵普等人上朝恭贺太宗说："陛下亲决庶狱，察见微隐，实在是天下万民的幸福啊。"太宗对赵普说："朕常读书，见古代帝王多自尊自大，深拱严凝，谁敢冒犯颜面，大胆言事！如果不自降尊贵，接纳下情，就是自我封闭耳目聪明。如果凭自己的喜怒爱憎行赏罚，怎能得天下的心呢！"八年十一月。太宗又说："世代的治乱，在于赏罚是否允当。赏罚与功罪相当，就没有不治。假如把赏罚当作表示喜怒的工具，就没有不乱的时候。这个道理，朕要与你们共同谨戒啊。"宋琪说："赏罚二柄，是陛下御驾世界的衔勒；治天下的，如果赏罚公道，没有不致太平的。"太宗又对宰相说："有人说有关部门的分内细务，帝王不应当亲自决断，朕并不这么认为。如果朕以尊极自居，那么下情就难以上达了。况且，国家设官分职，本来就是为了治理人民，如果受外任的都能尽公，勤于决断，哪有不治的事？古人治理一邑一郡，公平清明，使得飞蝗避境，虎渡凤集。臣下为政，尚能感应祥瑞；如果帝王也用心惠民，审理冤狱滞狱，岂不更能感召和气？朕孜孜求治，现在天下安定兴盛，也是感应的效力呀。"

太宗注意查实刑狱，然后量刑。淳化三年（公元992年）二月，盐铁使魏羽等人上言说："各州主管茶盐的官吏，不尽心督催赋税，亏欠官税，请处以责罚。"太宗说："不要草率处罚。应当仔细查问，是否真实情况。如果因为水旱灾害，导致宫税亏失，就不能对主管官吏加刑。帝王是为天下主财的。你们做司计，应当心怀公正。无事割削，会损害人民，伤了和气。"

雍熙二年（公元985年），灵州河外寨主李琼献出城池，投降了西夏李继迁。有关部门要把李琼的家属治罪。太宗说："灵州临近沙漠，偏僻遥远。是一座孤垒，又没有援兵，很难坚守。李琼投降，肯定情不得已。把他的家属连坐，朕不忍实行啊。"

这年，辽朝军队侵犯边境。边将有人向太宗报告，说："文安、大成两县的监军弃城不守，暗中逃走，被抓获在押，请求以军法处死。"太宗派军使前往诛杀。临行前，太宗仔细地叮嘱军使说："这个奏章有不少疑点，难道没有他们所在的部门召派他们的可能吗？你去了之后，应当小心细致，多方深入地察访，搞清事实，然后决定是该杀该放。不要因为草率，冤枉了无辜。"军使奉命到了文安、大成两县，经过查证，果然应了太宗的怀疑。真相大白，原来是乾宁军命令他们护送百姓入城，并非二人擅自离开本部，军使便当即把他们释放了。

有一次，一名卫士猎获了一头禁止盗猎的动物，被人抓住。违反禁令是要处死的。太宗说："我如果杀了你，后世的人定会说我重禽兽而轻人命。"于是把卫士的死罪给免了。太宗的次子许王元僖，在端拱元年（公元988年）受到御史中丞的弹劾。元僖愤愤不平，向太宗诉苦："臣是天子的儿子，被御史中丞劾奏，现在要被传讯审问，请父皇赐臣宽宥。"太宗严肃地说："这是朝廷的仪制，谁敢违背！朕如果有过失，臣下还加以纠责指摘。你身为开封府尹，就能不遵纪守法了吗？这个人情，朕不能通融。"

于是，将元僖按照规定被处罚。太宗宠幸的大臣犯罪后，太宗也不执意包庇。当初，侯莫陈利用大受恩遇，后来做了陈州团练使。侯莫陈利用受到太宗的宠幸后，骄横放纵。住的、穿的、用的、玩的，都依照皇帝的制度。依附他的，都很快被举荐任用，朝臣君子畏惧他的朋党，不敢向太宗揭发，更不敢直接责难他。

端拱元年（公元 988 年），赵普再次入相后，侦察出他专权杀人以及其他触犯刑法的事，在太宗面前，全部揭发了他。赵普掌握了充足的真实的证据，揭发之辞，语意坚定，不容置疑。太宗派人捉拿按问，侯莫陈利用只得供认不讳。太宗下诏，将他除名，流放商州，没收全部家产。但事不久，太宗又把他召回来。赵普恐怕他再次被任用，就让殿中丞窦湮又一次告发侯莫陈利用的不轨行为。京西转运使宋沆在抄没侯莫陈利用的家产时，抄出几张奏书，都是上言指斥侯莫陈利用的罪过的。宋沆把这些罪状上交太宗。赵普趁机请求将侯莫陈利用依法处死。

赵普说："此人罪大恶极，却责罚太轻，不能使天下心服，留着他有什么用处！"太宗说："哪有万乘大国的君主，不能庇护一个人的！"赵普说："陛下不诛杀侯莫陈利用，就会搞乱天下的法度。法律制度是要珍惜的，这个小子有什么值得惋惜呢！"太宗权衡利害，为了维护法律，不得已命令将他在商州处死。其实，太宗心有不甘，不久又后悔了，派人快马加鞭，收回成命。使者到了新安，马陷进泥坑中，等挣扎出泥泞，策马到达商州时，侯莫陈利用已经被砍了头。

太宗要求执法公正廉明，为了督促官吏判案决狱，不使案件滞留积压，太宗规定各级司法部门断狱的期限。太平兴国六年（公元 981年）四月，太宗下诏："各州长官每五天一次虑囚判案，情节明显的，立即决断结案。"太宗不想天下有滞狱，建立三限之制。规定大事四十天，中事三十天，小事只十天，不必追捕就能轻易决断的案件，不得超过三天。雍熙元年（公元 984年）六月，诏令各州十天判案一次。不要拖延，但也不能因此马马虎虎。

为此，太宗特地举出亡国的孟昶作为反例，警戒自己和大臣。太宗对辅臣说："朕听说孟昶在蜀的时候，也躬亲国政。然而对刑狱优

柔寡断，缺乏主见。每当有大辟罪人被处死时，必定令人听取犯人的遗言。只要犯人一声冤屈，立即停止行刑，交移有司，重新勘察审问，竟然有定了死罪，三五年处决不了的。孟昶认为古代夏禹为罪犯伤心哭泣，私下仿效他，然而他不明白古代圣人的意思。

"其实，大禹哭泣，是自己悲伤不如尧、舜，使人死于法律，所以下车而泣。现在犯罪的人，假如情理难容的，朕也决不宽容。"

参知政事苏易简、赵昌言接着说："臣等听说李煜亡国之前，也和孟昶差不多。每当夏天，就给罪人张上纱橱，防止蚊蚋叮咬；冬天就发给犯人棉被，让他们舒坦地安然睡大觉。有犯大辟的，仍然令术士点灯占卜，假如几天灯一直不灭，必定把犯人移交有司，重新审理，恐怕冤枉。竟然导致可笑可悲可怜的怪事：冬天严寒日子里，有犯人贪恋监牢里温暖舒适，不愿被释放出狱。"太宗听了这话，忍不住笑出声来，说："两个人都昏庸到这等地步，不灭亡还等待什么？"说完，君臣一起大笑起来。

为了使刑狱的公允清正有确切的保证，太宗还加强了对司法机构和司作官吏的管理和监督。太宗下诏："各州长官察访属下各县，有催收赋税使用刑罚残忍的，按情节轻重论罪。"

雍熙元年（公元984年），太宗派遣使者，到各路检查刑狱决断情况。下诏各州长自决断刑狱。不得委任胥吏。雍熙三年（公元986年），听从判刑部张佖的建议，判断案狱失误的官吏，被处以死刑的，不得以官职减刑赎刑，检法官、判官各削一任，长官并停现任。

这时，曾有一人犯大辟，太宗为了表示宽刑，下诏特减，并对张官说："朕以为小人冒犯法律，经查实他不是个大蛀虫，所以免于死罪，判他个流放也足够惩罚他了。张佖回答说："先王立法，就是为了治裁小人的。君子本来就不犯法呀。"太宗对宰相说起这事，并且奖赏了张佖。

淳化元年（公元 990 年），太宗令刑部设置详覆官六员，专门阅览天下各地所上的案件卷宗，不再派人去询问狱吏了。设置御史台推勘官二十名，以京朝官充任。如果各州有大狱，就乘坐驿传，前往审问察访。向太宗辞行之日，太宗必定告谕他们："不要拖延滋蔓，不要使刑狱留滞。"官员办事回京后，又必定召问他们案件处理的具体情况。从此，这一做法成为定制。

淳化二年（公元 991 年），设置诸路提点刑狱官，掌管地方刑狱，每十天上报一次。

淳化三年（公元 992 年），太宗派常参官十七人，分别到各路按察、决断刑狱。太宗说："朕心中忧虑的是，狱吏舞文弄巧，计司之臣聚敛贪赃，牧守重臣不能宣布诏条，王朝卿士不肯修举职业。"李昉、张齐贤等人一听太宗这么说，上表待罪，太宗说："朕心中假如有话就说了，说出来也就没事了。然而中书事务，你们也该尤其尽心尽力。"

淳化四年（公元 993 年）八月，太宗忧虑大理寺、刑部的官吏玩忽职守，不顾法律条文，严峻刻薄，便在禁中设置审刑院。审刑院设置详议官六人。凡是有狱状上奏，要先送审刑院备案，交付大理寺、刑部审理复核，然后上报，并下交审刑院详议，复核裁决后，交付中书省执行。凡有审刑院驳斥大理寺、刑部判决的，宰相予以过问上报太宗，由太宗作出最后的判决。审刑院的建立，加强了太宗对刑狱的控制，也促使狱案减少了冤枉错判。不久，太宗又下诏："中丞以下各官一律亲临审案，监督公正。"

同年十月，下诏罢去诸路提点刑狱司，把原来的地方刑狱事务转归转运司管理。

太宗加强了对司法工作的监督和管理，禁止司法官以权徇私枉法，还任用秉公办事、心细如发的官员亲决案件，于是出现了几个得力的

受人拥护的清官。张齐贤勤劳能干，体恤民情，处理政事宽大能容，每当出行，遇到投诉的，便把投诉人召到驿舍住的地方，询问案情，处理了很多冤屈的大案，江南人民非常爱戴他。

在张齐贤离开很久之后，人们还念念不忘，经常想起他。钱若水当初任同州观察推官的时候，同州知州性情偏激急躁，办事很少冷静考虑，结果往往欠妥当。钱若水几次与他争执，都争不过他。有一次，钱若水说："你这次肯定会被上司驳回，如果没有驳回，我情愿陪俸赎铜。"

不久果然不出所料，知州的奏案被朝廷及上司驳回，州官都说让他赎铜，知州惭愧地向钱若水道歉，但是他的作风终究难改。这天，有一个富民的女奴失踪了，女奴的父母告到州里。知州令录事参军负责审问。录事参军曾经向富民借钱，富民没借给他，录事参官借这个机会，公报私仇，定罪说富民父子二人共同把女奴杀害了，把尸体抛弃在水里，尸体顺流漂失了，富民父子是杀人凶手，理应处死。然后严刑拷打富民父子。富民忍受不住拷打，终于屈打成招，供认是自己杀了女奴。录事参官得意地狞笑着，命手下给富民上了刑具，州官们草草地复审了一次，都认为此案已经落实，可以结案了。

唯独钱若水怀疑案情有问题，把富民关在狱中好几天不决，秘密派人寻访，竟然找到了失踪的女奴，还好好地活着。钱若水把女奴带给她的父母，两位老人见女儿活着回来了，喜极而泣，老泪纵横，拉着女儿对钱若水说："正是我们苦命的女儿啊。"富民父子因此得以解脱罪刑。知州准备上表，奏明钱若水的功劳，钱若水坚决推辞。

后来太宗听说了，寇准又推荐钱若水文学高第，太宗便召试学士院，任命钱若水为秘书丞、直史馆。王济任大理寺丞，又当了刑部详复官，经常上书奏事。太宗有一天向左右近臣询问："刑部有好言事的是谁？"左右都说："大理寺丞、刑部详复官王济。"

太宗于是任命王济通判镇州。镇州州官大多是勋旧武臣，倨贵陵下，王济从不屈从。镇州的守卒特别放纵，暴虐妄为，不遵法纪，经常夜间焚烧民舍，趁机抢盗财物。王济查明事实，把犯事的兵卒立即斩杀，并派人驰往京城，奏明事实。太宗非常高兴。都校孙进，酗酒之后，大耍无赖，殴打路人，打掉人的牙齿。王济不等上奏，将孙进杖脊，押送京师，军府从此畏惧整肃。太宗连降三道诏书褒奖王济。

太宗整顿吏治，同时加强司法建设，尤其严格刑狱的决断，力求公正廉明，减轻刑罚，不留滞狱。两项事业都取得了很大成果，推动了政治的廉洁。但太宗的断狱清廉公正，也带有一定的虚伪性。他自己为了政治目的，屡兴大狱，其中最大的就是扳倒皇弟赵廷美一案，完全是太宗一手操纵，派自己的幕僚心腹柴禹锡、杨守素等人捏造事实，告发赵廷美图谋不轨，与卢多逊勾结，准备对太宗不利。太宗又请赵普出山，将赵廷美和卢多逊治罪。赵廷美被贬之后不久郁闷而死，卢多逊也被流放。太宗还搭上了自己心爱的长子楚王元佐。这件冤狱牵连众多，与赵廷美交结的官员，大多遭到贬降。太宗自诩天下太平，天下大治，田锡严厉地指出四方不安，刑罚不当。对于重臣和宠幸犯法，仍然有所庇护，往往从轻发落。但是，作为古代封建帝王，宋太宗能作出这样的成绩，已经难能可贵了。

第二十五章

鼓励垦田重视农业　招募游民回乡耕作

五代连年战乱，使社会经济遭受严重破坏。人口锐减，田野荒芜，平民百姓租税负担沉重，生活困苦，民不聊生。宋朝立国时，全国才三百万户，就连开封京畿的土地，耕种的不过十分之二三。这种情况，到太宗时，还没有完全改变。太宗发动统一战争，励精图治，想建立一个强大的王朝，使政治升平，百业振兴，人民安居乐业，使自己流芳万世，建立不朽的丰功伟绩。所以太宗决心发展生产。促进贸易，繁荣经济，增强国力。

农业是当时社会最主要的生产部门，历代帝王都把农业生产看作国家的根本。宋太宗非常重视发展农业生产。认为只有根本稳固，才能枝繁叶茂。农业不兴，其他一切就都缺乏基础，成为无本之木，无源之水。针对当时田野荒芜，人口减少的情况，太宗制定种种政策，聚集流亡的人，统计户口，鼓励人民垦田。

端拱元年（公元 988 年），举行籍田大礼，劝农盛典。太宗率领群臣与宗室后宫，先在东郊飨祭神农氏，以后稷配祀。然后太宗亲耕籍田。太宗亲手掌耕犁，推了三下之后，掌礼官便喊道："礼毕！"太宗却不停下，对大家说："朕志在劝农，恨不能耕完千亩田地，怎能只以三推为限呢！"说着，又耕了几十步，侍臣坚持请求说："陛下耕了这么多，可以了，足够表达爱民劝农的心意了。"太宗这才停止，回宫，登乾元门，改元端拱。之后，又作了一首《东郊籍田诗》赐给近臣。

端拱二年（公元989年）二月，太宗命令河北东、西路召集民众，置使营田，以陈恕等人为营田使。同时，命人作方田，又诏令代州知州张齐贤在河东各州实行营田，不久又都停止实行营田，就是屯田。从汉代以来，政府利用军队、农民、商人来垦种土地，征取收成作为军饷，称为屯田。按照屯田人的不同，分为军屯、民屯和商屯。

淳化四年（公元993年），沧州节度副使何承矩上疏说："臣自幼侍奉先父在关南，也就是河北瓦桥、益津、淤口三火以南一带出征打仗，熟悉北部边防的道路、河流和平原的形势。如果在顺安寨西面开凿易河蒲口，引导河水东流入海，东西三百余里，南北五、七十里，利用山坡沼泽，筑堤贮水，实行屯田，可以遏制契丹骑兵的奔驰。待一年之后，关南的湖泊全部堵塞并充水，便可以播种稻田。沿边境各州、军临近池塘水源的，只留守城的军士，不再烦劳朝廷发兵，增加戍卒。收取地利来充实边境，设置险要来防备边塞。春夏两季务农，秋冬两季习武，可以休息民力，减少国家的经费开支，这样几年过后，将会看到敌弱我强，敌劳我逸的结果。这是防御边患的重要谋略。

"自顺安军以西，到西山约一百里，也希斁选兵戍地，挑选精锐，裁减老弱残兵。兵不患寡，患傲慢不精；将不患怯懦，患偏见无谋。如果十兵精锐，将领贤能，那么四方边境便可以高枕无忧了。"

太宗嘉奖并采纳了何承矩的上疏，但是接着连绵大雨成灾，主管此事的人多数议论屯田的事欠妥。何承矩援引汉、魏至唐代屯田的旧事，来平众人的议论，务求必定推行，又说："应借积潦的雨水，蓄作陂塘，大力种植稻田，使士兵能够吃饱肚子。"

这时，沧州临津令黄懋也上疏说："福建的土地，只种水稻，沿山谷引水，很费功力。现在河北州有很多陂塘，引水灌溉，省工省力，又容易做到，三五年之间，公家和百姓必然会得到很大的收益。"太宗看后，诏令何承矩前往河北各州巡行视察，回京后上奏，如同黄懋所说的那样。

三月，太宗任命何承矩为制置河北沿边屯田使，黄懋为大理寺丞，充任判官，调发各州地方部队守兵一万八千人充任这一工程的劳役。在雄、莫、霸三州及平戎、顺安、破虏等军，共兴建了堤坝六百里，设置泄洪闸门，引白洋淀的水来灌溉田地、第一年种稻，遇早霜，稻谷不成熟。黄懋认为晚稻九月成熟，河北霜早，土地升温又慢，但江东早稻七月便成熟，取早稻种，使令耕种。这年八月，稻谷成熟了，何承矩运载着好几车沉甸甸饱满的稻穗，派官吏送到京师。原先主张河北不宜种稻的人，原先说军人种田是一种耻辱的人，现在都缄口不言了。河北大兴水田，百姓还顺便增收了蒲草和蚌蛤，深受其利。河北屯田，获得了成功。

至道元年（公元 995 年）正月，度支判官陈尧叟、梁鼎也向太宗上言，提出在江淮地区实行大规模屯田的建议。陈尧叟等人说："汉魏、晋、唐各代在陈、许、邓、颍及蔡、宿、亳各州至于寿春一带，用水利垦田，遗迹至今还在。请派遣官吏大量开垦屯田，通用水利。征发江、淮下军、散卒以及募民服役，借给官钱买耕牛，增置农具，疏导沟渎，修筑堤坝。每屯十人，每人配给一头牛，可耕田 50 亩。虽然古代的制度是一个农夫耕田百亩，现在垦田暂且只有古代的一半，待过一段时间后便可以达到古制一夫百亩。每亩大约可收获三斛，每年可收获十五万斛。在上述七州之间，设置两万屯，可得 300 万斛。在这个基础上再增加垦田面积，数年之后可以做到仓廪充实，减省江、淮漕运粮食。民田有未开垦的，可由官家开垦种植，公田有未开垦的，可招募民夫开垦种植。每年收获之后，按照民间主人与客户的所得比例分成。曹魏、西晋时期的傅云说：'旱田收成的好坏，在于天时是否风调雨顺。'虽然用尽了人力，如果水旱不应时，一年的劳苦就都废弃了。水田的耕作在于人力，尽到了人力便可以发挥地力，而且虫灾的病害比旱田要少，水田既成，可获得成倍的利益。"太宗阅览奏章之后，对陈尧叟等人的建议非常赞赏，派大理寺丞皇甫选、光禄寺丞何亮巡视规划。但是，陈尧叟的江淮屯田建议虽然也包括兴修水利，但规模和效益比不上何承矩的河北屯田。陈尧叟方案以民屯为主，其中包括国家对民屯实行借贷"资助"的内容。在实施过程中遇到许多实际问题，可行性很小，并没有认真执行。

这年六月，太宗下诏，允许诸州农民请佃无主荒地，成为永业，世代耕种，免除三年租赋，三年后只征收三分之一，称为"永业田"。同时，还把劝民垦田的成绩，用御前印纸写下来，作为奖赏的一项根据。

至道二年（公元 996 年），太常博士直史馆陈靖又上言，请求设置大司农，劝民垦田，并以此解决流民问题。陈靖说："先王想要使人民生活充裕，应当以务农增产粮食为先，盐、铁、酒的专卖应列于后。查验天下的农田，除江淮、湖湘、两浙、陇蜀、河东各路，地理遥远，虽然劝勉督促，也不能很快获得利益。现在京城附近地区，四边共有二十二州，幅员千里，已开垦的土地才占十分之二三，每年的赋税收入不足十分之五六。又有隐匿户口假报逃亡、弃农耕游手好闲的，致使赋税收入总额逐年减少，国家经费不足。虽然屡下诏书，允许农民恢复旧业，免除租、调二税，徭役的征发也以不违农时为限。但是乡、县官吏扰乱国家政策，每有一户复归旧业，从事农耕，便侦察上报由来，早上才耕种尺寸之田，日暮便列入差遣徭役的户籍，收税官吏的责问，相继而来。虽然享受免除常年租税的待遇，但实际上却无补于饥饿而死。况且农民流动迁徙，是由于贫困，或逃避所欠私人债务，或逃避国家赋税。逃亡之后，乡里则索检逃亡户的资产，至

于房屋庐会、日常生活用具、桑枣树木，全部计算出价值，或被里胥用来交纳赋税，或被债主取走作为补偿。生活找不到出路，又不知到何处安身，因此到处游荡，已无心再回乡种田。应该授予这些人闲旷的土地，扩大招募游民，劝他们从事农耕，不收取赋税，允许另立户籍，以有利于国家为原则，根据民力的大小，农田的肥瘠，平均分配土地，督责考核，使他们勤劳不倦。关于逃民回归农业，按丁口授田，是件繁杂琐碎的事情，请大司农予以裁决。在农桑之外，还要让他们栽种杂木、蔬菜和瓜果，畜养羊犬鸡豚。给予种植桑树的土地，参照井田的制度，营建房屋，建立保伍组织。养生送死的用具，庆贺、吊问以及相互蹭送的费用，同时分条立出制度。经过三五年之后，谋生之计成立，则按户确定征收，按田纳税。如果民力不足，官家借给钱款买粮，或购置农具。凡属这些授田、借贷的事，全部委派主管农业的官吏办理。到秋收之后，令农民偿还，一律按时价折合交纳，并将总数禀报户部。"

太宗看了陈靖的建议，觉得这一方案可行，便决定采纳。他又诏令陈靖分条陈述上报，拿出更加详细准确的实施方案来。陈靖于是上书说："逃民重新务农及没有户籍的外地人请求租佃土地，委派农官勘验核实，授给农田，收入户籍，州县不得对他们差派劳役。缺少粮种和耕牛的人，命令农官用官家的钱借给他们。授田的原则是把农田分为三等，肥沃而不受水旱灾害的为上等，虽土质肥沃而容易受到水旱灾害的为中等，土地瘠薄又容易遭受水旱灾害的为下等。上等农田每人授百亩，中等农田每人授一百五十亩，下等农田每人授两百亩，一律在五年后征收租税，但只按百亩数征收十分之三。一户有三名成年劳力的，请按每人应受的数额追加授田；一户有五名成年劳力的，按三名成年劳力数授田；一户有七名成年劳力的，按五名授田，依此类推，一户十丁按七丁计算；十名以上的一律按十名数授田。如果是地多人少的乡村，则委托农官根据情况多授一些土地。关于庐舍、蔬韭及梨枣榆柳桑麻所用土地，每户十名成丁的，授予一百五十亩；七名成丁一百亩。五名七十亩，三名五十亩，不足三名三十亩。除了桑田五年后征收租税外，其余房舍及种树的土地，一律免收。"

陈靖的授田方案，能使游民回归农耕，有利于安定社会秩序，发展社会经济，增加赋税收入。太宗将陈靖的条奏交付有关主管部门，召盐铁使陈恕等人共同商议，按陈靖的办法去施行。宰相吕端说："陈靖所制定的田制多是改变旧法而成，又要费用国家很多的资财。"太宗任命陈靖为京西劝农使，巡视陈、许、蔡、颖、襄、邓、唐、汝各州，劝勉农民垦田，以大理寺丞皇甫选、光禄寺丞何亮为副使。两人上书说"劝民垦田难以成功，请停止实行"。

太宗志在劝农，仍然诏令陈靖规划此事。但是，这一方案中的授田方法和对逃亡农民给予的优惠政策，从纸面上看用心良苦，但很多地方脱离实际，可行性太小。不久，三司认为花费官钱数额太多，万一遇到水旱，恐怕将导致所贷官钱的散失，劝民垦田的事也就止息了。

太宗号召农民和军队大量垦田，在太宗晚年时，垦田数目高达3125251顷，比起太祖末年的垦田数多了二十余万顷。人口也大量增加，比汉、唐增加一倍多。垦田增加了，太宗还注意提高对田地的管理和使用，设置农师，指导耕作，督导农务，进行管理教育工作。太宗命令两京各州，遴选熟悉生产的农民作为农师，每县一人。让农师视察田亩的肥沃瘠薄，以及适宜耕种的作物，指出哪块土地适宜种植什么，哪家有种子，哪户有丁男，哪人有耕牛。又令乡里三老、里胥和农师共同劝民分别在闲旷的土地上种莳，成熟后取利。农师的待遇较为优厚，蠲免租税外，还免去其他杂役。民家有嗜酒赌博，惰怠于农务的，也让农师谨慎查知，告诉州县论罪，警告游闲懒惰的人。农师垦田变为永业田，官家不收取他的税租。

太宗对生产工具和农时等方面也相当重视。将废弃的铁钱铸为农器，给江北归附的流民使用。宋、毫两州的农民在江淮之间买牛，宋太宗担心时雨沾足，恐怕要误了耕种的时节。正好太子中允武允成献上踏犁，用人力操纵，不用牛拉。于是太宗急忙命秘书丞陈尧叟等前往宋州，按照式样制造，发给乡民，让他们及时耕种，收到很好的效果。为了及时耕种，太宗曾经把官仓的菽几十万石，借贷给京畿及内地农民做种子。有的官吏请求适量留下一些，供给国马，太宗说："农民没有种子就不能尽地利。只管竭尽仓廪中的所有供给粮种，到了秋天就会有成百倍的收获。"

第二十六章

灾荒时节赈济灾民　采取措施繁荣商业

水是农业生产的重要资源。但是过多或过少都要影响农业收成。所以，灌溉防旱和治洪防涝具有同等重要的地位。宋太宗重视对河水的治理，他下令疏通河道，便于漕运、调水灌溉，以及排水泻洪。

太平兴国二年（公元977年）秋七月，黄河在孟州的温县、郑州的荥泽、澶州的顿兵决口，太宗征发沿河各州的丁夫进行堵塞。三年春正月，命令绛州浚控汾河。京西转运使程能献计，请求从南阳下向口设置河堰，把白河水挡回到石塘、沙河，与蔡河汇合，到达京师，畅通襄、潭间漕运。太宗采纳这个建议，征发几万兵役，分别派使官督护，挖山填谷，经过博望、罗渠、小祜山，共一百多里。一个月后，到达方城，因为地势太高，水上不去，又增加兵役，仍旧不能通畅。这时山洪暴涨，石堰被冲坏。之后，又浚通广济河、惠民河及蔡河，又命使臣十七人分治黄河河堤，来防备洪水的祸患。

八年（公元983年）五月，黄河在滑州韩村出现大的决口，河水泛滥，淹没澶、濮、曹、济各州的民田，毁坏居民的庐舍。洪水向东南流去，在彭城汇入淮河。太宗诏令征发丁夫堵塞决口。河堤很久都没有修成，便命使者视察远堤旧址。使臣分条回奏说："治理远堤，不如分流来减马马水势。自孟州到郓州，虽有堤防，唯滑州与澶州地段最为狭隘，在这二州的地段，可以采取分流的办法，在南北岸各开一口，北岸的分流入王莽河以流入大海，南岸的分流入灵河以通向淮河，节制并降低洪峰，与汴口的分流方法相同。分水的河流，根据远近的不同，修建闸门，可根据需要随时开闭，务求水势均平。这样，可在分流中通行舟船，灌溉农田，作为百姓富足的资本。"可惜朝议认为这项方案会动用过多民力，没有上报皇帝。当时多阴雨天气，决口很久未能堵塞，太宗深感忧虑，派枢密直学士张齐贤乘驿传到白马津，用太牢加壁的礼仪祭祀河神。十二月，滑州上报说黄河决口已经堵上了，群臣一片欢呼，纷纷向太宗恭贺。但不久，黄河又在房村决口。太宗说："近年黄河在韩村决口，征发民夫修堤不成，怎可再次增加百姓的困难，应当用各军替代修堤的民夫！"于是征发五万兵卒，以侍卫步军都指挥使田重进领兵服役。

淮河西流三十里，叫山阳湾，水势湍急，运载粮食货物的船，很多在这里翻船沉没。雍熙元年（公元984年），太宗任命右补阙乔维岳为淮南转运使。乔维岳指挥开通故旧的沙河，从末口到淮阳磨盘口，长达四十里。从建安北到淮河，总共有五个堰，运货物只能十纲左右，超载的必须卸下部分货物，才能通过。船坏粮失的现象经常发生。运货的兵卒也大多以此为借口，为奸偷盗。乔维岳命人在西河第三堰的地方设了两个大闸门，两门相距五十多步，上面设有房屋，悬门蓄水，潮水平定时就打开闸门，排泄出去。又在岸上建造了一座桥，横跨河流，夯土堆石，坚固根基。从此，往来船只畅通无阻。

淳化二年（公元991年）六月，汴河在浚仪县决口，冲坏连堤，淹没了大量农田。太宗心急如焚，一宿翻来覆去，辗转反侧，难以入眠。天刚蒙蒙亮，太宗便乘步辇出乾元门，去察看灾情。宰相、枢密使在路上迎见太宗，劝太宗不要亲临，怕出危险。太宗一脸的急切，说："东京养着几十万军队，住着百万人家，转运物资供应，全仰赖这条渠水，朕怎么能不来看看呢！"说完，太宗的年驾进入泥淖之中，走了一百来步，跟随的大臣们都非常震惊，担心出事。殿前都指挥使戴兴双手把住步辇，提出泥淖。太宗诏令戴兴督促步兵几千人，堵塞汴河决口。太阳还未落山，堤岸已经屹立起来，水势平定后，太宗才从泥泞中出来。大臣请求太宗进膳，亲王近臣们也都浑身沾满了泥浆，个个泥头土脸的。浚仪知县宋炎早吓得躲藏起来，不敢来见太宗。太宗见水势已定，特地赦免了宋炎的罪过。

淳化四年（公元 993 年）冬月，黄河在滑州决口，淹没了北城区，毁坏庐舍七千多所。太宗诏令兵卒替代民夫治水。这一年，巡河供奉官梁睿上书说："滑州土脉疏松，河岸容易崩溃，每年黄河在南岸决，损害百姓的农田。请在迎阳开渠引水，共四十里，到黎阳与大河汇合，用以防止河水暴涨。太宗采纳了他的建议。

五年春正月，滑州上报新渠修成。太宗又依照河图，命令昭宣使、罗州刺史杜彦钧率领士兵、民夫，用工十七万，凿河开渠，从韩村埽到州西铁狗庙，共五十多里，又汇合于黄河，分流减弱水势，根治了滑州河水泛滥的难题。

宋太宗对黄河、淮河、汴河等重要河道的治理取得了很大成绩，减少了水患，便利了漕运河灌溉，对社会经济的恢复和发展，以及保障人民生命财产的安全，无疑具有重大的意义。

太宗体恤百姓，自己常念稼穑艰难，注意节用爱民，减轻人民的租税负担，在灾荒时节，赈济灾民。

有一年，天气大旱。太宗命膳房减膳，膳房以皇帝要保重身体为理由，没有依从。这天晚上，太宗诏赐宰相赵普等人，说："自从星变以来，很久没有下雨雪了。朕应当与你们审查行政的缺失，念惜稼穑的艰难，爱惜财物，安定人民。"当时，赵普因病告假，把政事委任吕蒙正。吕蒙正等人到长春殿谢罪说："臣等为政无功，调变无方，请依照制度罢免。"太宗慰勉了许久。知制诰王禹偁上疏："请从亲王

近臣以下文武百官的俸禄，除了宿卫军士，边庭将帅之外，一律减免。在外停止每年要买的物品，在内罢免工巧制品。以此感人心，召和气，变灾为福，只有圣人能做出来。"太宗听后很欣慰。

淳化二年（公元 991 年），气候干旱无雨，蝗虫成灾，吞食大片青苗。太宗对吕蒙正说："百姓万民有什么罪呀！老天如此惩罚，大概是朕的不德导致的。你们要在文德殿前筑造一座高台，朕将暴露在台上，三日还不下雨，你们就把朕焚烧了，回答上天的谴责。"吕蒙正等人一听这话，全都吓呆了，慌忙拜倒请罪，把太宗的一诏书藏匿起来。也许是太宗的真诚感动了上天，第一天就下了大雨，蝗虫也死光了，这事了结了。

太宗曾作过《稼穑诗》，赐给近臣，诗中表达了他对人民耕种劳作的怜悯。并劝勉大臣们要懂得爱惜粮物，体恤民情。有一年秋天，阴雨连绵，淫雨霏霏，朱雀门、崇明门外积水很多。人们要撑着竹筏来往。民舍城墙淹坏了不少。近郊的庄稼都快成熟了，却被这次大雨冲败了，流失了很多。太宗认为阴阳失调，罪在公府，便严厉地责备李昉等人说："你们这些人用车装载俸禄，塞得满满的，难道不知道野有饿莩吗？"李昉等人惭愧恐惧，拜伏在地上，不敢说话。太宗还对儿女们说："每穿一件衣服，就该怜悯养蚕捕丝的农妇；每吃一顿美餐，就应念惜耕田种地的农夫。"太宗本人带头，节俭朴素，为天下作出表率。

登州有一年闹饥荒，太宗下诏，开仓赈济灾民。吉、洪、江、蕲、河阳、陇城发大水，开封、陈留、鄢陵大旱，太宗赐当年田租减半。太宗还招募富民，献出米粟，赈济饥荒，授予富民官爵，爵位的高低以他贡献出的粮食的多少为准。至道元年（公元 995 年），太宗召见三司使陈恕，责备三司职事废弛。陈恕向太宗诉说苦衷："现在国用、军需，经费浩瀚庞大，各州只要有灾害，必定尽免租税，臣等每当行使权力，征收赋税，朝廷都担忧分割人民，不让实行，纵使耿寿昌、桑弘羊复生，也完不成。臣等才力低下，只知尽心工作，终究不能让皇上满意。"太宗说："你们清静不通，一味因循旧规，不能为国家度长韧大，剖烦析滞。只拿京城仓库主吏应当改职的事来说吧，工作中有一个地方不完备，十年、五年不予决断，导致贫困没有资助供给，转徙死在沟壑之中。这都是你们的过错呀，难道不伤害和气吗！"

张齐贤曾向太宗进谏，请求分路采访两浙、江南、荆湖、西川、岭南、河东各地，凡是假命赋敛苛重的，一律加以改正。太宗采纳，依照实行。

一次，太宗阅览福建的版籍，对宰相说："陈洪进只靠漳泉两州，赡养数万人，各种名目的税租很多，人民苦不堪言。等朝廷把租税全部蠲削之后，人民感恩戴德，朕也不觉自喜。"他曾经对赵普说："从前天下的租税名目繁多，有好几种，朕一律命令除去，再过五、七年后，就会全部减去人民的租税。卿记住这句话，不是空口虚发的。"赵普说："陛下爱民之意，发自天心，只要始终力行，天下万民太幸运了！"

雍熙北伐后，太宗连续几次下诏，免除遭受战争的地区的租税。端拱二年（公元 989 年）春，又下诏："平塞、天威、平定、威虏、静戎、保塞、宁边等军，祁、易、保、定、镇、邢、赵等州人民，除了雍熙四年正月诏书给复之外，再给复二年；霸、代、洛、雄、莫、深等州，平虏、岢岚等军，给复一年。"

对严刑逼租的官吏，太宗要按情节轻重论罪。太宗对宰相说："朕念百姓耕稼勤劳，春秋赋租，军国用度所出，恨不能去掉，令两税三限外特加一月。而百官吏不体察朝旨，自己决定收租课税，放纵专横，任意鞭打处罚。这件事太伤和气，应该申明警告。"于是下诏："各州长官察访下属各县，如有催科督税用刑残忍的，将他论罪处理。"然后，又对宰相说："百姓上诉水灾旱情，便让人检查核实。立即派官上道，还恐怕已经迟误了。朕常听说还有使臣逗留不走，州县担心赋敛违期，每天鞭笞，百姓也等着检核改种。如果这么缓慢，难道是朕勤恤民情的真意吗！今后派使检查灾情，要计算地区的远近，事情的大小，限期完成。"

农民种田打粮，最关心的是粮食的收成和价格。平常丰收之后，米价下跌；歉收之后，米价上升。最受害的还是农民。端拱二年（公元989年）四月，国子博士李觉上言说："以前李悝说过：'米价太贵伤民，太贱伤农，民伤则离散，农伤则国贫。所以太贵太贱，都会伤害。善于治国的，使民不受伤害，而农民更加勤劳。'这里所说的民，是指士工商。现在京城聚居成千上万的民众，导河渠，达淮海，贯江湖，每年运五百万斛粮食，资供国费开支。然而，近年来，京都粟麦价格贱到极点，仓廪里的粮食连年积压陈余，或用来作赏赐，每斗只算十钱，这种状况对工商有利，对军农不利呀。臣私下计算，运米一斛，费用不下三百钱，侵耗损折还排除在外。而那些撑船的船夫，冬夏不停地忙碌，离乡远亲，终老江湖。粮食运来，得之不易，艰难重重，然而官府的供给却太轻太易。倘若不幸遇上水旱灾荒，或者突然有边境兵患，怎么来救急呢！臣认为，各军人以前每天给米二升，现在如果月赋钱三百，是一斗等于五十钱。估计江、淮运米的工脚费，也不减这个数。希望明令军中，各从方便，愿要钱的，如果市价官米一斗三十钱，就增加十钱，从中得出工脚费，官府才能获利。几月之内，米价必增，农民也受益了。若米价上升腾跃，就由官府重新供给粮食，军人把余粮卖出，也能获得好价钱，这又让军士受益了。用不了十年，官有余粮，江湖运输也渐渐可省了。"太宗看了李觉的奏章，非常高兴。

太宗重视粮食的流通与储备问题。他明确地说："国家以百姓为本，百姓以食为命，国家大事，足食为先。"太宗刚即位的第二年，把左藏库按货泉、金与帛三类分为三库，任命清廉能干的礼部员外郎贾黄中、左补缺程能、左赞善大夫冯瓒分别掌管，并且指出，其他的事都按旧制办理，只有财货一事，必须马上改制，不容延缓，实际上是进一步控制内库的积储。太宗视察左藏三库，对宰相说："这里金帛堆积如山，怎么能用光！先帝经常焦虑劳神，以经费为念，太过分了！"于是太宗分左藏北库为内藏库，并以讲武殿后封椿库隶属，改封椿库为景福内库。太宗对左右说："朕设置内库，是担心司计大臣不能节约，一旦用度有缺，再去向人民征收赋税。"当初是宋太祖另设的封椿库，太祖秘密地对近臣说："石敬瑭割让幽蓟地区贿赂契丹，使得这地区的人民现在还在外境，朕非常怜悯他们。准备等这个库藏蓄满三五十万的时候，立即派使臣与契丹约定，如能归还我们的土地人民，就把库中全部金帛做赎价。如果不行，朕将散放这些积留的财富，招募勇士，攻取契丹。"后来太祖驾崩，这事也便不了了之。到现在，太宗把封椿库改了名，作为储备来用。太宗曾说："等天下没事之后，有这些储备，就当全部蠲免百姓的租税。"但终究因为连年征战，费用耗量大，没有实现诺言。

端拱二年（公元 989 年）设置折中仓，淳化二年（公元 991 年）设置折博仓，储蓄粮食。淳化三年（公元 992 年）六月，京畿一带大丰收。太宗派使臣在京城的四门设置场子，提高价格收购粮食，命令有关部门腾出附近的仓库，贮存粮食，起名叫常平仓。等到岁月饥荒时，便开仓减价卖给贫民，从此成为定制。太宗这一调节粮价的常平仓，对各地民众的赈饥度荒，发挥了较切实的作用，成为宋代稳定民众经济生活，安定社会秩序的重要措施。

在农业发展的基础上，手工业也比前代有所发展。各个行业的规模扩大，分工细密，生产技术和产品数量、质量都有所提高。像煮盐、

酿酒、铸钱、制造农器、开采矿产等，一般由政府专管，但有时太宗也鼓励民间经营。

升州、鄂州、饶州等地产铜，樊若水上疏请求在三州设置监使，大铸铜钱，凡是山中出产铜矿的地方，一律禁老百姓采取。后来，有官员报告说："风州出铜矿，定州出银矿，请设官掌管这些事务。"太宗却说："地不爱宝，应当为众百姓共同享有。"没有批准设官，允许百姓私人开采。

百姓也有从事煮盐业的，太宗实行宽容政策，鼓励盐业。有官员说："昌州每年征收虚额盐18500多斤，这是开宝年间知州李佩废各井的工资，额外向人民课税卖盐，使人民破产也偿还不清，很多人流落到他乡，而多年的征收也不能免除。"太宗听说后，下诏罢除昌州七井虚额盐。当时有些地区，盐业相当兴盛。雍熙四年（公元987年）正月，太宗下诏，暂时停止广南各州的煮盐业，因为有司奏报，说积累的盐可以支持三十年了。

民间种桑养蚕，纺织业也十分兴旺。各地官方与私人都开有织坊，有些地区因生产技术的迅速发展，生产出一些驰名全国的产品。丝织品有蜀锦，号称天下第一。定州、婺州、东阳、润州、青州、邵州、抚州、越州、明州、湖州等地，都相当出名，皇宫内院，皇亲国戚，朝廷内外，贵族寓民，都穿绫罗锦绣，太宗经常赏赐臣下绢帛。还曾经罢湖州织罗，放女工五十八人，罢川、陕各州官织锦绮，处理那些苛刻扰民的官私作坊。

太宗还曾鼓励民间酿酒业。先前，陈、滑、蔡、颍、郢、邓、会、房等州、信阳军都不禁酒，太平兴国初，京西转运使程能清榷酤，所在地区置国酤局署，每年获利不多，主吏却私得盈余。而且，酒中多醨，稀薄无法饮用，百姓婚嫁丧葬，却要按户，大小令酤酒。太宗得知这一弊端，下诏募民自行酿酒，输官钱减常税三分之二，使此事易办成功。百姓有应募的，检核他的资产，长官和乡中大姓共同作保。

另外，皇宫设有专门制造各种器用的后苑造作坊，已经分为生色、镂金、烧朱、腰带等七十四座，后来又有所增添，兵匠和工匠多达三四百人。

农业与手工业的兴旺，促使商业日益繁荣，宋太宗重视农业、手工业，但并不严厉地抑制商业。相反，他允许商贾贩运有无，流通货财。商人可以做官。有的官吏竟然也兼营商业。只是太宗为了整顿吏治，防止官吏经商，与民争利，贪污腐败，给予严禁，对官商的打击抑制，使得民间商业如火如荼。太宗也设置了官署，对商业活动丈施有效管理，活跃市场，繁荣经济。香药库使张逊向太宗建议："设置榷场局，大出官库中的香药、宝货，稍微提高价钱，允许商人用金帛购买，每年可得钱三十万贯，用来添济国用，使外围货物有所泄流。"太宗听从，依言实行，一年中果然得钱三十万贯。后来，设榷酒酤，又因侵扰百姓，罢去榷酤。设置各路茶盐制置使。太宗鼓励商业，为商业活动提供便利，统一钱币。江南旧用铁钱，非常不便。太宗诏令废铁钱，铸为农器。罢除铜钱过江的禁令。唐天祐年间，兵荒马乱，财用窘迫困乏，令以八十五钱为百；后唐天成年间，又减五钱；看汉乾祐初年，又减三钱。宋初，因袭汉制，输官也用八十或八十五，然而各州私用，仍然各随习俗，竟然有以四十八钱为百的现象。太宗诏令一律以七十七钱为百，每千钱必须在四斤半以上。禁止江南新小钱，人民先前有藏蓄的，一律送交官府，按照铜给价钱。私自铸钱的斩首弃市。后来，张齐贤做江南西路转运使，得知饶、信、虔三州山谷出产铜、铅、锡，又访求前代铸法，只有饶州永平沿用唐开元钱料，坚实耐用，质地好、轮廓精妙。便决定取用这种铸法，张齐贤的新法杂用铜、铅、锡，虽然每年增铸几倍，但是略显粗陋。守藏吏接受天下岁贡金币，但太府寺的秤杆、秤锤仍沿用旧式，轻重失当，守藏吏因

而投机取巧，前来用此之计的竟然破产坐牢。守藏吏在交接职务时，对校计之事争讼不休，几年也解决不了。太宗诏令有司样定称法，另为新式，颁行全国。后来，三司使陈恕还设立茶法，使货财流通。

除了官方对商业活动的控制引导外，太宗还采取无为而治的方针，听任商人从事商业活动。解除一些专卖禁令，允许商人进入重要物资买卖的领域。太宗自从亲征北汉，为了军饷粮草的供应，下令商人从内地转卖粮草到边塞，按照地区的远近，从优划价定值，发给交券，到京师换成缗钱；或者移交江、淮，领取茶盐，叫作折中。

后来有人说商人贩运来的粮草大多质量低差，就罢除折中法，每年亏损国用百万以上。端拱二年（公元 989 年）十月，太宗再次下令实行折中，又设置了折中仓，听任商人向京师输运粮食，而在江、淮一带领取茶、盐。命令膳部员外郎范正辞等人掌管出纳。每一百万石为一界，食禄做官的家庭不得从事这种活动。令御史台纠察。后来天旱，就又停止了。

太宗还下令解除江南、两浙、淮西、岭南各州的渔禁，允许百姓渔猎，商人买卖。

淳化四年（公元 993 年），废除沿江榷货八务，听任商人贩卖。五年，太宗对宰臣说："幸门如鼠穴，如何能塞得完！只要去掉太过分的就行了。近来纲运之上，篙工、楫师有人做起小贩，只要不妨碍公家，一切不问，希望官物到达京师，不要有什么侵扰损失。"吕蒙正说："水至清则无鱼，人至察则无徒。小人性情假伪，君子难道不知道吗？大度能容，万事都能解决了。

太宗鼓励民间商业活动，并提供一定的保障，命令禁止官商与民争利，打击强盗，保护商民。梅山峒蛮首领苞汉阳等劫掠商人，屡禁不止，太宗命翟守素调发潭州兵马讨伐。先行诏谕投降，苞汉阳抗拒不从。当时淫雨霏霏，下了十几天，弓箭都受潮发霉，松弛不堪。翟守素命令削木为弩，射杀强盗，扫平巢穴，畅通了商路。

同时，太宗还积极发展对外贸易，在边境开设互市，北面在镇、易、雄、霸、沧等州设置榷场，作为对辽贸易的场所，每年可收入一百五十万贯。太宗对外商采取"招诱"政策，雍熙四年（公元987年），太宗曾派遣八名内侍，带着金帛、敕书，分四路招诱南海各国蕃商。太宗还令在西夏贸易，供给军食。环州的人民与吐蕃也互相贸易，但是经常欺夺人家财物，导致争斗诉讼，官府偏向环州宋民，吐蕃人抱怨纷纷，贸易受到影响。柳开任知州后，命令统一物价，公平称量，捉拿欺夺财物的刁民，依法处置。此后，吐蕃人纷纷前来，争相贸易。

太宗的这些政策，发展了生产，繁荣了社会经济，增强了国力。但是，太宗并不可能科学地领导生产，也不可能有效地克服官吏为奸，奢侈浪费。太宗一言兴、一言废，曾经造成巨大浪费，他还常一时兴起，优厚赏赐群臣、皇室金银财物。连年征战，扩大军队和官僚机构，冗兵冗官，开支惊人。尽管经济发展迅速，但大量地被消耗于无形之中，渐渐导致了宋代的积贫积弱。广大的劳苦百姓，依然赋税负担沉重，生活困苦。

第二十七章

抑武兴文重视读书　皇家藏书无所不有

　　武将握有重兵，势力急剧膨胀后，恃权自大，威胁中央政权。武人干政，是从唐末经五代，王朝更替，屡易人主的主要原因。要使政权稳固，必须加强中央集权，削弱武臣的军政大权。防止武人干政，除了削夺兵权外，还应实行文治教化。这是宋太祖、宋太宗兄弟总结历史得出的结论。

　　太祖时宋朝刚刚建立，统一还未完成，政权并不巩固，不得不把主要精力放在控制钱谷、收取精兵方面。太祖已经注意到文治，曾设想令武臣读书，使他们了解治国大道，并派文臣担任边境长官。但是，还没等具体实施，太祖便死去了。

　　太宗即位后，继续统一战争。北汉降服后，宋太宗基本统一了中原，朝廷的统治已经较为稳定，太宗开始抑武兴文。他对近臣说："朕每读《老子》中'佳兵者不祥之器，圣人不得已而用之'这句话，总不免再三规诫自己，王天下的虽然以武功克定，终究必须要用文德来治理。朕每次退朝后，不忘看书，就是想斟酌前世的成败，借鉴行事。"宋太宗的这种观点与汉朝贾谊的"马上得天下，马上不能治天下"的看法一致。宋太宗非常欣赏贾谊，曾惋惜自己朝中没有这样的大臣。太宗实行文治，肯定受到贾谊的很大影响。

　　太宗刚即位时，政局还不十分稳定，各级机构也很不健全。中原虽已统一，但人心浮动，不少知识分子对赵宋政权仍然采取观望态度。中原的统一，使领土版图迅速扩大，缺乏官吏管理。太祖时，内外文武官员共一万三千多人，和疆土的日益扩大极不协调。到太宗时就更不适应。而且这些官员中大部分是太祖安抚下来的五代时的旧臣，太宗不能不深感忧虑。他在即位前任开封府尹时，曾网罗了一批幕僚，对他们比较信任，但是除了进士出身的张琪等少数人以外，大多数的像弭德超、杨守一、赵镕等，都是因为在府邸供事，攀龙附凤罢了，算不上什么俊杰。宋太宗急于广罗人才补充空缺，辅佐政事。

太宗认识到人才的重要性。他说："国家选才，是最为紧要的事务，人君深居九重宫禁，怎么能知晓各地的事情，必须派官采访处理。"太宗自己亲自物色网罗人才，还令官吏举荐，也允许毛遂自荐。但最行之有效的方法，还是科举。太宗即位不久，就表示："朕要在科场当中广博地招求俊彦人才。不敢指望提拔十人能得五个，只要能有一二个，也可以成为治理天下的栋梁啊。"因此，宋太宗扩大科举录取的名额。

他在位二十多年，共举行科举考试八次，共录取了五千八百一十四名，是太祖一朝取士人数的十二倍多。宋太祖在位时，由进士登科的，一般是一次只有十名左右。仅有两次例外，一次是开宝六年（公元973年），因李昉录取人员时，徇私舞弊，取舍不当，太祖又在落第的人中选拔了一些，但也才三十五名，这是太祖取士最多的一次。

开宝八年（公元975年），太祖要为布衣百姓大开方便之门，广收人才，将录取人数加到三十名。这些与太宗录取的进士目比就相差太多了。太宗即位的第二年（公元977年），首次科举，就得河南吕蒙正以下一百零九人。又诏令礼部阅贡籍，得十五举以进士及诸科一百八十四人。几乎和太祖录取的进士总数相等。淳化三年（公元 992 年），太宗举行的最后一次科举，得汝阳孙何以下三百零二人。

太宗一朝，平均进士都在百人以上，这是历史上前所未有的。其他诸科，数量相差也非常悬殊。太祖时最多的一次是开宝六年（公元973 年），取诸科二十八人，后又取五经四人，开元礼七人，三礼三十八人，三传二十六人，三史三人，学究十八人，明法五人，共计一百二十九人。而太宗的第一次科举，取诸科就二百零七人，九经七人不合格，太宗怜惜他们年老，特赐同三传出身。而在雍熙二年（公元985 年），得诸科三百一十八人，两天后又收诸科三百零二人。淳化三年（公元 992 年）拔七百八十四人，一百八十人出身。为了更加详细地了解太宗科举取士的人数，太宗不但增加科举录取名额，而且对被录取者从优授予官职，升迁的也格外迅速。旧制被录取后尚未授官则不得解褐。太宗时，未授官就解褐。第一次科举录取的第一、第二等进士及九经，授官将作监丞、大理评事，通判诸州；同出身进士及诸科并送吏部免选，优等注拟。恩宠异常，历代还没有过。薛居正等人说："取人太多，用人太快。"

太宗正要兴盛文教，抑制武事，没有理睬薛居正的话。状元吕蒙正，授将作监丞，通判升州，两年后迁著作郎、直史馆，升为朝官，此后参知政事，又升任宰相。而太祖开宝八年（公元 975 年）状元王嗣宗，只授下州司寇参军，是从九品的小官；四年以后，才升迁为大理寺丞，只是一个京官，通判睦州。

太宗开科取士，又重用科举人才，使得人人都想从科举登上官宦仕途。许多有权有势的人家子弟便想方设法，投门钻空，要混挤进科举当中。考官有时也徇私舞弊，作奸弄巧。太宗为了保证科举质量，防止考官假公济私，把取士大权集中到自己手里，他下令严格考试纪律，改革科举制度。

第一，举行别头试。有关考官和地方长官的子弟亲戚参加考试，另设考场，另派其他官员考校，又简称别试。别头试在唐代曾实行过，但只限于礼部试，而且不是常制。雍熙二年（公元985年），太宗实行别试。同时，太宗下诏，严肃考试纪律："今后诸科一并规定人数，相参引试，分科隔坐，命官员巡察临门，谨慎地检视出入。有以文字来往和考官作弊的，依法处置；私自以经义相教的，斥出考场；伍保预知也连坐。进士加倍研究复试，贡举人也不能因为曾经参加过御试，不考就举荐。"

第二，采取糊名法。将卷首应考者姓名、籍贯等糊住，密封盖印，或索性截去，另编字号，不让阅卷人知道考生姓名，称为糊名。唐代制举和吏部考拔人才时，曾经一度实行过糊名法。后周广顺初年，赵上交主掌贡举，开始在礼部试行糊名法，但触犯了权贵王峻等人，不久罢废。太宗在淳化三年（公元992年）殿试开始命令糊名考校，以后成为定制沿用推广。

第三，锁宿以防请托。淳化三年，太宗命苏易简等同知贡举。苏易简等人受命以后，直接前往贡院工作，食宿也在贡院，称为锁宿。锁宿期间，不能离开贡院，防止、避免请托。以后便成了经常实行的制度。

太宗实行了这些措施，逐步完善了科举制度，吸引了更多的人读书应考。原来对政权观望、怀疑甚至敌对的地主文人也都相继改变态度，纷纷投身于科场之中。中考的，愿为宋朝效犬马之劳；落第的，希望下次能金榜题名，光宗耀祖。这样，到处都是读书应举的人。晁冲有一首《夜行诗》，形象地描绘这幅场景："老去功名意转疏，独骑瘦马取长途。孤村到晓犹灯火，知有人家夜读书。"

一些出身于社会下层和近乎破产的中小地主家庭的士人，与纨绔子弟不同，他们有些人才识卓著，体察民情，富于政治远见和革新精

神，称得上是栋梁之材。这些人一旦入仕做官，得到朝廷的重用，就竭诚尽力地为宋王朝服务。如布衣张齐贤，就多次上疏，力陈政事的得失，献计献策。他说："臣受陛下非常之恩，所以非常为报。"

太宗扩大科举，广开仕途之门，选拔了大量的杰出人才，活跃了政治舞台，扩大了赵宋政权的统治基础。但是，太宗时科举制度的扩大发展也带来一些问题。扩大科举录取名额，其中出现大量俊秀人才，也有许多容易而得，滥竽充数。从太平兴国年间，官员数目逐年增长，官僚机构庞大臃肿，人浮于事，财政紧张。后来成为宋朝的一个很重的负担。

太宗崇尚文治，科举取士都是注重文学、经史，同时，太宗注意思想文化方面的建设。太宗自幼喜爱读书，养成良好习惯。即位后，虽然连年亲自征伐，政务繁琐缠身，读书的习惯仍然没有改变。他曾多次对臣下说："朕没有别的爱好，只喜欢读书。"太宗读书非常勤奋，每天都安排一定的时间。上午，临朝听政，退朝以后，便拿起书本不放，到深夜才上床休息，五鼓鸡鸣就起来了。即使盛暑炎炎，也从不卧床。

太宗读书的目的非常明确，就是要实行文治，读书借鉴前代成败兴的经验教训。太宗说："教化的根本，治乱的源泉，假如没有书籍，效法什么呢？"太宗批评五代唐庄宗，说："唐庄宗可算得上百战取得中原，然而守文之道，也算是懵然无知啊。"

太宗读书，就是要从书中求得教化之本，取得历史借鉴。他强调读书必须深刻透彻，体味其中的道理。太宗经常援引史书和诸子的著作，与臣下议论过《老子》"佳兵不祥""治大国有犹烹小鲜"，楚文王在云梦打猎，三个月不返，贾谊指论时事，晋武帝沉溺内宠，唐太宗爱好虚名，五代诸君放纵逸乐，不怜恤士卒等很多问题。这些议论，都有益治道。

出于同样的认识，太宗对皇子、皇孙的读书问题也格外关心。太平兴国四年（公元979年），开始设置了皇子侍读，派左赞善大夫杨可法担任。八年，诸王及皇子府中又设置谘议、翊善、侍讲等官职，以著作佐郎姚坦、国子监博士邢昺等十人担任。雍熙二年（公元985年）五月，太宗任命毕士安等四人为诸王府记室参军。太宗勉励他们说："诸子生长在宫庭，不懂世务，必须仰赖良臣贤士教导为善，使他们每天都听闻忠孝的赞美。你们恭谨有德，所以选中你们，应该好好干。"

四年，邢昺献《分门礼选》二十卷，太宗对其中《文王世子》篇非常满意。因而问内侍说："邢昺为诸位亲王讲说，可曾讲到这些吗？"内侍回答说："诸王时常向邢昺访问经文大义，邢昺每当申明君臣父子之道，必定重复讲述。"太宗十分高兴，特地赏赐邢昺器用、钱币。

至道元年（公元995年）正月，太宗又命司门员外郎孙霁为皇侄、皇孙教授。姚坦做益王府翊善时，益王元杰每有过失，姚坦必定规谏，使益王很不满。太宗后来对姚坦说："卿在王宫被一郡小人嫉恨，非常不易。卿只管这样做，不要担忧谗言，朕绝不会听信。"许王元僖府的谘议、工部郎中赵令图，侍讲、库部员外郎阎象，因为辅导许王不好，被免官，削去两任。

太宗还时常劝导臣下，不忘看书，从中学习做官理政的道理。

太宗不仅喜爱读书，而且大规模地搜求图籍，收藏并编撰文史书籍。太宗说："千古治乱的大道，都在书中了。"拥有书籍，也就占有引导思想的工具；领会书中内容，也就获得治化的道理。"国家勤求古道，启迪教化之源，国朝的典章，都要靠书籍振举，遗编坠简，应该询问访求，要把国家治理好，这是必须做到的大事。"太宗是这样说的，也这样做了。

　　宋初沿袭唐代制度，设立昭文馆、集贤院和史馆，称为三馆。宋太祖建隆初年，三馆藏书只有几柜，仅一千三百多卷。太祖进行统一战争，降服一个割据政权后，就注意把他们的藏书运到京师，充实三馆，到太平兴国三年（公元978年），三馆藏书已达八万卷。皇家藏书，渐渐具有规模。

　　但是三馆从梁代起，建在环境杂乱的汴京右长庆门东北，仅仅有几十间小屋。狭隘低矮，潮湿破旧，旁边是周庐徼道，卫士巡卒，朝夕喧杂，诸儒每当受诏，有所论撰，都要到别的地方去，才能静心撰述完成。太宗即位不久，有一天到三馆视察，看到房屋陈旧不堪，设施太差，占地狭小，环境不雅，便对随从的大臣们说："这样简陋的地方，怎么能够蓄藏天下珍贵的图籍，延待四方贤俊杰士呢?!"稍后，太宗亲自绘制图样，命令有关部门，丈量左升龙门东北旧车辂院，另外兴建新馆。命令宫中使臣监督工程。

　　在施工期间，太宗一再亲临，关心工程的进展情况。太平兴国三年（公元978年）二月，新馆建成完工，坐南朝北，建筑壮丽，甚至超过了毗邻的皇宫内庭的所有建筑。院中敞园圃，杂植花木，引水灌溉，环境极其优美。太宗验收时，感到十分满意，决定将三者合并为一，赐名崇文院。其中的含义不言而喻，切中正旨。把旧馆中的书籍全部充实到崇文院，正副本共八万卷。太宗亲临崇文院视察、观书，并令亲王、宰相，检阅问难。又召降王刘鋹、李煜前来观看。

　　太宗对李煜说："听说你在江南爱好读书，这里边的书籍简册，有很多你的旧物，最近还坚持读书吗?"李煜顿首说："没有兴趣了。早就不再读书了。"说着，眼中竟泛起闪闪泪光，急忙掩饰过去。太宗在中堂赐宴饮酒，李煜大醉而归。

　　后来，宋太宗发现崇文院藏书，比起唐代国家藏书，遗佚的还很多。雍熙元年（公元984年）正月，太宗命令三馆以《开元四库书目》为依据，列出院中所缺不备的书籍的书目，向天下征集遗书，奖励民间捐献。

当时公告：捐献书籍在三百卷以上的，朝廷量才录用；所捐书籍不满三百卷的，按卷数多寡分别给以优厚的赏赐；不愿将书籍捐献给官府的，官府抄录后归还原书。朝廷又派遣使者到各道购募古书、奇画以及先贤墨迹。到京城献书给朝廷的人不计其数，而使者在各地所收购得到的书籍又几倍于上京奉献的。

除了书籍外，还有字画，如张旭草书，韩干画马，唐明皇所书道林寺、王乔观碑，宋之问书龙鸣寺碑，王羲之、王献之、桓温等二十八家石版书迹，钟繇、王羲之、褚遂良、欧阳询等人的墨迹。自此以后，散在各地的图籍书画都汇聚到崇文院。后来，太宗又一次派人到江南购募图籍。那已经是至道元年的事了。有偿征集民间书籍的政策，收到良好的效果。

端拱元年（公元 988 年）五月，太宗又命在崇文院中堂建造秘阁，分三馆的书籍一万多卷，充实其中，命令吏部侍郎李至兼秘书监，右司谏、直史馆宋泌兼直秘阁，右赞善大夫、史馆检讨杜镐为校理。这时崇文院东部的昭文馆拥有两个书库，南面的集贤院也有两个书库，位于西边的史馆有四个书库，秘阁中仅一个书库。

淳化三年（公元 992 年）五月，太宗又下诏增修秘阁。八月，新修秘阁建成。秘阁的建筑更加雄伟。阁下穹隆高敞，相传叫作木天。太宗亲自题写了"秘阁"二字，作为匾额，仍旧召宰相、枢密使与近臣前往观看，在阁下设宴，直馆阁官都参加，太宗又赐诗助兴，赞美秘阁。九月，太宗又亲临秘阁观书，赐从臣直馆阁宫宴饮。然后，又召马步军都虞侯傅潜、殿前都指挥使戴兴等人宴饮，纵观群书。太宗是想让武将知道文儒的盛况。

三馆和秘阁并列，合称馆阁。淳化元年（公元 990 年）以前，已

经设置了直史馆。这一年，太宗又令人分直昭文馆与集贤院，于是馆阁之职基本齐备。太宗时奠定了宋代馆阁制度的基础，太宗以后又增设龙图、天章等阁，馆阁机构扩大。馆阁之职除直馆、直院、直阁以外，还有修撰、检讨、校勘、校理等，通称馆职。

馆阁是一个具有多种职能的文化机构。既是藏书的场所，又供给皇帝及官员阅览，校勘古籍，编辑类书，撰述新作，还有一个重要职能，是为国家培养高级人才。馆阁之职，号为育才之地。宋代名臣将相，大多出于馆阁。这里收藏丰富完备，集天下图籍的大成，上自文籍之初、六经传记、百家之说、翰林学士文章，下至医药占卜、禁忌咒语、神仙鬼怪、浮图佛学、异域言论，无所不有，号称书林。

学士们在这里能得到必需的充足的知识。馆阁学士不但知识渊博，而且是具有一定行政实践经验的俊才。学士大多是科举及第的高才生，进士的前三名与制科及第的，在担任一任官职后；进士及第的第四、五名，在担任两任官职后；大臣举荐的人才以及历任繁难职务并取得成就的官员。馆阁学士地位重要，允许参与国家重大典礼政事的讨论，待遇丰厚，是政府选拔高级官员的对象。

太宗对待这些馆阁学士非常尊崇，给予很高的礼遇和奖励。淳化四年（公元993年）五月，张洎入翰林，太宗对近臣说："学士这个职位，清切贵重，不是其他官职能比拟的，朕常常恨不能做一个学士。"五月，太宗任命张洎、钱若水为学士，他们入翰林院那天，太宗特命教坊设杂手伎、跳丸、藏珠等游戏，并诏令枢密直学士吕端、刘昌言和知制诰柴成务参加。十一月，武宁节度使曹彬来朝，太宗在长春殿设宴，命翰林学士钱若水、枢密直学士张咏参加。

另外，太宗设立赏花钓鱼曲宴，首次举行是在雍熙二年（公元985年）四月二日。这天，太宗召辅臣、三司使、翰林、枢密直学士、尚书省四品、两省五品以上、三馆学士，在后苑设宴，赏花钓鱼，张乐赐饮，命群臣赋诗、习射，从此每年都举行。这里把翰林、三馆学士与宰辅枢密等执政大臣并列。到淳化元年（公元990年），参加宴会的人员，又扩大到集贤、秘阁校理。这些人俸禄优厚。至于临时的奖励，就更多了。

淳化元年，秘书监李至、右仆射李昉、吏部尚书宋白、左散骑常侍徐铉及翰林学士、各曹侍郎、给事、谏议、舍人等都去秘阁观书，太宗知道后，特地派使臣到秘阁赐宴，把珍贵图籍摆出许多，让群臣尽情观览。

第二天，又诏令御史中丞王化基及三馆学士，尽情观览，同样赐宴，太宗还作诗赏赐给他们。淳化二年（公元991年），翰林学士承旨苏易简，献他修撰的《续翰林志》二卷，太宗特赐诗二首，在纸的末尾还格外批示："诗意是赞美卿居住在清华之地啊。"苏易简请求太宗，允许他把赐诗刻石，昭示后世。太宗又重新用真、草、行三种体书写了那两首赐诗，命待诏吴文赏负责刻石，并且遍赐群臣。此后，又飞白书"玉堂之署"四个大字，作为大厅的匾额。这件事成为翰林的一段美谈佳话。

太宗不仅恩遇馆阁侍从，对儒臣学官也十分尊重。端拱元年（公元988年），太宗幸国子监拜谒文宣王孔子，正好博士李觉聚徒讲书。太宗命李觉讲解《周易》的《泰卦》，李觉另外设座，随太宗的大臣都列坐听讲。李觉旁征博引，侃侃而谈。大意是说《泰卦》讲述天地感通，君臣相应。太宗听后，心中大悦，赏赐李觉帛百匹。

第二天，太宗对宰相赵普说："昨天听李觉讲《泰卦》，文义深刻奥妙，值得鉴戒，应当与卿等共同遵守。"淳化五年（公元994年），太宗幸国子监，赐直讲孙爽五品服，命他讲解《尚书·说命》三篇，当讲到"建立事业不效法古训，能长治久安的，傅说没有听说过"的时候，太宗深受感动，又赏赐孙爽束帛。

至道元年（公元 995 年），任命尚书左丞李至、礼部侍郎李沆兼做太子宾客，与太子相见，如同师傅的礼节。太子见，必须先拜两人，有行动都要向两人咨询。李至等人上表，恳请免去这种礼仪，太宗没有答应。

第二十八章

编撰类书整理典籍　治理化民尊重儒学

　　太宗在修建馆阁，优待学士儒臣，大量搜求图书的同时，还组织一批人大规模地编纂了几部大型类书，校勘整理了一些典籍。

　　太宗读前代类书，觉得这些书门目纷杂，伦次紊乱。太平兴国二年（公元977年）三月，命李昉、扈蒙、李穆、汤悦、徐铉、张泊、李克勤、宋白、陈鄂、徐用宾、吴淑、舒雅、吕文仲、阮思道等人，以《修文御览》《艺文类聚》《文思博要》等前代类书为蓝本，分门别类，编为千卷。后来，李克勤、徐用宾、阮思道改为别的官职，王克贞、董淳、赵邻几又参加进来。

　　太平兴国八年（公元983年）十二月，此书修成，起初书名称为《太平总类》。太宗决定一年读完，每天看三卷，因此不久，太宗下诏说："史馆新编纂的《太平总类》一千卷，包括群书，指掌千古，颇值得深夜阅览。何止是藏之名山的好书，要用一个美好的名称，传留后人。可改名为《太平御览》。"这部书共分五十五部，符合《易·系辞》上所说的天地之数五百五十部下又分类，共五千四百二十六类，有些类中又有附类六十，共五千三百六十三类，引用书籍多达两千五百七十九种。《太平御览》是现存古代类书中保存五代以前文献最多的一部，是古籍校勘和辑佚必需的一部类书。

　　在《太平御览》即将完成的前一个月，太宗设立侍读官，下诏

"每天进献三卷，朕要亲自阅览"。宰相宋琪等人劝阻说："时间短暂，陛下每天要看三卷，恐怕圣体疲倦。"太宗却说：'朕生性喜爱读书，开卷有益，不觉疲劳。这部书一千卷，朕准备用一年时间读完，想到学者读书破万卷，也就算不上疲劳了。"十二月二十七日，太宗在禁中读书，从上午十时一直到下午四时，才停止。有时因为事情耽误了，也必定在空闲的时候追补上，终于在一年的时间内，把这部千卷大书了一遍，而且读得非常投入用心，凡是那些可以指导风化的旧事，太宗都能记住，在接见近臣的时候，就禁不住援引谈论，劝诫臣下。

后人美化太宗读书，传说在太宗读这部书的时候，一打开书卷，就有一只白色的鹤飞来，停在大殿的鸱尾上，静静地陪着他读，一声不鸣，怕惊扰了太宗，等到太宗掩卷时飞走，每天如此。

与此同时，太宗又认为稗官小说，也有可以采用的地方，命令李昉等人采野史、传记、故事、小说，编为五百卷，三年成书，赐名《太平广记》。全书分为九十二大类，又分一百五十多个小类，分别将汉晋到宋初的小说、笔记、野史照原文节选编入，篇幅不大的往往全文收编；共引书四百七十五种，称得上是小说家的渊海。这些被引用的书籍，原书大半散佚，靠《太平广记》得以保存，今本残缺的错误的地方，也可以参照《太平广记》，加以辑补、校订。

太平兴国七年（公元982年）九月，当编修《太平御览》的工作将近完成的时候，由于各家文集，数量实在太繁多，虽然各有所长，也不免榛芜相间，良莠不齐，太宗又决定继梁昭明太子编《文选》之后，续修诸家总集。于是，太宗从《太平御览》编修官员中，抽出李昉、扈蒙、徐铉、宋白等将近一半的人力，再加上贾黄中、吕蒙正、李至、杨微之、李苑、杨砺、胡订、战贻庆、杜镐等人，组成编文集的班子。

后来，吕蒙正等十人改领别的职务，又命苏易简、王祐、范杲、宋泹等人加入，先后共二十多人。到雍熙三年（公元 986 年）十二月，修成《文苑英华》一千卷。上起萧梁，下到后周的作品，精心加以铨选，择录作家二千二百人，作品两万篇，分别编入赋、诗、歌行、杂文、中书制诰等三十八类中，绝大部分是唐人的作品，称得上是著作的总汇。这部书体裁兼备，内容广博，深受当时和后世的欢迎。太宗死后，真宗继承了这一事业，又命王钦若、杨忆编缉《册府元龟》。

太平兴国六年（公元 981）十月，贾黄中与各位医工杂取历代医方，共同加以研究校正。每一科完毕之后，便进献给太宗，仍令中黄门一人专掌此事。十二月，太宗下诏："各州士人庶民，家中有收藏医书的，可以送交官府。愿意到京师献书的，可以乘驿传，沿途各县依次供给食宿。按照献书的卷数多少，从优赏赐钱帛。二百卷以上的授予出身。已经做官的，提升官秩。"不久，徐州平民张成象献一医书，补为翰林医学。这样一来，献医书的越来越多。

雍熙四年（公元 987 年）十月，翰林学士贾黄中等人终于编成《神医普救方》一千卷。太宗命令印刷发行，赏赐贾黄中等人。但这样一千卷的大书，难以在民间流行。太宗又令医官采集成方，由王怀隐等人编成《太平圣惠方》一百卷。书成之后，淳化三年（公元 992 年）五月，以印本《圣惠方》颁行天下，每州选出一个精通医术的人担任医博士，掌管这部书，又允许官民前来抄写。这样大规模地整理编撰医书，在历史上也是罕见。

端拱元年（公元 988 年）三月，太宗命孔维等人分校孔颖达《五经正义》，淳化五年（公元 1994 年）五月校完进献。同年，参与校勘工作的判园子监李至上言说："五经书疏已经雕版印行。只有二传、二礼、《孝经》《论语》《尔雅》七经疏没有齐备，岂不是没有完成仁君垂训的旨意。直讲崔颐正、孙奭、崔佺俭都励精强学，博通精义，希望令他们重新加以校雠，以备刊刻发行。"太宗批准，后又引吴淑、舒雅、杜镐检正讹谬，李至与李沆总领裁决处置。

淳化五年（公元 994 年）七月，太宗下诏："选官分别校正《史记》、前后《汉书》。由杜镐、舒雅、吴淑等校《史记》，朱昂再校；陈充、阮思道等校前后《汉书》。校完之后，派内侍裴愈到杭州刻版印刷。"

太宗注重历史的借鉴，对史书的编修工作也便十分用心。史官记事，主要的依据有四种。一是时政记，记载的是执政大臣朝夕议政，君臣之间的对话。二是起居注，左右史记载皇帝的言行。三是日历，依据时政记和起居注，加以润色而成。四是臣僚墓碑行状，是臣僚家人编记呈上的。墓碑行状大多溢美之辞，史料价值不如前三种。历代皇帝实录主要是依据时政记、起居注和日历。

宋太祖曾经诏令卢多逊录时政，每月送交史馆，卢没能完成。到太宗太平兴国八年（公元 983 年）八月，右补缺、直史馆胡旦说："自唐以来，中书、枢密院都写《时政记》每月编修送史馆。后周显德年间，宰相李谷又奏请设置内庭日历。此后因循废缺，史臣没有记事撰集的凭据。希望令枢密院依旧置备内庭日历，委派文臣任副使，与学士轮流记录，按月送史馆。"

太宗采纳胡旦的建议，下诏说："今后军国政要，一并委派参知政事李昉撰录，枢密院令副使一人纂集，每一季度送史馆。"李昉请求把修好的《时政记》，每月先送给皇帝看，然后再交付史馆。太宗很高兴地同意了。《时政记》要先拿给皇帝看，是从李昉开始的。

淳化五年（公元 994 年），史馆修撰、虞部郎中张佖建议恢复设置左右史的官职。张佖进言说："圣朝编年，叫作日历，只记报状，略叙敕文。至于圣政嘉言，皇猷美事，群臣的忠邪善恶，事务的沿革弛张，没有一条条地记下来，怎么来修国史呢！请设置起居院，恢复左右史的官职，来记录《起居注》，与《时政记》每月终结送交史馆，用来编修《日历》。"太宗看了张佖的奏章，很高兴地同意了，还嘉奖了张佖。

于是太宗在禁中设置起居院，任命梁周翰与李宗谔分领左右史的职务。梁周翰为起居郎（右史），李宗谔为起居舍人（左史），编修《起居注》。梁周翰又向太宗进言说："今后皇帝临朝问事，凡是属于皇帝宣谕的言论，侍臣论次评定的事情，依照旧例由中书撰写成《时政记》。

因枢密院的事情涉及机密，令枢密院自行编纂，每月月底，送交史馆。其余如封爵拜官，任官改派、事务沿革、制度设置等事，全部分条呈送，以备编录采用。仍然由起居郎与中书舍人在崇政殿分别值班，记载君臣们的言论和行动，另写成《起居注》，送交皇帝阅览后，再交付史馆。"《起居注》要交由皇帝阅览，是从梁周翰的上书获准后开始的。

太宗即位以后，令扈蒙、李昉等人编修《太祖实录》。修成以后，太宗不满意，对宰相说："太祖一朝的事情，和现在耳目相接，应该很清楚完备。可是修成的《太祖实录》中，缺漏太多，应该会集史官重新修撰。"苏易简说："近日委派学士扈蒙编修国史，扈蒙生性懦怯，畏惧权势，多有回避，实在不是一个直笔！"

太宗说："史臣的职责，本来就是要善恶都写下来，不能有什么曲隐。从前唐玄宗要焚烧武后的史书，左右大臣认为行不得，留下来使后代知道，足够作为鉴戒了。"太宗接着又说："太祖受命之际，并非是预先谋略策划得来的。以往曹操、司马懿，都是几十年窥视神器，先邀九赐，到了改朝换代，才有传禅的事。太祖为周室尽心尽力，中外都知道。登基大宝，并非有意的。当时的前后始终，史官记载的，太缺略了，应该命令顾至等人另外加以补缀编辑。"于是又命令吏部侍郎兼秘书监李至、翰林学士张洎、史馆修撰张佖、范杲同修国史。

李至、张佖接到任命后不久，便托词不干，太宗改令素无操检的宋白和巧于逢迎的张洎重修。

太宗认迟到宋初历史的记载与后世人对他的评价大有关系，他曾说过："为君为臣，做一件恶事，简册记载下来，万世不灭，能不戒备吗！"《时政记》《起居注》在送交史馆前，都要先经太宗审阅，《太祖实录》的编修，也令太宗不满。他对编纂宋初史料的亲自干预，难免使史臣对某些历史事件的叙述有所回避。太宗注意史籍的修撰，给后人提供了研究宋初历史的重要资料，但他的干预，又可能使史臣不敢秉笔直书，史料失真，难以全部真实。

太宗除了指示馆阁工作，还在文字学的研究上颇有成就。太宗指示整理前人的文字学著作，太平兴国二年（公元977年），命陈鄂等五人共同详加审定《玉篇》《切韵》。对于许慎的《说文解字》，太宗认为该书在流传中发生谬误，使得学者无所依据，于是命徐铉、句中正等人重加校雠。雍熙三年（公元986年）十一月，徐铉等人献上新定《说文》三十卷。凡是经典相承传写以及时俗常用，而《说文》没有载录的，都加以附录。这本新定《说文》，一直流传至今，为研究文字学的必读书目。杭州儒生吴铉曾经重定过《切韵》。他乘着参加殿试的机会，把这本书献给了太宗。书中收了很多吴音，增加了几千俗字，是一部有特色的著作。

此书流传后，礼部因为应试举人采用书中的吴韵作答，影响考试，竭力反对，太宗只好作出禁毁的决定，但仍然很器重吴铉。太宗认为编字书就应当收入俗字。太宗还创造有声无文的新字。他曾对句中正说："卿深通文字学，凡字有声无文的有多少？"句中正退朝后，将这方面的成果整理成一卷，献给太宗。太宗读后说："朕也得出二十几个字，可以一并录下来。"太宗还命令句中正与吴铉等人编撰新作《雍熙广韵》。这本书不久就编成，有一百多卷。太宗读后很满意，给予他们优厚的奖励。

太宗即位后，一心想做一个太平天子，建立像唐太宗"贞观之治"那样辉煌的太平盛世。他一生勤奋读书执政，强调君臣同心，民众教化，重视史鉴，礼接群臣，实行仁政。他是以儒家思想作为治国理民的指导思想的。太宗继位后，几次临幸文宣王孔子庙，礼敬孔子与其他儒学大师，又命令各州搜求先贤笔迹图画。

太平兴国三年（公元978年），司农寺丞孔宜在星子县任知县期满回京，向太宗献上他做的文章。太宗召见孔宜，问他孔子的世嗣，提拔为右赞善大夫，袭封文宣公，下诏免除他家的租税。孔氏因为是圣人的后代，历朝历代都不征收租调。周显德年间派使臣均田，把孔氏家族贬抑为一般编户。太宗尊崇孔子，特地命令免去租税。

这年的科举，太宗在殿试时加论一首。从此以后，根据经史出题的论，不仅与诗赋同为进士科考试的内容，而且地位渐渐提高。以经史命题的论，既可以了解举子注重实际和对国家大事的见解及解决办法，又能检验他们儒学素养和品德性情。其实太宗是以儒家思想来指导皇帝与士大夫的修身、齐家、治国、平天下活动。

太宗还让人校整儒家经典《五经正义》。雍熙四年（公元987年）四月，邢昺进献《分门礼选》，太宗对其中《文王世子》欣喜异常。这些礼书都体现儒家的君臣父子夫妇兄弟朋友之道。太宗更加推崇《孝经》。认为孝是一切行为的根本。他又注重将：礼教推广到边远地区。一天，太宗阅读《管邕杂记》，得知岭南各州的风俗不同于中原地区，于是命令该地官吏要对老百姓激励引导，使他们在嫁娶、丧葬、衣服制度上，与中原相一致，合乎礼仪。

太宗注重以孝治天下。太宗下诏说："京官、幕职、州县官有父母病忧的，允许离任，常参官奏闻待报。"太宗对近臣说："孝是人伦的重要感情。古代，人们三年守坟墓，现在臣僚子弟祖父死了，有的加以录用，是想继续他的后嗣。然而有不等百日就来朝的，朕每当看到这种情况，心中不忍。"赵昌言说："陛下这样说，实在是使风俗敦厚纯朴啊。"

于是太宗又下诏："文武百官子孙，因父兄死亡而被录用的，不满百日，不得到公家任职，令御史台专门纠察。还有冒充哀亡要求做官，然后就脱下孝服喜笑颜开的，报上名来，加以惩治。"贾黄中清廉有节，太宗对左右说："贾黄中的母亲有贤德，已经七十岁了，还看不出衰老，每当与她讲话，思维很明白敏锐。贾黄中终日忧虑谨畏，一定先于他的母亲老去。"太宗又对苏易简说："你的母亲也是这样。自古贤妇人不可多得啊。"苏易简说："陛下孝治天下，重人亲情。臣是什么样的人，让老母备受圣奖！这是人子的荣耀啊。"

太宗还多次旌赏民间几代大家庭同堂居住的。贝州清河县农民田祚十世同堂，太宗下诏旌表，免除一年租税。江州德安县民陈竞，十四世同堂，老少一千二百多口，常常苦于粮食不足。太宗下令每年向官府借米二千石。太宗还下诏赏赐京城的老寿星绢帛。上百岁的，加赐涂金带。

在治理化民中，太宗倚重儒术，同时也配合佛道两教。为了平息"烛影斧声"的流言，太宗与亲信王继恩，通过道士张守真编造"翊神"显灵，指示太祖传位太宗的一系列神话，证明自己的帝位是天定的。后来在终南山建造上清太平宫，命崇元大师张守真主持，供奉被他封为将军的翊神。此后，每逢有军国大事和自然灾害，太宗都要派官员前往祭祀。然而，太宗绝不让道士染指政治实践，他对道教除要利用它的神灵证明自己享有天命之外，绝对不需要道教的神秘与迷信，而是要求世俗儒家化。

太宗好读道家经典《老子》，曾多次与吕蒙正等人谈到黄老思想。有一次，太宗听说汴河运粮的士卒有私自买卖的，对侍臣说："只要不妨碍公家，不必追究。"吕蒙正说："水清到极点，就没有鱼了；人太过于明察，就没有朋友了。若以大度兼容，那么万事都能解决。曹参不侵扰刑狱，穷追不舍，奸恶就没有地方容身了，所以谨慎不扰。陛下所说，正合于黄老之道。"

太宗曾说："治理国家，要宽猛适中，过宽，政令不能推行；过猛，人民手足无措。"吕蒙正说："《老子》说'治大国如烹小鲜'，即或是烹调小鱼，如果干扰它，也会弄碎的。近日朝廷内外密封上奏，请求变更制度的人很多，望陛下逐渐推行清静无为的教化。"在太宗晚年，对国防等工作采取消极防御，搞了一些清静无为的消极做法。但从总体上看，太宗的言行还是以儒家宣扬的思想主张为奋斗目标的。对于佛教，太宗也是有节制地奉行。早在太祖开宝四年（公元971年）开始雕印的《大藏经》，到太宗太平兴国八年（公元983）才完成，经文达六百五十三峡，六千六百二十多卷。这是我国雕印全部藏经的开始。它的印本，成为后来我国一切官私刻藏以及高丽、日本刻藏的共同蓝本。太宗恢复了唐元和年间以来中断的翻译佛经的工作。

太平兴国三年（公元978）三月，开宝寺僧继从等，从"西天"取梵夹经，进献朝廷。当时又有精通汉语的梵僧天息灾、法天等人在京师。太宗便有意让他们翻译佛经。于是命中使郑守约，在太平兴国寺大殿西侧建造译经院。七年（公元982）六月建成，第二年改译经院为传法院，又设置印经院。七月，把禁中收藏的所有梵夹经取出，让天息灾等人查找藏录当中没有记载的都翻译成汉文。挑选梵学僧人法进、常谨、清沼等人笔录缀文，由光禄卿汤悦、兵部员外郎张洎加以润色，殿直刘素为都监，举行隆重的译经仪式，规定从定座位到润色文字的九道翻经程序。

为了补充译经人才，八年（公元983年）十月，太宗又令选择童子五十人，到译经院学习梵学梵字。自撰莲华心改文偈颂十部二百五

十卷。雍熙元年（公元984年）九月下诏："今后新译经论，一并刊版摹印，广泛流布。"二年（公元985年）十月，太宗又亲自撰写了《新译三藏圣教序》，放在经文前面。太宗还诏令号称"律虎"的律宗大师赞宁编修《大宋高僧传》，从太平兴国七年（公元982年）到端拱元年（公元988年）完成，全书三十卷，上接唐朝释道宣的《续传》，下到宋太宗雍熙四年（公元987年）。正传和附传共收六百多人，十分之九是唐朝僧人，是研究唐代佛教史特别是禅宗史的重要依据。

太宗奉佛，但不狂妄地迷信。他说："浮屠氏之教对政治有所裨益，明达的人自然会体悟到它的深奥，愚昧的人只能产生误解。朕对此道，稍能研究它的宗旨。保存佛教，并非是沉溺在其中。"太宗对佛教存而不溺，只是利用它。臣下抨击太宗奉佛，太宗也能容忍。太宗曾敕令建造开宝寺塔，用以存放佛家舍利。

竣工之后，知制诰田锡对太宗说："众人以为金碧辉煌，臣以为是涂膏衅血。"太宗笑而不言，并不生气。他奉行佛教，确实导致寺院以及僧人的增多。太宗认识到这种现象，心中产生警惕。有一次，泉州上奏，太宗说："古时候，一人耕种，三人食用，还有遭受饥饿的。现在已经要二十人食用了。东南风俗，连村跨邑的人都去当僧人，大概是懒得耕种，到寺院逃避徭役罢了。泉州上奏说，没有剃度当僧尼的有四千多人，而已经剃度了的有好几万人，实在令人惊骇。"

于是太宗下令，不得增加寺观。有一年，江东有个僧人到京师，向太宗请求修建天台山国清寺。僧人许下诺言说："如果寺修成，愿意焚身报答皇恩！"太宗答应了，命令内侍卫绍钦监督工程，临行前对他说："他该了的事了结了再回来。"卫绍钦会心一笑，与僧人一同前往天台山。

不久，国清寺修建完工。卫绍钦在寺前堆起高高的柴山，点燃之后，火势熊熊，风卷着火舌和烟尘，盘旋直上，炙烤得人们纷纷后退。卫绍钦命人催促那个僧人，起快焚身，实践诺言。僧人看着熊熊烈火，发出阵阵哀鸣。他挣脱士兵，大声向卫绍钦乞求："我要回京师当面向皇帝道谢，然后再自焚。"卫绍钦不禁大怒。用叉把僧人挑起来扔进烈焰当中，只见僧人在火中悲号挣扎着，浑身立即燃烧起来，一会儿便被烧死了。卫绍钦回归京师，对太宗说："臣已经了事了。"太宗笑着点点头。

太宗利用佛道，但是不会沉迷，有一年，他拿着新翻译出来的五卷佛经给宰相看。说："凡是做人君的，治人利物，就是修行，梁武帝舍身做寺院家奴，这真是太痴迷佛教了！"太宗严厉防止佛道渗入政治，他严禁还俗的僧道参加科举考试，以便防止他们成为政府官员后，把佛道风度带进官场。为此，太宗对宰相说："近来场屋混淆，常听说有僧道还俗参加科举的。这种人不能专一科教，可查验他们的德行。以后如果做官，一定不是廉洁的人。进士首先必须精通经义，遵守周公孔子的教导。如果只练习肤浅文章，不是务本的方法。现在要切戒这一点。"后来，太宗下令各州，禁止还俗僧道参加科举考试。太宗的治国原则是周孔之教，儒家思想。用来治国的人才必须是儒生。即使太宗要实现佛道清静无为，借助的也是儒生，而不是僧道。

太宗在统一中原之后，实行抑武扬文政策，崇尚文治，发展了科举，使宋朝的文化事业走向繁荣昌盛，为后人留下了丰富宝贵的典籍。文化上的建树是宋太宗对历史的最大贡献，直到今天，我们研究中国古代的历史、哲学、宗教、文学、艺术、语言，文字等，都离不开宋人劳动的成果。宋太宗勤奋读书的精神，对知识的尊重，以及在大规模的修书过程中表现出来的魄力和气度，都值得称道。在他的提倡下，儒学在宋代得到兴盛，促进和丰富了中国传统文化的繁荣。

第二十九章

琴棋书画样样精通　多才多艺温文尔雅

　　宋太宗自幼热爱读书，废寝忘食。即使做了皇帝，在行军打仗中，在朝政繁务中，一直没有离开手中的书本。这是他在统一中原后，崇尚文治的基础。宋太宗勤奋读书，知识丰富。诗词歌赋、琴棋书画样样精通。受书本的陶冶，他感情细腻，温文儒雅，是一个多才多艺、风流倜傥的皇帝。

　　太宗嗜书如命，每天都要有一定的时间来读书，雷打不动。如果有急事，事后必定找机会弥补上。他一年就把一千卷的大型类书《太平御览》读完，每天就看三卷。乐在其中，大臣怕他太累了，他一点也不觉得，臣民要是送他一本好书，比给他什么都强。高兴了，大量赏赐，说不定会赏一个官做。所以许多人投其所好，献书求官做，往往还能实现。对于好读书的人，太宗也觉得亲近，提拔他们做官。张泊文采清丽，巧于逢迎，始终得到太宗的喜爱。文学儒士在朝廷中都受到太宗的恩遇优礼。

　　太宗的诗赋作得很好，他经常吟诗作对，赏赐给臣下，表示恩宠。有一次赐诗给张齐贤的母亲："往日贫儒母，年高寿太平。齐贤行孝时，神理甚分明。"太宗体恤民情，深知稼穑的艰辛，他对皇子们说："每穿一件新衣，都要怜悯养蚕农妇；每食一顿美餐，就应顾念耕种农夫。"为此，太宗特地作了一首《稼穑诗》，赐给皇子亲王，以及各位大臣，让他们衣食饱暖的时候，不要忘了衣食来之不易，要节约俭省，不可奢侈浪费。太宗还经常触景生情，诗兴大发。他喜欢热闹，尤其喜欢和文人们在一起。太宗亲自选拔词臣，科举考试也有诗词的内容。

太宗经常在宫中后苑举行赏花钓鱼宴。被召请参加宴会的，大多是当朝宰执重臣和翰林、馆阁的众位学士。这些人都满腹经纶，诗词精致。在宴会上，气氛总是非常活跃。文人相聚，也很讲究情调，太宗的后苑建造得格外别致，楼阁台榭，小桥流水，遍地植满了各种奇花异草，还有一潭清澈明净的鱼塘，里边许多名贵奇异的金鱼，自由地游来游去。后苑中香气氤氲，芳香馥郁，令人心旷神怡，神清气爽。太宗与文人学士们在这种优雅的环境中，赏花钓鱼，在美妙的乐声中饮啜着上好的醇酒，品尝着天下珍馐美味。人人兴致高涨，文思如泉，汩汩而出。

有一次，太宗在后苑举行赏花宴，邀请各位词臣。而杨亿没有被邀，心中很不高兴，作诗一首，送给馆阁学士们看，诗写道："闻带宫花满鬓红，上林丝管侍重瞳。蓬莱咫尺无因到，始信仙凡迥不同。"馆阁各位学士们不敢藏匿这首诗，就把它呈交给太宗。太宗看后，立即召见有关人员，责问他们为什么没有召请杨亿参加宴会，左右臣下说："因为他没有帖职，依照旧例，不能参与。"太宗一听，说："这还不好办，命他直集贤院好了。"杨亿要来谢恩，太宗说免了，让他参加晚宴，一时荣耀显赫。

赏花钓鱼宴，起初三馆当中只与直馆参加，校理以下赋诗而退。李宗谔担任校理时，感到很遗憾，作诗说："戴了宫花赋了诗，不容重见赭黄衣。无程却出宫门去，还似当年下第时。"觉得身为馆阁学士，却不能在宴会上落座，百无聊赖，从宴会上赋诗之后退出宫来，而别人却仍能和皇帝尽兴唱和吟对，觥筹交错，溢美流光，丝竹管弦，不绝如缕，感觉沉重的失落，就像科举名落孙山时的心情，沮丧郁闷。这首诗后来被太宗听到了，体味诗中的冷落之情，深受感动。当即召令李宗谔赴宴，亲自与他吟诗作对，赏赐他美酒佳肴。从此，校理以下也得以参加宴饮。

吕蒙正是太宗即位后第一次科举的状元。他的诗赋很得太宗欣赏。在他来京参加考试的途中，路过一座县城，胡旦跟随父亲，掌管这一个县城，对待吕蒙正非常不屑一顾。宾客有人赞誉吕蒙正诗作得好，胡旦问："有什么好诗句吗？"宾阁举出一篇，最后一句说："挑尽寒灯梦不成。"胡旦笑着说："不过是一个瞌睡汉罢了，徒有盛名。"吕蒙正听到后，愤恨离去。第二年，吕蒙正高中状元，派人捎话给胡旦说："瞌睡汉状元及第了。"胡旦说："等我明年第二人及第，输君一筹。"第二年，胡旦果然也中状元榜。

吕端五十六岁时，还只是个太常丞。寇准几次向太宗保奏他："吕端不是一个平常人，这些年渐渐显老了。"太宗说："朕知道这个人，是世家子弟，能大口喝酒，大口吃肉，此外他还能干些什么？"寇准为参知政事，吕端有一天等候寇准多时，探者说："参政才刚洗脸。"吕端回头对随从说："我们的马喂饱了吗？再等下去会饿了吧。"

有一次，吕端奉命出使高丽，遇到风浪，船帆桅杆折损，船工非常惊恐，吕端却泰然自若，手拿书本，聚精会神，像坐在书斋里一样。当时，宰相吕蒙正向太宗恳请告老退休，太宗在后苑没宴，作钓鱼诗，单独赐给吕端一章，诗作："欲饵金钩深未到，磻溪须问钓鱼人。"太宗的意思已经在诗中表达得十分明确，想让吕端来当宰相，吕端当即领会，和诗一首说："愚臣钩直难堪用，宜问濠梁结纲人。"吕蒙正退休后，吕端果然升任宰相。太宗说他："吕端小事糊涂，大事不糊涂。"后来果然是这样。

宰相李昉也有诗才，他做宰相时，常常赋诗饮酒。他作诗仰慕白居易诗的深入浅出。李昉的府邸中有园林，畜养五禽，都起名带有"客"的称呼。白鹇叫闲客，鹭叫雪客，鹤叫仙客，孔雀叫南客，鹦鹉叫陇客。李昉各自为它们作诗一首，还画成客图，传给好事者赏阅。李昉任参知政事的时候，太宗有一天问侍臣说："朕比唐太宗怎么样？"左右都赞美说："比唐太宗更贤明。"

唯独李昉沉默无言，低声吟诵白居易《七德舞词》："怨女三千放出宫，死囚四百来归狱。"太宗立即醒悟说："朕不如他，朕不如他，卿的话警醒朕啊！"李昉召集羡慕白居易的西京九老聚会，得宋琪等八人，都七十多岁。

侍讲杨徽之在太祖时就以诗闻名。太宗知道他的诗名，索要他的著作。杨徽之献上一百篇，又作诗一首，感谢太宗的赏识。诗的最后一句是："少年牢落今何幸，叨遇君王问姓名。"太宗也和诗一首，赐给杨徽之，并对近臣说："徽之文雅可尚，操履端正。"于是拜杨徽之为礼部侍郎，选取他诗作中的十联，写在太宗御用屏风上，作为装饰。另一位以诗出名的学士梁周翰用诗向杨徽之祝贺："谁似金华杨学士？十联诗在御屏中。"那十联分别选自：

《讦行》："犬吠竹离沾酒客，鹤随苔岸洗衣僧。"《寒食》："天寒酒薄难成醉，地迥台高易断魂。"《塞上》："戍楼烟自直，战地雨长腥。"《嘉阳川》："青帝已教春不老，素娥何惜月长圆？"又说："浮花水入瞿塘峡，带雨云归越嶲州。"《哭江为》："废宅寒塘水，荒坟宿草烟。"《元夜》："春归万年村，月满九重城。"《僧舍》："偶题岩石云生笔，闲二庭松露湿衣。"《湘江舟行》："新霜染枫叶，皓月借芦花。"《宿东林》："开尽菊花秋色老，落迟桐叶雨声寒。"太宗常常面对屏风，吟咏念诵，连连点头，说："好诗，好诗。"

太宗对诗赋的喜爱，使得各位大臣学士钟情诗赋，吟诵不绝。张齐贤曾作诗自戒："慎言浑不畏，忍事又何妨。国法须遵守，人非莫举扬。无私仍克己，直道更和光。"毕士安精意词翰，年老眼花仍然读书不辍，"向空咄咄频书字，举世滔滔莫问津。"尤其是雍熙年间以来，文学之士越来越多，徐铉、梁周翰、黄贲简、范杲等人算是前辈了。范杲曾作过一首诗："千里版图来浙右，一声金鼓下河东。"受到皇上的称赞。再如郑文宝《春郊》："百草千花路，华风细雨天。"《重经贬所》："过关飞跃犊蒲马，误喘犹惊顾兔屏。"《张灵州》："越绝晓残蝴蝶梦，单于秋引画龙声。"

王禹偁文才很高，他的诗句，大多纪实。雷德骧、雷有终父子二人，曾经一并任命为江南、淮南两路转运使，当世以为荣耀。王禹偁赠诗二首，一首说："江南江北接王畿，漕运帆樯去似飞。父子有才同富国，君王无事勉宵衣。屏除奸吏魂应丧，养活疲民肉渐肥。还有文场受恩客，望尖情抱倍依依。"第二首说："当时词气压朱云，老作皇家谏诤臣。章疏罢封无事日，朝廷犹指直言人。题诗野馆光泉石，讲易秋堂动鬼神。棘寺下僚叨末路，斋心唯祝秉鸿钧。"赵普故去的时候，王禹偁作挽词说："玄象中台坼，皇家上相薨。大功铭玉铉，密事在金縢。"宋泌的挽词是："先帝飞遐日，词臣遇直时。枢前书顾命笔下定洪基。"这首诗竟然证明了太宗是受太祖顾命，即位做皇帝的。

南唐后主李煜降宋后，传说被太宗赐予剧毒"牵机妙药"，死后追封吴王，诏令李煜旧臣徐铉为他作墓志铭。徐铉生怕行文有违圣意，导致杀身灭族，便先发制人，惴惴不安地向太宗请求宽宥，让他在书写铭文时，存故主情分。太宗答应了他的请求。于是徐铉笔走龙蛇，写下了一篇不无称颂的美文。太宗看后，连连感叹徐铉的文采。几天后，太宗又得到徐铉写的挽词三首。太宗更加叹赏，不仅没有责罚徐铉，反而称赞他忠义，而且诗才卓著。徐铉的挽词沉痛悼念和深情缅怀李煜，选其中二首："倏忽千龄尽，冥茫万事空。青松洛阳陌，芳草建康宫。道德遗文在，兴衰自古同。受恩无补报，反袂泣途穷。"
"土德承余烈，江南广旧恩。一朝人事变，千古信书存。哀挽周原道，铭旌郑国门。此生虽未死，寂寞已销魂。"

太宗灵感到来，诗兴大发，便立即挥毫泼墨，在宣纸上信手写下。太宗的诗作得好，字写得更好，相映生辉，堪称墨宝。太宗的书法是独特的"飞白体"，是他苦练成就的。太宗对书法，有着和读书一样的浓厚兴趣。他在听政的闲暇，常常不是看书，就是练习书法。每当见到各家字体精妙，总要学习练笔，一学必成。太平兴国七年（公元982年），太宗听人说赵州隆平主簿王著，书法很好，便召他任卫尉寺丞、史馆祗候，让他详定篇韵。不久升任著作郎，充翰林侍书。太宗每当写一张御札，便派中使王仁睿拿着给王著看。王著说："还不太好，必须接着苦练。"太宗临摹字体，更加勤奋。以后，又拿给王著看。王著还是说："还是不够火候！"王仁睿都看不下去了，大声责问王著："皇上的字已经够好了，你怎么老是这样泼冷水？"王著说："帝王开始学习书法，如果立即说好，就不再留心练习了。"又过了很久，太宗又拿书法作品给王著看，王著拍掌称赞说："功夫到家了，陛下的书法，臣也赶不上了。"

太宗勤奋练字，很快便悟得书法的精妙。各家字体，洞察精髓，日臻完善，驾轻就熟。太宗经常亲自写录诗文，赐给群臣。老臣赵普退休的时候，太宗亲自赐诗，奖誉他两朝元老的功勋。赵普拿着太宗的亲笔赐诗，感激涕零，老泪纵横。太宗的次子许王元僖死后，太宗悲伤万分，挥笔写下《思亡子诗》给大臣们看，表达了他对亡子的哀悼和悲痛。

翰林学士承旨苏易简续修《翰林志》二卷，献给太宗。太宗高兴得作诗二首，赐给苏易简，并用御笔批示："诗意赞美卿居住在清华之地啊。"苏易简又请求把所赐的诗刻石纪念，太宗就用真、草、行

三种字体写了那二首诗，令人刻石赐给苏易简，同时也赐给近臣。接着，太宗又用他最拿手的飞白体写下"玉堂之署"四个大字，命中书召苏易简，把这四个大字装裱起来，作为厅额。太宗说："让这件事永远成为翰林中的美事。"苏易简说："自从有了翰林，还没有今天这种莫大的荣耀呢！"太宗曾经在夜间临幸玉堂，苏易简已经躺下，休息了。听到皇帝驾到，急忙起身，没有烛灯照明穿衣戴冠，宫嫔从窗格外面掌上烛火，照到房内。窗格上留有火烧的痕迹，后来也不更换，留为玉堂趣事。苏易简才思敏捷，在翰林八年，终于参知政事。他平生嗜好杯中之物，好饮常醉。太宗曾手书《劝酒》《戒酒》两首诗赐给他，让他的老母亲时常读给他听。从此以后，苏易简每当上朝前都不敢再饮酒。但是，这个习惯终究难改，长年饮酒过量，苏易简的身体状况越来越差，加上事务劳累，至道二年（公元996年）底，苏易简竟然病死了。太宗听说他死了，叹惜地说："苏易简竟然死在酒上，真是太可惜了！"说完，连连叹气。

宋初钱币上的文字是"宋通元宝"。淳化元年（公元990年），改铸为"淳化元宝"钱。太宗亲自书写钱文，共写了真、行、草三种字体。此后每当改元，必然更换铸币，以年号元宝作为钱上的文字。

太宗在各种字体中，最擅长飞白体，写的字都方圆几尺。擅长书法的人都佩服太宗的这一风格。太宗又极其擅长小草，他对近臣说："朕君临天下，又何必用功笔砚？只不过心中爱好，不能丢舍罢了。江东很多人自称精通书法，几次下诏召见，不过是自诩高明，只一味填行塞白，装成卷帙罢了。小草字学难以深究，飞白书体很难精工，我也是恐怕这两种字体以此废绝了。"于是连着写了四十多轴书法作品，连同自己的诗文，一起收藏在秘阁中。

秘阁在淳化三年（公元992年）重修竣工时，秘书监李至上言："请比照'玉堂之署'，赐一块新的匾额。"太宗欣然应允。他令人磨墨铺纸，凝神片刻，拿起毛笔，在砚台里蘸足了墨汁，眼中陡然放出一股异彩。只见太宗长吸一口气，在宣纸上挥毫而就，两个飞白体的"秘阁"大字，气势磅礴地跃然纸上。太宗把笔潇洒地往笔筒里一丢，群臣发出啧啧的赞叹声。太宗还沉浸在刚才那一刻中，进入一种虚幻与现实交错的境界，感觉真是妙不可言。当即，这两个大字被人拿去裱刻，挂在秘阁厅额。太宗下诏令宰相、枢密使与近臣都来观看，在秘阁下设盛大宴会，直馆各官都参加。太宗在席上兴致很高地赐诗，纪念题字之事。

至道二年（公元996年）六月，太宗还写了二十轴飞白作品，赐给新任宰相吕端，以及各位大臣。大臣们如获至宝，受宠若惊，纷纷感谢，表示请人装裱，作为传家之宝，好好珍惜。太宗听后，心中非常欣慰，也有一丝小小的得意。

太宗一生的书法作品很多，后来，真宗即位后，把太宗的墨迹赏赐天下名山胜景。曾经还有人对太宗的御书作过统计，御书院刻石墨迹五十七卷；分藏龙图阁、太清楼、秘阁、御书院及内中的御书，共一万一千九百八十七卷、轴、柄；赐天下名山寺观，中外臣僚、以及兖州孔庙的御书御制，共三千五百卷、轴，总计达一万五千五百四十四卷、轴、柄。太宗实在称得上是一位多产的书法家。

太宗还爱好音乐，接受乐律的陶冶。有时，为了表示对死者亲人和将士沉痛哀悼，禁止张乐。但在重大国家庆典时，必定举乐。太宗诏请文臣赏花钓鱼，习射宴饮的时候，也会让人奏乐助兴。他本人对音乐也有惊人的天赋，只不过做了皇帝，政务缠身，不能在音律上有更大的成就。即使是这样，太宗在音律上也格外用心。他直接参与创制新乐器的活动。太宗认为现行乐器是古人长期发明创造的结果，但仍不够完备。为了使音乐更加完美，必须创制新乐器。

太宗准备在琴阮上增加琴弦。待诏朱文济反对乐器改革创新，认

第二十九章　琴棋书画样样精通　多才多艺温文尔雅

为"乐器是古人流传很久的了，不能随便加以增减改动。否则会破坏了乐律"。然而待诏蔡裔却支持太宗的创新，说："古人对音乐的理解，局限在当时的水平。就像我们使用的各种器具，时刻在改进完善，乐器也应该如此。增加琴弦会使音乐更细腻准确，走向完善。"太宗听后，非常高兴，决心听从蔡裔的建议，改革乐器。

至道元年（公元 995 年）冬天，太宗制作完成了新的琴阮。原来琴是七弦，现在增加两弦，制成九弦琴，叫作君、臣、文、武、礼、乐、正、民、心。阮先前是四弦，也加上一弦，成为五弦阮，名为金、木、水、火、土。新的琴阮制成以后，太宗命朱文济和蔡裔带着琴阮到中书去弹奏新声，诏令宰相以下都来聆听鉴赏。哪知朱文济硬是反对创新乐器，更拒绝弹奏新乐器。他倔强地说："臣不会弹九弦琴。"

太宗实在很生气，他大动肝火，当面赏赐蔡裔绯衣。朱文济的班爵在蔡裔之上，却一个人穿着绿色衣袍。太宗想以此来激将朱文济，让他放弃老观念，接受新乐器。然而朱文济却不吃这一套，就是不改口，死死坚持先前的说法。太宗盛怒难消，命人把朱文济押送到中书，塞给他一张新琴，强行让他弹奏。朱文济不得已，却只抚弄新琴当中的七弦，另外两弦，连动也不去动。宰相问他："先生弹奏的是什么新曲？"朱文济说："是古曲《风入松》啊。"朱文济用这首古曲向太宗和大臣们表明自己的心志，誓不更改。太宗拿他实在没办法，却欣赏他"富贵不能淫"的品德，称赞他有坚定的信念，也不加怪罪，还赏赐了绯衣。

蔡裔在中书弹奏了新制琴阮，乐音果然比以前丰富细腻了很多，在座的大臣中也有不少精通音乐的，一看一听，便知琴弦是在宫弦中加了二十丝，称为大宫；武弦减去二十丝，称为小武。大弦下宫徽中的一徽定其声，小弦上宫徽中的一徽定其声。新发明的琴阮，得到众人的好评，中外臣僚约有好几十人纷纷献歌诗，称颂太宗的伟大的成绩。同时，太宗又创作了新的乐曲，写了《新谱》三十七卷，让太常乐工用新制琴阮反复练习，准备演奏。

太宗酷爱宫调中的十小调子。十小调子是由隋朝时贺若弼作的，其声、意及用，是指取声之法，古今没有人能改动加减。这十调分别是一"不博金"，二"不换玉"，三"弦泛"，四"越溪吟"，五"越江吟"，六"孤猿吟"，七"清夜吟"，八"叶下闻蝉"，九"三清"。最后一调最优雅古典，但名字亡佚，琴家只命名为"贺若"。太宗曾经说：'不博金'和'不换玉'两调名称太俗气，最好改'博金'为'楚泽涵秋'，改'换玉'为'塞门积雪'。"然后命近臣十人各探一调，撰写一辞。翰林学士苏易简探得"越江吟"辞说："神仙、神仙，瑶池宴，片片碧桃零落，春风晚，翠云开处，隐隐金挽，王麟背冷清风还。"

诗词、书法、声律都是文人喜爱的活动。自古以来，文人名士还嗜好围棋。围棋是中国传统的娱乐，早在战国时期便已经产生，有很多文人骚士为之痴迷。围棋也便不断地发展、完善。太宗也非常喜爱弈棋，经常召见棋艺高超的臣下对弈。太宗尤其喜欢钻研古代传世的棋谱，绞尽脑汁，不怕艰涩繁琐，情有独钟。因此，总有人不时地向太宗进献棋谱，获得太宗的青睐。有一次，谏臣向太宗进言说："应该把编纂棋待诏贾玄贬放到南州去。贾玄常常进献新图妙势，取悦迷惑圣明的君主。国家事务，需要皇上日理万机，听政决断，贾玄却使得君主迷于弈棋，导致国务壅遏积压。皇上长时间下棋，恐怕身体疲劳过度，神气滞郁不活。所以请处治贾玄，陛下也该注意身体。"太宗却对上言的人说："朕不是不知道这些事情，下下棋轻松一下，也是为了逃避六宫女色的诱惑罢了。没什么大不了的事，不必再上言了。"

太宗不但研讨传留的棋势，自己也曾作过弈棋三势。他让内侍裴

愈拿着新作的三势棋招，给馆阁学士们看。学士没有人通晓的。其中第一势为"独飞天鹅势"，第二势为"对面千里势"，第三势为"大海取明珠势"。都是太宗在长期下棋、探究棋谱过程中，千虑一得的珍贵产物。太宗亲自指教给裴愈，让他对学士们讲授，大家这才能看懂，纷纷叹服这三势的神妙难得。太宗先后召待诏等人对弈，都能重复下过的棋局，制成图谱，收藏在秘阁。

古代棋图之法，以平上去入分四角为记号，交错复杂，难以明辨。徐铉改为十九字，一天、二地、三才、四时、五行、六官、七斗、八方、九州、十日、十一冬、十二月、十三闰、十四雉、十五望、十六相、十七笙、十八松、十九客。以此改换古时制棋图的方法，特别简便。太宗制棋图，便是采用徐铉新改的方法。

太宗说他下棋是为了躲避六宫女色，或许是真的，或许是在为自己爱好女色寻找借口。太宗的确经常说自己并不留意女色，宫中简约，并以此标榜节约爱民，勤奋政治。

第三十章

文雅帝王感情丰富　宠妃甚多处处有情

雍熙元年（公元 984 年），太宗对侍臣说："以前，晋武帝平定吴国之后，沉溺在后宫内宠之中，后宫蓄养妃嫔宫女，达到好几千人，实在太失帝王之道了。朕的宫中从职掌到粗使杂役，加起来不超过三百人，朕还感到太多了呢!"

淳化四年（公元 993 年）六月，雍丘县尉武程上疏，请求减少后宫嫔嫱宫娥人数，只留下基本主持宫中生活的人，其余的放出宫中。太宗对宰相李昉等人说："武程是边远小臣，不知宫闱中事。内庭驱使不过三百人，都各有执掌的事务，不可除去的，你们是都清楚的啊。朕绝对不会学秦始皇、汉武帝，建造离宫别馆，征取良家女子充实宫馆，被万代讥笑议论。"

李昉见太宗有些不高兴，急忙说："陛下亲自带头纯洁俭约，中外尽人皆知。臣等家人都参与宫中之事，全面真实地看到宫闱简约的情况。武程身份卑微，不了解真实情况，擅自口出狂言，应该加以黜削，作为对他狂妄无知的惩罚。"太宗说："朕什么时候因为一句话就怪罪过的! 只是觉得武程不知道罢了。"

但是，太宗自己说自己不贪恋女色，不沉迷欲望，并不一定真的像他说的那样。他想做一名天下敬仰、留芳万世的明君，当然不会说自己惑于女色，宠爱宫妃。其实，任何一个正常的人，身心健全的人，都有本能的私欲。尤其是当天下为一人所有的时候，权力达到极巅，这种私欲便得到释放，迅速膨胀。

面对皇宫内院，美女如云，太宗不会不动心。事实上，太宗从年轻时就体格健壮，精力充沛，对女人有着浓厚的兴趣。太宗的原配是滁州刺史尹廷勋的女儿，在后周时，娶过门来，不幸很年轻便得病死去，太宗非常悲哀。到了后周显德年间，有一年冬天，大雪刚停，太阳从云中露出笑脸。太宗带着一帮随从，骑着马到东郭门外射猎消遣，还很年轻的太宗被冬雪覆盖的原野深深地吸引，他纵马驰骋，任马由缰，在洁白的雪地上留下几串好看的马蹄印。他完全陶醉在清爽的大自然中。这时，一只喜鹊从眼前飞过，立在靠墙的一株杨树枝头乱叫。太宗弯弓一弹，正中喜鹊左翼，喜鹊受伤，从树上跌落，却掉进墙内去了。墙内是太傅符彦卿，也是当朝周世宗的岳丈的后花园，太宗一时兴起，也没多加思索，越墙而过，到花园中寻找那只掉下来的喜鹊。

太宗刚刚跳下墙，便被园内的两个侍女瞧见，惊叫一声："有贼！有贼！"太宗猛地被这两个侍女一叫唤，忽然醒过来，明白自己被人看成盗贼了，自觉惭愧，心中十分着急，欲进不能，欲退无路。正在这时，忽然从鸳鸯池前，松竹亭畔，太湖石后，转出一个刚刚及笄的女子来，只听她娇滴滴地向两个侍女叱问："大惊小怪地，哪里有贼？"那两个侍女用手指着呆愣在园中的太宗，说："这不是贼吗，刚从墙上跳进来。"

刚走来的女子把头一抬，蛾眉一耸，两道明亮的目光，向太宗直射过来。太宗也正把两道目光向着那女子直射过去，心中不觉惊讶赞叹：世上竟然还有这么美丽的佳人！只见她明眸善睐，皓齿红唇，肤色白如玉脂，洁净细腻，体态婀娜多姿，却端庄典雅。而太宗正当年轻，也长得潇洒俊逸，超凡脱俗。虽然被两名侍女误会，有些困窘，但仍掩不去内在的儒雅英姿，站在那里，如玉树临风，颇有气派。

这样一来，两双眼睛，四道目光，久久地凝望，竟然互生怜爱，一见钟情，不禁忘却了身旁的一切，看得痴迷呆愣，面起红潮。两个侍女等着那个佳人训斥太宗呢，却被这俩人的沉默呆看弄得莫名其妙，连忙用手推了下那个佳人，说："小姐！你怎么只是看着这贼，难道你认识他。"

一言惊醒梦中人，佳人和太宗这才回过神来，不禁又喜又窘，十分尴尬。太宗一听面前的佳人是小姐，猜定她一定是符彦卿的女儿，皇上的小皇姨，毫无疑问，因太宗常听说周世宗还有一个小皇姨，就是符彦卿的第六女，长得姿容绝代，正在青年，待字闺中。眼前小姐，年轻貌美，可不是她吗？那小姐听到侍女一唤，才收回视线，向侍女说："去问问他，是谁家公子，大胆越墙入园做什么？难道真不自尊自重，想要做贼吗？"

一个侍女上前大声"喂"了一声，说："你这人！我家小姐问你，叫什么姓名，怎么做这种事？"太宗急忙作揖说："小生是赵司空的儿子，赵点检的弟弟，叫赵匡义的就是。""那你来这里干什么，谁听你背家谱。"太宗被她一抢白，不觉面红耳赤，很不好意思。小姐见状，心中油然生起一阵怜惜，便嗔怪侍女说："让他慢慢说嘛，干吗抢白人家！"侍女不敢作声。

太宗继续说："我因为雪停天晴，放马游猎，偶尔射中一只喜鹊，掉在小姐园中，一时孟浪，跳过墙来，请求恕罪！"小姐听他说是赵匡胤的弟弟，不是故意冒犯的，就说："你父亲和兄长都和我父亲同朝为官，有通家之好，公子可说不是外人。如果从正道进园，侍婢们当然不敢言语冒犯。别人看见，也无话可说。可是现在却碍着礼数了。人言可畏，此地不好久留，还请从那边门出去吧。"太宗也不敢再去寻拾那只喜鹊了，向符小姐远远地一拱手说："多蒙小姐海涵，谨记高情！"就随着侍女从后门出来了。

　　在回家的路上，太宗忐忑不安，心情惆怅，像失落了什么似的。回府之后，赵匡胤也刚退朝，太宗便把刚才的事告诉了兄长，连连称赞符皇姨美貌端淑。赵匡胤一听，笑着说："兄弟好眼力，明天我就请托范质给你说媒去。"太宗一听，喜出望外，高兴得一夜没睡着，第二天起来，眼窝都陷下去了。

　　事情总有凑巧，范质的夫人与符彦卿的夫人正好有姻亲关系。经范夫人一说合，符彦卿倒是想把女儿嫁给太宗，但是他很为难地说："昨天圣上已经亲向为韩通的儿子做媒，若应允了赵家，就违背了圣命。若许给韩家，又失了夫人情面。这事倒是两难了！"想了一会儿，符彦卿接着说："只有一个办法，仿效古法，抛彩球，由天做主吧。"

　　到了符皇姨抛球招婿的日子，韩通命儿子穿着吉服，带着大帮随从，来到彩楼下。太宗也鲜衣华服，打扮得精神焕发，带着十六名家丁，拥护前往。围观的市民，人山人海，水泄不通，都想来看热闹。只见彩楼之上，符皇姨已经准备好，打扮得天仙一般，双手捧着彩球，身后站着几名侍女。

　　韩公子和太宗在楼下站着，精神紧张地抬头观望。符皇姨走到楼前，看了太宗一眼，见他比几天前初见时更英俊了，而那韩公子，却委琐难看。符皇姨把彩球高高一举，方向略微一偏，轻轻地把彩球抛下，彩球不偏不歪，正打在太宗的头上。韩公子一见，不甘失败，就要过来抢夺。太宗早把双手往头上一接，把彩球紧紧地抱在胸前，在家丁的簇拥下，跃马回府去了。韩公子望尘莫及，只得长叹一声，认栽倒霉。这样，太宗终于把符皇姨娶进府中，两人恩爱难分，如胶似漆，终日卿卿我我，炽热温存，陶醉在爱情的甜蜜当中。

　　但是，好景不长，赵匡胤取代后周建宋以后，太宗被任命为开封府尹，后来封为晋王，权力越来越大，对女色的喜爱也越来越烈。有一天，太宗上街，看到一个平民和他的女儿。那名女子长得眉清目秀，标致可爱。太宗非常喜欢，便让人强行买来。后来这事被太祖知道了，急令追捕买女子的那人，太宗便把他藏在王府当中，供给衣食，直到太祖驾崩后才敢出头露面。

太宗对女人非常喜爱，连太祖宠幸的妃嫔，他也敢戏弄。金城夫人是太祖的宠妃。有一天太宗和太祖在后苑宴射娱乐。太祖用一个大酒觥盛满酒，劝太宗喝尽。太宗坚持不喝。太祖反复劝喝。太宗看了几眼美貌如花的金城夫人，指着庭中一朵花，笑着说："只有金城夫人亲自把那朵花摘了来，我才会喝这杯酒。"太祖便让金城夫人去摘花。金城夫人明知是太宗在戏弄她，也只得下到院中亲手折了一朵花，太宗笑着饮尽那杯酒，仍然不停地看着金城夫人和她手上的花，金城夫人的脸都红了。

后蜀孟昶有一个宠妃叫花蕊夫人，姿容娇艳，色冠群黛，浑身散发着一种无形的香泽，而且这个女人诗才清绝。在孟昶投降太祖后，太祖让她作诗，花蕊夫人口占一绝："君王城上竖降旗，妾在深宫哪得知？四十万人齐解甲，更无一个是男儿。"太祖听后，更加爱悦。孟昶死去，太祖便册立她为自己的妃子，仍叫花蕊夫人。太祖对她宠爱异常，曾经想立她为皇后，因为是亡国之妃，不能母仪天下，才没有立成。太宗也非常喜爱花蕊夫人。有一次，太祖有病，太宗利用探病的机会，挑逗花蕊夫人。

太祖开宝八年（公元975年），太宗的爱妻，年仅三十四岁，被封为越国夫人的符氏病死了。太宗想起他们以前的恩爱幸福，大声痛哭。在此之前，为了减去太宗的寂寞，太祖还为太宗聘了李英的女儿为妃，封为陇西郡君。李妃姿容美丽，性情端淑，与太宗极相亲爱。李妃生了二女二男，两个女儿相继夭折，两个儿子一个是元佐，后封为楚王，一个是元侃，就是后来的真宗皇帝。

符氏死后，太祖为了转移太宗对爱妻的思念和痛苦，又特地为他

聘了李处耘的二女儿为妃。刚纳毕，准备迎亲，不巧太祖驾崩，只得暂时停止。太宗即位后，追封原配尹氏为淑德皇后，符氏为懿德皇后。进封李妃为夫人。太平兴国二年（公元977年），太宗想把李妃册立为皇后。偏偏这时，李妃患病卧床，情况严重，不久竟然去世了，给太宗的打击沉重。

第二年，太宗就把李处耘的女儿接入宫中，当时她仅仅十九岁，还是妙龄女郎。太宗对她格外疼爱，体贴备至，温言款语，柔情似水。而这位李妃入宫以来，和顺恭谨，容德兼备，幽娴沉静，颇有大家闺秀的气质，对待宫中嫔妃有礼温厚，精心抚育各位皇子，像自己亲生的一样。

雍熙元年（公元984年）十二月，太宗因为正宫之位一直空缺，册立李妃为皇后。太宗举行了盛大的册立皇后的庆典。典礼酋皇周备，分外壮观。在内宫外廷，遍赐大宴五日，京城人民，也遍赐大宴三日。在后苑里搭起两座彩台，传来皇家的戏班，日夜演唱。在午门外边也设两座彩台，给百姓演戏娱乐。百姓们欢天喜地，异口同声，歌功颂德，说是自从离乱以来，到今天才过上太平日子。太宗听到后，心花怒放，还想再让他们多玩乐几天。

这时，李皇后向太宗进言：“常言说‘乐极生悲’。如今已经欢乐好几天了，是陛下对臣妾的恩典，但是一国之君要无时无刻不怀念民间的疾苦。‘高楼一席酒，穷汉半年粮’，愿陛下适可而止。”太宗一听皇后劝自己怜惜民情，贤德端淑，心中非常喜悦，高兴地听从了皇后的进言，没有下诏继续欢乐。对于新立的皇后，太宗也越发的宠爱了。

太宗宠爱皇后，可并没有忘却在皇后之外，还有很多等待着他恩宠的妃嫔。她们打扮得花枝招展，倚门翘首，期待着风流儒雅的太宗皇帝的到来。太宗说自己宫中加上供驱使的杂役也不满三百人，而后来真宗即位后不久，就对辅臣说："宫中嫔御太多，幽居闭日，真让人怜悯，朕已令人挑选那些进宫时间长、年纪已经较大的宫女，放出宫禁，让她们与民婚配。"相隔不过四年，说法却大相径庭。既然嫔御都很多，宫人的数量之多更是不在话下了。真宗的话，戳穿了太宗宫内人少的谎话。像太宗这种深受诗词歌赋、琴棋书画熏陶的文雅帝王，感情丰富细腻，多愁善感，怎么会不爱女人呢？

即使宫中有这么多国色天香，美女娇娥，太宗仍不满足。太宗经常召见朝臣命妇进宫侍宴，饮酒作乐。

南唐后主李煜也是一个擅长诗文的君王，留下许多脍炙人口的诗词。他有先后两名皇后，是一对姊妹花，南唐开国老臣周宗的两个女儿。

大女儿娥皇冰肌玉肤，骨清神秀，不论是浓施粉黛，还是淡扫蛾眉，都像出水芙蓉，令人顾盼不暇。李煜娶了娥皇之后，百般恩爱。李煜曾有一首词《一触珠》写道："晓妆初过，沉檀轻注些儿个。向人微露丁香颗，一曲清歌，暂引樱桃破。罗袖哀残殷色可，杯深旋被香醪涴。绣床斜凭娇无那，烂嚼红茸，笑向檀郎唾。"可是不久，娥皇突然病倒，久治不愈，日渐形神枯槁。

恰在此时，有一位风姿绰约、娇艳欲滴的芳龄少女突然闯到了李煜的身边。她就是娥皇的胞妹。她的到来，在忧心忡忡的李煜心中激起了新的波澜，渐渐地耳鬓厮磨，两人产生感情。娥皇病逝后，李煜将她立为国后，称为小周后，与她的胞姐周后相区别。小周后比姐姐小十四岁，娉娉婷婷，天真烂漫。正要与李煜过男欢女爱的日子，谁知阴云四起，大祸降临，宋太祖命大将曹彬进攻南唐，南唐抵挡不住，李煜只好投降归顺，被宋太祖封为"违命侯"。与他朝夕相伴的小周后被封为郑国大人。

后来，太宗即位，改封李煜为"陇西郡公"。李煜从侯晋级为公，

第三十章　文雅帝王感情丰富　宠妃甚多处处有情

地位似乎提高了，可更大的痛苦也随之而来，这是李煜想也想不到的。因为他根本不会想到，自己心爱的小周后会遭到文雅的宋太宗的逼迫。宋太宗第一次见到小周后，就为她的美貌姿容倾倒，如饮醍醐，神魂颠倒。小周后妩媚婀娜的身影总在眼前晃动，挥之不去。太宗便召她和其她命妇一道入宫，陪宴侍寝。

小周后情不得已，也只好委曲求全，忍辱含诉，到宫中侍奉太宗，一进宫便是多日不得回还。迫使李煜与小周后这一对情深似海的伉俪，咫尺天涯，难得团聚。小周后每次入宫回来，都扑在李煜的怀中，向他哭诉宋太宗对她的无耻威逼。李煜望着她那充满屈辱和痛苦的泪眼，自惭自责地陪着她悄悄流泪。他为自己无力保护爱妻的身心深感内疚，更为宋太宗的好色风流而愤恨。但是自己的命运还操纵在太宗的手中，只能违心回避，无能为力。

然而越是回避，越难忘情。小周后每次应召入宫，李煜都失魂落魄，望眼欲穿，彻夜难眠。小周后巧笑顾盼的可爱形象，总是如梦如幻地萦绕在他的心中。他仰望长空，只见残月西沉，远处又传来凄凉的雁唳，更增添了他对小周后的依依思情。后悔自己不该亡国，连自己的爱人都保护不了。于是他情绪宣泄，一气呵成一首《虞美人》："春花秋月何时了？往事知多少。小楼昨夜又东风，故国不堪回首月明中。雕栏玉砌应犹在，只是朱颜改。问君能有几多愁？恰似一江春水向东流。"太宗听到李煜这首怀念故园的词句，不禁大怒。

不久，李煜便不明不白地死去了。有人说是太宗赐给他"牵机妙药"，有这种可能。李煜死后，小周后悲不自胜。她整日不理云鬓，不思茶饭，久久木然呆坐，以泪洗面，终于经不起愁苦与惊惧的折磨，也在当年饮恨离开了人世。太宗召幸小周后这件事，宋人曾画有《熙陵幸小周后图》。熙陵是宋太宗的庙号。画上的宋太宗头戴幞巾，脸色微黑，身体肥胖。而小周后肢体纤弱，几个宫人抱扶着她。小周后紧蹙眉头，气不可支的模样。后来元人冯海粟学士有一首题诗："江南剩得李花开，也被君王强折来。怪底金风肤地起，御园红紫满龙堆。"张宗橚提诗为："一自宫门随例入，为渠宛转避房栊。"这幅画证明宋太宗好色多情，当时便已有定论。

后来，太宗亲征北汉，刘继元投降后，他的宫中妃嫔也都被太宗收纳。太宗作为帝王，爱好女色，的确不假。只是他一向标榜仁德简约，惠政爱民，勤于国务，逃避六宫女色的诱惑，使当时的人就对他的这一嗜好不太清楚，后人发生疑义，更是自然的事了。

第三十一章

元僖暴死太宗痛哭　皇后结党复立元佐

　　太宗即位后，勤于朝政，发动统一战争，改革官制和行政制度，加强中央集权，大力发展经济，使人民安居乐业，崇尚文德致治，繁荣了文化事业。太宗踌躇满志，创立了辉煌的功业。岁月匆匆，光阴荏苒，转眼间，太宗的帝王生涯已经快二十年了。太宗也从一个年富力强、精力充沛、不知疲倦的人变成一个年过半百，虽然仍勤奋不已但日渐衰弱的老头儿了。许多大臣都看在眼里，有些目光远大或者怀有政治动机的臣僚们开始注意皇位继承的大事了。皇位的顺利传承是保证政权平安交接延续的关键。

　　历朝历代，围绕皇位继承，不知发生过多少激烈的充满血腥的斗争。所以，每一个帝王为了把江山顺利交给下一代，都要绞尽脑汁，费尽心机，谨慎小心，反复权衡利害，希望不出乱子。对于这件大事，精于政治的太宗虽然不服老，却也并没有忽视。其实，他从很早就开始谋划此事了。而且，他的这一计划更加复杂，或者残忍。当然其间也出现了许多让他失望痛心的波折。

　　按照宋太宗母亲昭宪太后的遗嘱，宋太宗以太祖弟弟的身份即皇帝位，依次继承的人应该是太宗的弟弟赵廷美、太祖的儿子赵德昭。太宗即位后，曾向赵普征询过皇位传承的事，赵普说："太祖已经错了，不能一误再误！"太宗其实也是想把皇位传给自己的儿子。赵德昭、赵德芳相继死去后，赵廷美才嗅出危机，心中不安，预感要大难临头了。果然时间不久，赵廷美便被太宗的心腹旧僚杨守一、柴禹锡等人告发图谋不轨，太宗毫不客气地把他贬黜。雍熙元年（公元984年）赵廷美忧郁成疾，悲惨死去。

到这时为止，昭宪太后遗嘱上的帝位继承人全都死去了，帝位自然要落在太宗的子孙头上。但是太祖的孝章宋皇后和一批旧臣都还健在，太宗也不好立即公开正式立自己的儿子为太子，怕引起这些人的非议。另外，太宗也不想过早地册立太子，因为他心中仍不踏实，怕太子树党，损害他的权威。然而，他要把皇位传给儿子是确实无疑的了。在他的心中，聪明英武的大儿子元佐是理所当然、又深得他宠爱的太子，未来的皇位继承人。

按照历代的"老皇历"，皇帝正宫皇后的亲生长子，也就是嫡长子，是皇位的法定继承人。但是太宗的正宫李皇后没有生儿子，那么在太宗的儿子当中，已故李妃的儿子元佐是年龄最大的，不仅得到太宗的喜爱，李皇后也非常宠爱他。

元佐是最有希望被立为太子、继承皇位的。但是元佐与叔父赵廷美关系很好，赵廷美的死，深深刺激了元佐，竟然使他患上癫狂病，后来又放火焚宫，让太宗大为失望。雍熙二年（公元985年），太宗把元佐由楚王废为庶民。这样，元佐也便从帝位继承人的名单上被勾掉了。皇位继承人一时成为悬案。

一年后，元佐被废带给太宗的打击稍稍淡漠了。这年十月，太宗任命陈王元僖为开封府尹兼侍中，明显地把元僖突出到皇储的地位。太宗同时任命户部郎中张云华为开封府判官，殿中侍御史陈载为推官，召见他们说："两位爱卿是朝中的端士，特地让你们来好好辅佐我的儿子！"语气中显然露出一种信息，元僖要被立为太子，准备继承皇位了。

　　陈王元僖获得太宗的宠爱后，也急于巩固自己的地位，以便能在将来接掌皇位。在他的众位兄弟当中，韩王元侃、冀王元汾等人虽然也深受父皇的喜爱，但无法与他相提并论，构不成什么大的威胁。元僖真正担心的，还是被废为庶民的元佐。元佐虽然被废，但他毕竟是长子，李皇后一直心向着他，而太宗本来就最钟爱他的，一旦太宗回心转意，元僖是很难与这个长兄和他的支持者抗衡的。

　　因此，元僖做了开封府尹，政治上有了地位和权势，便极力在朝廷重臣中间寻求帮助。元僖要找的这个人，必须是不但能让太宗信任，而且不会向元佐输诚，又压得住群臣的元勋重臣才行。元僖暗中衡量，发现曾两任宰相的政治斗争老手赵普是最合适不过的人选。赵普是开国勋臣，曾两次任宰相，得到太宗重用；而且他罗织赵廷美和卢多逊的罪名，致使赵廷美被贬而死，元佐心中不会容他。赵昌言、胡旦、陈象舆等人曾讨元佐的欢心，胡旦还骂过赵普，现在他们公然结党，作"夜半之会"，长夜之饮。正好让赵普出来打击他们，既让赵普报了私怨，又打击了元佐的势力。一举数得，元僖的想法就这样决定了。

　　雍熙四年（公元987年），当赵普来朝见太宗的时候，元僖便向太宗上表说："赵普是开国元老，厚重有谋，愿陛下委以政事，必定会使结朋党、纵奸巧的人气焰消索。"太宗看后，深感有理。

　　端拱元年（公元988年），以赵昌言、胡旦等人为首的新进"同年党"，恕使赵昌言更上一层楼，就阴谋讼告宰相李昉，把"老好人"李昉赶下台。但是，得到元僖帮助的赵普再次被太宗重用，任命为太保兼侍中，与吕蒙正并为宰相。元僖也在这时晋封为许王，同时还晋封元侃为襄王，元汾为越王，太宗手诏告诫元僖等人说："你们生长在深宫，必须克己励精，听卑纳谏。"俨然是，一生教导继承人要学会怎样做个好帝王。

　　元僖果然没有看错人。赵普再次任相后，立即痛下杀手，在元僖的帮助下，找到胡旦、赵昌言等人结党以及种种不法罪证。太宗大怒，将胡、赵等五人全部贬黜。元佐的势力受到打击。元僖实现了预期的目的，心中非常得意。这时，他的羽翼渐渐丰满，言语行事就开始有些放肆不拘了，结果竟然遭到御史中丞的弹劾。

太宗非常生气，也感到有些失望。元僖愤愤不平，向太宗哭诉说："臣是天子的儿子，冒犯了御史中丞。被他弹劾，要抓我审问，请父皇替孩儿开脱。"太宗很不高兴地说："这是朝廷的制度，谁敢违背！朕如果有过失，臣下还加以纠察指摘呢。你身为开封府尹，就可以不遵奉法纪吗？"太宗终于没有给元僖说情，元僖遭到了应有的惩罚，气焰受挫，不再像以前那样张狂放纵了。元僖害怕此事会使自己失去太宗的宠爱，心中开始惴惴不安起来，也不如从前那么踏实了。

赵普毕竟上了年纪，这次出任宰相，反复折腾，岁月不饶人，不久便病了。赵普也知道太宗只是利用自己，搞垮结党的人，并且是为了提拔年轻的吕蒙正。于是提出退休，及早放手，以保安全。元僖见赵普病废，便又指望吕蒙正一伙支持他，巩固储位。而吕蒙正一伙中，确实也有人想投其所好，想请太宗正式立元僖为太子，收拥立之功，增加自己的政治本钱。

于是在淳化二年（公元 991 年），吕蒙正的妻舅、左正言宋沆、尹黄裳、冯拯、右正言王世则、洪湛等人上奏："陛下在位许久，储君还未立定，许王元僖身为开封府尹，仁厚贤德，请立他为太子，确定储君，以固国本。"其实太宗已把元僖看作储君了，不过还是先前的顾虑一直没有消除，太祖孝章皇后还在，不便公开正式立太子。宋沆、冯拯等人的上疏触犯了太宗的难言之隐，太宗非常恼怒。

他说："现在几次有人上言说定立储君的事。朕总认为诸子年纪还小，没有成人的性格和见识。朕给他们任命的僚属，都是精心挑选的良善之士，就是台隶之类的低微仆役，朕也是亲自拣选的，绝不让

奸诈弄巧的小人在他们身边。儿子的读书听讲，都有规定的课程。等他们长大成人，朕自有裁夺。为什么提议此事的人不能体谅理解朕的心意呢！"

于是，太宗呵斥冯拯等人多事，把他们贬黜，宋沆被贬为宜州团练副使，尹黄裳、冯拯、王世则、洪湛四人分别被黜为邕州、端州、象州、容州知州。吕蒙正也受到牵连。这时，原先与吕蒙正交情笃密的温仲舒却不念吕蒙正对他的竭力引荐提拔，恩将仇报，攻击吕蒙正，太宗一气之下，把吕蒙正罢为吏部尚书。从此以后，朝廷内外，谁也不敢再请求定立太子了。

开封府尹许王元僖见太宗把拥立他当太子的冯拯等五人训斥一顿，还给贬黜了，连宰相吕蒙正也被罢免，心中非常羞愤。原先的担忧更加严重。他以为自己真的失去了太宗的宠爱，没有被立为太子的希望了。他沮丧万分，心事重重。一夜之间，似乎变了一个人，两眼无精打采，面色枯黄黯淡，一副茫然失措的样子。从此，元僖没有了欢笑，人也迅速地消瘦下去。

到了淳化三年（公元 992 年）十一月，有一天早晨，元僖上朝，正在殿庐中坐着等候召见，突然觉得浑身无力，腹内绞痛难当，双目晕眩昏花，便直接回府。一路上，元僖紧紧捂住腹部，痛苦地呻吟，豆大的汗珠从额头上滚滚而下，浑身痉挛，衣服都被湿透了。太宗听到报告，心中万分焦灼，立即赶往许王府探视。元僖已经奄奄一息，面如死灰。

太宗的心像撕裂一般的疼痛，上前急切地呼叫元僖，元僖还能应声，只是声音细如蚊蚋，气若游丝了。一会儿，元僖便撒手归西，先于父亲太宗死去了，年仅二十七岁。元僖沉静寡言，性情仁孝，太宗还是非常喜爱他的。现在竟然暴死，太宗老年丧子，痛不欲生。他痛哭流涕，大臣劝他很久，也止不住眼泪。太宗边哭边下诏，追赠元僖为太子，谥为"恭孝"。

恭孝太子元僖死后，太宗仍然怀念不止，有时整夜悲伤哭泣，一直到第二天天亮，才昏昏睡去。元僖的死，对太宗的打击太重了。太宗哀伤地作了一首《思亡子诗》，拿给近臣看。但是不久，却风波乍起。死后的元僖在地下竟也不得安息。有人向太宗告发说："元僖生前被他的宠妾张氏迷惑，张氏曾经狠狠地捶打仆妇。有被张氏打死的，而元僖却不知道。元僖曾为张氏在都城西佛寺招魂埋葬她的父母，犯了宫中大忌。陛下在燕京一战留下的箭伤一直不愈，元佐当年突然疯狂，一定都是受到邪秽巫蛊的诅咒。这些邪秽肯定与元僖为张氏父母招魂有关。而这次元僖暴死，是糊里糊涂地被张氏误毒身亡。另外，元僖还有很多宫中私事。"

太宗一听，半信半疑。他向来性格多疑，越想越不对劲，立即诏令王继恩火速查明。王继恩和李皇后一直倾向元佐，现在让王继恩主审，王继恩回报说："一切属实。"太宗不由勃然大怒。对元僖的深重哀痛立即转为极端恼怒。太宗命令缢杀张氏，掘烧张氏父母的坟墓，消灭邪魔污秽，亲属一律流放边远偏僻的地方。逮捕元僖左右亲吏，处以杖刑。然后，太宗又下诏罢去元僖的太子册礼，只以一品卤簿的礼仪把元僖埋葬。太宗的情绪坏到了极点，他又气又恼心都碎了，箭伤更加疼痛难忍。太宗真的感觉到自己已经老了，不禁又一阵伤悲叹息。

仔细一想，能够而且敢于告发太宗爱子的人，最大的可能是李皇后。李皇后一直心向元佐，这次对元僖来个死无对证的攻击，一来可以报当年元僖挑拨元佐与太宗反目的仇恨，二来正好为元佐当年疯狂纵火的事开脱，以便让太宗痛恨元僖，怜惜元佐，回心转意，重新宠爱元佐，立他为太子。

元僖死去，宫中势力最大的便是李皇后。李后外倚执掌禁旅的长

兄名将李继隆，内恃太宗宠信的大宦官王继恩。由王继恩出面，联络朝臣，一意要复立元佐。胡旦、赵昌言一伙又得以东山再起。赵昌言在大名府，整治河防，肃清奸猾。有豪民囤积居奇，要牟取暴利，让人偷偷地挖开河堤，导致河水决口泛滥。赵昌言知道内中原因后，命人直接打开豪民家的粮仓，赈济灾民。同时率领士卒背土填水，后来又调来军队。有人怠慢不进，赵昌言怒声说："府城就要被淹。人民已经遭溺，你们这些人吃国家优厚的俸禄，忍心作壁上观吗？谁敢不服从命令，就地斩首！"

众人两腿战栗，赶忙背土防水，终于保住了城池完好无损。太宗自然大为嘉奖，马上召他进京，拜参知政事。太宗特别告诫他说："夜半之会，不要再有了。"原来夜半之会的另一个主角董俨，在外多年后，也在这年十月拜右谏议大夫，授三司右计使的要职，算是吐气扬眉了。当然，胡旦和赵昌言等人不会再笨到像以前那样公开结党，他们已懂得暗通宫闱。赵昌言刚拜参政，他的女婿，当时任知制诰的王旦，已懂得马上主动提出辞职，以便回避，让太宗和他人明白。赵昌言倒是学聪明了。

不过，胡旦、赵昌言等人的行动，却一一被任参知政事的吕端看在眼中。吕端是太祖参政吕余庆的弟弟，在朝为官多年。他和赵普的关系非常深，在政见上也与赵普的主张接近。他先后当过秦王赵廷美和许王元僖的僚属，曾经受到多次牵累，被贬多次。太宗总算知人善用，任命他为参知政事。王继恩和胡旦一伙想也想不到，是吕端让他们的计划破产，而不是锋芒毕露、这时正出守青州的寇准。

第三十二章

太宗病笃驾崩西去　真宗即位大赦天下

淳化五年（公元 994 年）是多事之秋。四川农民起义如火如荼，李顺攻陷成都，党项李继迁也重新叛乱，攻袭银夏。太宗分别派王继恩讨李顺，李继隆征李继迁。不久，李顺败死，李继迁投降，乱事暂时平定。论功行赏，王继恩升为新设的宣政使。王继恩炙手可热，连一向行事谨慎有分寸的吕蒙正竟也讨好他，请太宗授他宣徽使。太宗虽然宠信王继恩，但还不至这样糊涂，说："宣徽使是执政的开始，朕不想让宦官干政。"估计吕蒙正也是不敢开罪王继恩和在他背后的李皇后的宫阃势力。

王继恩虽击败李顺的主力，但他善后无方，四川依旧不稳，赵昌言乘机自告奋勇，说服太宗，给他总理善后的任务，这样，赵昌言便获得了兵权。王继恩、胡旦等人乐得支持，因为一旦有事，相信赵昌言的重兵会是他们可靠与强大的后援。

这一年，太宗在燕京溃退时留下的箭伤复发，他也感到身体容易疲惫，精神也不比从前，的确是老了。于是他这次要考虑继承人的事了，尽管李皇后等人为元佐说了许多好话，但太宗还是首先考虑元佐的同母弟、太宗第三子元侃。襄王元侃在元僖死后是最有声望和资格的继承人选。他在朝中渐渐得到一些大臣的拥护，其中以吕端和寇准为首，还包括不少臣僚，形成了一派强大的势力。赵昌言领兵不久，

便被人诋毁说:"鼻折山根,是要造反的相貌,不宜让他掌领重兵。"太宗此时最担心有人捣乱,心神不宁,便把赵昌言罢免。估计诋毁赵昌言的人是拥护元侃的。但寇准当时还在青州,不可能是他。但从这里可看出,拥元佐与拥元侃两派在太宗晚年明争暗斗,已经渐渐达到白热化程度。

这年九月,崇仪副使王得一请求解官退休。王得一是以方伎做官的,几次受到太宗的召见厚赐,不到半年,上表说不愿久当荣遇,并请把他居住的宅舍作为道观。太宗准许,赐观名为寿宁。王得一很有胆识,敢于向太宗谈论朝中大事。他几次在话中暗示说襄王元侃能得人心,声望较高,请太宗立襄王为皇太子。这话正中太宗下怀,他的决心已定。但太宗并不草率,在作出最后决定之前,还想征求一下自己赏识的近臣的意见。李皇后常替元佐说好话,太宗知道拥护元佐的人一定不少,势力也相当强大,所以,他要立元侃,也必须培植元侃的力量,在朝中找出自己信得过,又能支持元侃、有政治声望和能力的大臣。于是他又想起自己一直念念不忘的寇准。

寇准是因为有人拦住他的马头狂呼"万岁"被张逊弹劾,被贬知青州的,但太宗很怜惜他的才干,一直没有忘记他。现在,太宗下诏,令寇准火速赶回京师,任命为左谏议大夫。寇准在青州接到诏书,立即动身,星夜赶路,马不停蹄地回到京师,朝见太宗。

太宗的脚伤已经很严重了,伤口化脓,腥臭无比,整个脚以及腿都浮肿紫青。太宗痛苦不堪,脸上的肌肉也因疼痛不停地跳动。寇准来到太宗面前,行过君臣大礼之后,太宗亲自拉起衣袍,让寇准看他的创伤,并且哀声说:"爱卿为什么来得这样缓慢?朕时刻都在想念你。"寇准感动得热泪盈眶,话音也有些哽咽:"臣在青州也无时无刻不在思念陛下。只是臣接不到诏令,是不能来京师的!"君臣二人彼此伤感,唏嘘不已。然后,太宗就问寇准:"朕的各位王子当中,哪一个可以托付符玺、继承大位呢？"寇准庄重地说："陛下为天下选择国君，同妇人、宦官商量，是不可以的，同左右近臣商量，也是不可以的。唯有陛下自己选择符合天下臣民所仰望的人。"太宗低头沉思，好久不语。他屏退左右，再问寇准："襄王可以吗？"寇准说："只有父亲最了解自己的儿子。圣上的意思既然认为可以，就请当即决定。"于是太宗终于作出最后的抉择。就在这个月，太宗任命襄王元侃为开封府尹，改封寿王。太宗对寿王说："政教的设置，在于得人心而不侵扰他们。要得人心，什么都比不上向天下人民展示诚信，不侵扰人民，最好的方法是清净安抚。依此行事，即使是虎豹也会驯服，何况是人呢！《尚书》说：'安抚我就会温厚，虐待我就会仇视。'要相信这句话，作为戒条，好自为之！"寇准定策有功，太宗晋升他为参知政事，对宰相吕蒙正说："寇准遇事明白敏锐，如今再次拔用，想让他更加尽心尽力。"当时吕端为右谏议大夫，请求在寇准的下位。太宗任命吕端为左谏议大夫，位居寇准之上。

　　至道元年（公元 995 年）三月，宰相吕蒙正罢为右仆射，太宗任命吕端为宰相，并下手谕："今后中书之事必须经过吕端详加斟酌，才能奏闻。"吕端也知道太宗非常宠信寇准，而吕端本人也是先前在寇准的提拔下才进入得重用的。所以吕端任宰相后，恐怕寇准心中不平，便向太宗请求说："臣兄吕余庆在太祖朝任参知政事的时候和宰相权力相同，愿恢复这种旧例。"太宗也想提高寇准的地位，让他辅佐寿王元侃，便批准了吕端的请求，下诏参知政事与宰相轮流分日知印押班，遇宰相、使相议事以及军国大政，都可升都堂。寇准的权力盛极一时。张洎也得到他的举荐，代替苏易简为参知政事。张洎一向奉迎寇准，现在对他更加恭谨，政事一切都由寇准一人决断，张洎不加参与，专修《时政记》。

　　这年四月，宋皇后病重，不久驾崩。太宗因为一直憎恨她当年想

让儿子赵德芳继承太祖的皇位，所以没有依照皇后丧礼给她出丧送葬，暂时在生普济佛舍出殡，谥孝章皇后。对于这件事情，群臣议论纷纷，觉得有些过分。翰林学士王禹偁对宾客说："孝章皇后曾经母仪天下，应当遵用旧礼。"有人把这话传到太宗的耳朵里，太宗很不高兴，把王禹偁罢为工部郎中，出知滁州。

孝章皇后死后，太宗便毫无顾忌了。这年八月，太宗公开正式立寿王元侃为皇太子，改名为恒，大赦天下，诏皇太子仍兼掌开封府。自从唐朝天祐（公元904年）以来，中原多事，立皇太子的大礼，废止了将近百年。到现在恢复举行，朝廷内外，举国上下一片欢腾，都感到十分新鲜和高兴。所以当太子告祖庙后还京，京城的人，夹道观看，见太子仪容俊秀，更加欢呼雀跃，说："真是个少年天子啊！"太宗听后，却心中有些不快乐，有一种被冷落的感觉。他马上召见寇准说："人心急遽地归向太子，想置朕于何地？"寇准不愧是一代名臣，思维机敏，立刻体味出太宗此时的心情。他向太宗拜了两拜，说："恭贺陛下，这正是社稷的福音啊。"太宗立即省悟，即刻入宫告诉皇后、嫔妃，宫中人都前来庆贺。太宗很高兴，又从宫中走出，宴请寇准，君臣畅饮，大醉而罢。太宗刚刚册立太子，便对他产生疑虑，部分是他的性格使然，而更深的原因，说不定是受到别有用心的人的恶意挑拨。幸亏寇准应答巧妙，才将太宗莫名的猜疑去除，不然的话，后果难以预料。

紧接着，太宗命尚书右丞李至、礼部侍郎李沆一道兼任太子宾客，诏令太子以师傅的礼节侍奉二人。太子每当见到李至、李沆，总是先行拜见礼。李至、李沆觉得太子礼重了，上表说不敢当。

太宗下诏："朕多方考察古训，始建太子宫，选用端正贤良的人以资辅导，借卿的老成重望，委以调理保护太子的重任，为劝勉太子谦虚，所以与常行的礼仪有所不同，请不必讲求谦让，以符合朕相信卿的一片诚心。"李至、李沆接诏后，再次前往拜谢。太宗对他们说："太子贤明仁孝，立国的根本巩固了。卿等可尽心规劝教诲：太子做得好的，就赞扬鼓励，如果做事不当，必须尽力指教。至于礼乐诗书，有所裨益的，都是卿等平时熟习专攻的，不用朕再絮叨了。"李至、李沆从此全心全意辅导太子。太子生性聪慧，文史一遍成诵，听讲经义，能举一反三。

太子册立以后，李皇后一伙自然很失望，但并不就此罢休。他们仍然要设法破坏元侃的储位。但是元侃有寇准保护，并不容易得手。要打倒元侃，首先要除掉太宗言听计从的寇准。十一月，王继恩从四川回京，至道二年（公元 996 年）正月抵京，太宗对他大加慰劳。在胡旦、李昌龄等人协助下，一班"轻薄好进"的士大夫暗中在京师的多宝僧舍相会，密谋推倒元侃的储位，其中包括曾经医过太宗箭伤，又与寇准有交的诗人潘阆。胡旦等人这次学得聪明 7，不再像在雍熙端拱时公然在赵昌言家聚会，而改在僧舍佛寺，暗通消息。他们搞出不少花样。

潘阆在去年四月因王继恩的举荐，入宫朝见太宗。他和太宗论诗为名，是为太宗治疗创伤。太宗赐他进士及第。但不久又追回诰赐，理由是他太狂妄。这里，潘阆可能在太宗面前趁机妄言立储的事，但不像王得一那样，他是反对元侃为储君的。太宗当时并未改变主意，所以说潘阆言辞狂妄。现在，潘阆又劝王继恩乘机劝太宗立元佐。他对王继恩说："南衙自认为应当即位，他即位后将对我们不客气。与圣上议论立储，应该立诸王之中不当立的。"南衙就是指开封府尹元侃。

至道二年（公元 996 年）四月，胡旦又故伎重演，指使一个平民叫韩洪辰的，上疏太宗说："王继恩有平贼大功，应当执掌机务。现在只是一个防御使，赏赐太薄了，不能安慰中外臣民的愿望。"太宗

看完上疏后，勃然大怒，说韩洪辰妖言惑众，把他杖背黥面，发配崖州禁锢，差点没杀掉他。

这年六月，有一个名叫郑元辅的平民，上告御医赵自化："泄漏禁中的话，还指斥不是他这个御医应该知道和干预的事情。"太宗一听是给自己疗伤的御医，十分惊骇。太宗的病情加重，以为赵自化真的泄漏了他的病情，立即命宣政使王继恩到御史府审问赵自化。后来总算查出是挟怨诬告，太宗这才放心。而还有比太宗更紧张的人，心中也一块石头落了地，他就是皇太子元侃。

这段日子，元侃实在害怕被人中伤，恐怕储位不保。万一赵自化在王继恩的审问下，说出打探太宗健康的是皇太子元侃，对自己的健康极其敏感的太宗岂不又疑神疑鬼，后果就不堪设想了。也许是寇准在位，王继恩有所顾忌，不敢以赵自化一案诬陷元侃，才使元侃再次化险为夷。但接下来，王继恩等人终于找到一个难得机会，向寇准下手了。

冯拯自从淳化二年（公元 991 年）被贬之后，一直不放过任何机会，博取太宗好感，以求还朝。但寇准当权后，却一直压抑他，把他调来调去，就是不让他回来。至道二年，冯拯被调到广州当通判。寇准对他成见太深，在主管官吏升降时，仍要整冯拯一把。想不到这次反而给冯拯抓住寇准弄权的把柄，上告太宗，说寇准擅权谋私。冯的上司广南转运使康戬支持冯拯，也上书指斥寇准专权，说吕端、李昌龄和张洎全听命于寇准一人。这两人的奏章一到，果然令太宗大为震惊。太宗虽然信任寇准，但他可不能容许臣下专权。

他立即召吕端等人质问这事，偏偏寇准去了太庙没回来，在他不在场的情况下，吕端将责任全推到寇准的头上，说："寇准性情刚愎自用，臣等不愿与他争权，怕伤了国体。"张洎先前因主张放弃灵州，遭到太宗的呵斥，说他的话一句也听不懂，到现在还惶恐不安，战战兢兢。见把他也劾告了，他就更加害怕。寇准又不在场，张洎为求自保，便落井下石，说了寇准的坏话。不久，寇准回来，被太宗责备，他却不知太宗已受先人之言的影响，还要来个廷诤。这时，张洎见风使舵，要和寇准划清界限，忽然上前揭发寇准曾私下批评太宗。这次寇准见自己提拔的张洎反咬一口，有口难辩，而太宗火上加油，立刻把寇准给罢免了。

寇准私下批评太宗，并不是不可能。寇准续娶了孝章皇后的妹妹，与宋皇后是姻亲。宋皇后逝世后，没有适当的丧礼，群臣也不心悦诚服。寇准是宋后的妹夫，他又是敢言无忌的脾气，虽然受太宗的重用，也难免会在私下为宋后抱不平，或者向博通坟典的张洎询问过礼仪问题，甚至当作心腹说过一些批评太宗薄待宋后的话。没想到被张洎出卖，深深刺伤了太宗。寇准为人不够谨慎，这次垮台，也算咎由自取。

表面上寇准是给冯拯扳倒，其实是另有主谋。冯拯远在万里，对朝中的情况，特别是太宗对寇准信任的程度，若没有充分的了解，又怎会贸然上书，攻击权势熏天的寇准？他若没有强大的内助，怎会行险侥幸？他又怎会忘记以前的教训？这些力量不外乎寇准和元侃的几个对头，朝中的胡旦和李昌龄及他们背后的王继恩，还有宫中的李皇后。

寇准垮台后，继任参知政事的是温仲舒和王化基。二人只求自保，不像寇准那样，坚决要维护元侃。吕端向来行事低调，年迈力衰，似乎糊涂怕事。王继恩、李昌龄、胡旦一伙大可继续进行推倒元侃储位的计划。至道二年（公元996年）十二月，胡旦第二度出任知制诰。这回太宗对他厚加宠遇，破格让他的班位在比他先入的冯起之上。太宗的特恩，无疑令胡旦更存非分之想。他设想着，如果拥立元佐成功，就有希望晋身王府。于是，他和王继恩等人更加明里暗里地攻击元侃，谋立元佐。元侃的储位在寇准垮台后更加不稳，一方面李皇后、王继

恩不时地对他施放暗箭，另一方面，太宗对他也似乎信心不足，太宗甚至几乎想罢免维护他的宰相吕端，让温仲舒做宰相。幸亏元佐根本没有和他的胞弟争夺皇位的打算。元佐自从被贬黜为庶民后，精神竟然好转，他已经厌倦了这种权力的追逐，厌倦了残酷的政治斗争，他从始至终都没有介入李皇后要立他的行动，他根本无意继太宗之位。也正在元侃的储位危机时，太宗的病情急剧恶化了，这便引来更加激烈的斗争，在太宗驾崩时，斗争达到最高潮。

至道三年（公元997年），太宗的箭伤越发严重了，病毒迅速扩散，太宗的身体已经支持不住。太宗在他最后的时光里，却表现得格外坦然。他躺在病榻上，身边依然放着他酷爱一生的书籍。他仍然坚持读书，与病魔作最后的斗争。二月，他实在难以活动了，还在便殿处理政事。太宗下诏，免除京畿一带的死罪，流放以下的囚犯一并释放。太宗在病中，终于有空闲回顾一下自己走过的路，他脸上露出欣慰的笑容。自己这一生，始终勤奋不辍，统一了中原。虽然没有收复燕云，降服西夏，总算不被他们欺凌侵犯。加强了皇帝的集权，发展了科举，繁荣了经济，使人口和土地成倍增长，文化事业空前兴盛，馆阁里堆满了书籍字画，社会风气也像他这个皇帝一样儒雅文明。太宗知足了，终络于感到累了，好好休息一下吧。他这样喃喃自语，在与自己的心灵对话。

就在太宗病情加重，回顾自己一生的成就时，宫廷之中的两派势力，为了争夺皇位已经剑拔弩张，皇宫里充满了浓浓的杀气。李皇后、王继恩和胡旦等人紧急策划，要立元佐。这时，宰相吕端终于展现了他惊人的政治手腕。太宗当初任他为宰相时，就说他："小事糊涂，大事不糊涂。"太宗的眼力果然不差。

吕端进宫探问太宗病情时，见太子没有守候在旁边，怀疑会发生变化，马上在笏板上写了两个字"大渐"，意思是指太宗快不行了，让亲信官吏直接找太子进宫侍奉太宗。没过多长时间，太宗进入最后的弥留状态，渐渐地已经不能说话，一会儿，就没了气息，驾崩西去。一代风流皇帝宋太宗，在当了皇帝二十二年之后，结束了叱咤风云的一生。

这时，王继恩对吕端说："皇后召见宰相，商议该立谁即位。"吕端知道最后的时刻到来了，终于要短兵相接，见个高低了。他表面上非常镇静，哄骗王继恩说："皇上早就提前写好了墨诏，将它藏在书阁中。麻烦宣政使去把墨诏检寻出来，只要看过之后就知是由谁来继承大统。"王继恩一听太宗早有墨诏，心中十分着急，想立刻把墨诏拿到手，如果不是元佐，就趁机毁掉。他急着看到墨诏，却没仔细考虑这其中有诈，竟然在关键时刻，上了吕端这个沉浮宦海多年的政治老手的大当。王继恩一入书阁，阁门"咣"的一声被吕端关上了，"咔嚓"一声，上了锁。王继恩这才省悟，中了奸计，急忙回身，已经太晚了。只听吕端在外面"哈哈"笑了几声，脚步渐渐远去。

吕端把王继恩锁在书阁中，急速入宫。李皇后想要立元佐，问吕端："现在宫车已经晏驾。自古以来立嗣君以年长才顺理成章。现在应该怎么办呢？"吕端说："先帝立定太子元侃，正是为了今天，岂容另有异议！"李皇后没有王继恩的宫廷武力支持，况且太宗也立下了太子，在这种时候，也不再说什么。最后传谕召太子入宫，到福宁殿即位，垂帘引见群臣。吕端站立殿下，并没有立即下拜，而是请求卷起帘子，仔细辨认之后，确实是太子元侃，然后才率领群臣，高呼万岁。

在紧急关头，吕端力挽狂澜，粉碎皇后和王继恩的更立阴谋，元侃终于在他的扶持下，顺利继承皇位，称宋真宗。